新编21世纪高等开放教育系列教材

国际贸易理论与实务

（第二版）

李春英　主　编

中国人民大学出版社
·北京·

图书在版编目（CIP）数据

国际贸易理论与实务 / 李春英主编. --2 版. --北京：中国人民大学出版社，2021.10
新编 21 世纪高等开放教育系列教材
ISBN 978-7-300-29916-7

Ⅰ.①国… Ⅱ.①李… Ⅲ.①国际贸易理论-高等学校-教材②国际贸易-贸易实务-高等学校-教材 Ⅳ.①F740

中国版本图书馆 CIP 数据核字（2021）第 192115 号

新编 21 世纪高等开放教育系列教材
国际贸易理论与实务（第二版）
李春英　主编
Guoji Maoyi Lilun yu Shiwu

出版发行	中国人民大学出版社			
社　　址	北京中关村大街 31 号	**邮政编码**	100080	
电　　话	010－62511242（总编室）		010－62511770（质管部）	
	010－82501766（邮购部）		010－62514148（门市部）	
	010－62515195（发行公司）		010－62515275（盗版举报）	
网　　址	http://www.crup.com.cn			
经　　销	新华书店			
印　　刷	北京溢漾印刷有限公司	**版　　次**	2009 年 5 月第 1 版	
规　　格	185 mm×260 mm　16 开本		2021 年 10 月第 2 版	
印　　张	17.75	**印　　次**	2021 年 10 月第 1 次印刷	
字　　数	403 000	**定　　价**	39.00 元	

前言

加入WTO以来，我国的对外贸易迅猛发展，进入高速增长时期，连续多年实现了20%以上的增长，在2004年超过1万亿美元后，2007年和2011年分别突破2万亿美元和3万亿美元，2013年突破4万亿美元。2018年我国货物进出口规模超过4.6万亿美元，1978年至2018年，我国货物进出口增长223倍，年均增速14.5%，高出同期全球货物贸易平均增速7.5个百分点，货物贸易大国地位不断稳固。外贸对经济的贡献也不断提高，进出口贸易总额居世界位次由1978年的第29位跃升到2018年的第1位，占世界贸易总额的比重也由0.8%提高到11.8%。我国成为一个名副其实的对外贸易大国。

随着我国成为世界贸易组织的正式成员，更多的国内企业更频繁、更广泛地参与到国际经济中，这需要国际贸易理论知识的指导，对国际贸易专门人才的综合素质也提出了更高的要求。针对以上情况，我们编写了这本《国际贸易理论与实务》，力求在内容上反映出当代国际贸易的最新发展，达到内容新颖、重点突出、概念准确，更好地适合课堂教学的要求。

本书在编写过程中突出以下特点：

(1) 系统性：本书内容涵盖面广，体系完整。全书共十四章，包括国际贸易原理和实务两大部分。第一章至第六章为国际贸易的理论部分，不仅涵盖了国际贸易的基本知识、基本理论及相关政策与措施等方面的内容，还包括了WTO关于国际贸易基本规则、国际货物贸易和国际技术贸易等内容；第七章至第十四章是实务部分，主要介绍国际货物买卖合同各项条款的议订及相关知识，如商品品质、数量、包装、价格、运输、保险、支付等，阐述了国际货物买卖合同的商订、履行程序及注意事项，最后还对国际货物贸易的经营方式作了简要介绍。

(2) 实用性：本书结合国际贸易的最新发展动态，吸收了当代国际贸易发展的最新研究成果，选用大量反映国际贸易发展的案例，注重教学内容与实践案例相结合，理论部分浅显易懂，实务部分密切联系实际，突出了教材的针对性和实用性。既方便在校师生学习，又有利于实际工作者参考使用。

（3）适用性：本书在作者从事多年本、专科教学的基础上编写而成，内容深浅适度、通俗易懂。每章章前有“引导案例”，章后有“本章小结”“关键概念”“思考题”等内容，有助于学生加深对课程内容的理解，培养学生认识问题、分析问题和解决问题的能力。

本书由李春英任主编，负责全书总纂和统稿工作。参编人员有崔娜（第一、三章）、李春英（第二、四、八、九、十章）、雷聪（第五、六、十四章）、王海兰（第七、十一、十二、十三章）。本书第二版修订分工如下：崔娜（第一、三章）、雷聪（第二、五、六、十四章）、李春英（第四、七、九、十章）、宋亚辉（第八、十一、十二、十三章）。

本书在编写过程中，借鉴和参考了许多相关教材和著作，在此对这些教材和著作的作者表示感谢。限于编者水平，书中难免出现错漏之处，还希望各位专家学者批评指正，并希望广大师生提出宝贵意见。

编者

目录

第一章

国际贸易概述

本章要点提示

- 国际贸易的基本概念和分类
- 世界市场及形成
- 国际价格及影响因素，国际价格的种类

引导案例

改革开放 40 多年来，我国各项外经贸事业不断发展，既实现了量的飞跃，又实现了质的提升，取得了举世瞩目的成绩。1978 年我国货物进出口总额占世界比重为 0.8%，居世界第 29 位，2012 年占世界比重提升到 10.4%，居世界第 2 位。2013 年，我国货物进出口总额首次跃居世界第 1 位。2018 年，我国货物进出口总额为 46 230 亿美元，居世界第 1 位，占世界比重达到 11.8%，比 1978 年提高 11 个百分点。改革开放后，工业制品在商品出口中逐步占据绝对主导地位。1978 年至 2018 年，我国出口商品中工业制品所占比重由46.5%提升至 94.6%。90 年代以来，随着制造业转型升级，工业制品出口主力也由轻纺产品等劳动密集型产品转向机电产品等资金技术密集型产品。1990 年至 2018 年，我国机电产品出口从 111 亿美元增加到 1.5 万亿美元，年均增速达 19.0%，高于同期出口总额增速 4.9 个百分点，占出口总额的比重从 17.9%提升至 58.7%。1999 年我国实施“科技兴贸”战略，鼓励具有自主知识产权及高附加值的高新技术产品出口，高新技术产品出口实现快速发展。2018 年我国出口商品中高新技术产品所占比重为 30.0%，较 1999 年提升 17.3 个百分点。出口商品结构的优化有力地提升了货物贸易发展的质量和效益。加入世界贸易组织后，我国不断开拓新市场，与新兴市场和发展中国家贸易持续较快增长，份额显著提升。2018 年，我国贸易伙伴数量由 1978 年的 40 多个发展到

230 多个；对欧盟、美国、日本和中国香港之外的贸易伙伴进出口占比达 57.7%。2001 年到 2018 年，我国对东盟货物进出口占总额的比重由 8.2%提高到 12.7%，东盟已连续 8 年成为我国第三大贸易伙伴。“一带一路”倡议提出以来，我国与沿线国家贸易关系日趋紧密。2013 年到 2018 年，我国与“一带一路”沿线国家货物进出口超 6 万亿美元，年均增长 4.0%，高于同期货物贸易整体增速，占总额的比重为 27.4%。

“中国需要世界，世界需要中国”，真正变成了现实。

资料来源：国家统计局. 对外经贸开启新征程 全面开放构建新格局.（2019-08-27）[2021-09-10]. http://www.stats.gov.cn/tjsj/zxfb/201908/t20190827_1693665.html.

问题：

1. 我国对外贸易快速发展的原因是什么？
2. 评价我国对外贸易发展对经济发展的作用。

第一节　国际贸易的概念和分类

一、国际贸易的概念

（一）国际贸易与对外贸易

1. 国际贸易

国际贸易（International Trade）泛指各个国家或地区之间商品和服务的交换活动，是国际分工的具体表现形式。它反映了各国或地区在经济上相互依存、相互依赖的关系。由于国际贸易是一种世界性的商品和劳务的交换活动，所以国际贸易也可以称为世界贸易。

2. 对外贸易

对外贸易（Foreign Trade）指一国或地区与其他国家或地区之间所进行的商品和服务的交换活动。有些岛国如英国、日本等也常称对外贸易为海外贸易（Oversea Trade）。

国际贸易与对外贸易是总体与局部的关系，其实质内容是一致的，当我们从全球的范围来看这种各国间货物、服务及要素的交换活动时，称之为国际贸易或世界贸易；当我们从一个国家的角度来看它与其他国家或地区之间的上述交换活动时，就称之为该国的对外贸易。

（二）国际贸易额与对外贸易额

1. 国际贸易额

国际贸易额（Value of International Trade）也称国际贸易值，它是计算和统计世界各国对外贸易总额的指标，是把各国或地区的出口额按同一种货币单位换算后相加得出的数额。不能把世界各国或地区的出口额与进口额相加，因为从世界范围看，一国的出口就是另一国的进口，这样，世界进口总额应等于世界出口总额，如相加就会出现重复计算。按国际惯例，出口额要以 FOB 价格计算，进口额要以 CIF 价格计算。

2. **对外贸易额**

对外贸易额（Value of Foreign Trade）又称对外贸易值，指用货币表示的一定时期内（通常指一年）一国的对外贸易总值。一定时期内一国从国外进口的货物和服务的全部价值称为进口贸易额或进口总额；一定时期内一国向国外出口货物和服务的全部价值称为出口贸易额或出口总额。两者相加即为一国的对外贸易额，它是反映一国对外贸易规模的重要指标之一。对外贸易额通常用美元表示。

一国在一定时期内出口总额与进口总额相比较的差额叫贸易差额，用以表明一国对外贸易的收支状况。当出口总额大于进口总额时，称“贸易顺差”或贸易盈余，又称“出超”。当进口总额大于出口总额时，称“贸易逆差”或贸易赤字，又称“入超”。当进出口总额相等时，称为贸易平衡。例如，中国 2019 年出口额为 24 984.10 亿美元，进口额为 20 768.90 亿美元，全年的对外贸易总额为 45 753.00 亿美元，贸易顺差为 4 215.2 亿美元。

（三）对外贸易商品结构与国际贸易商品结构

1. **对外贸易商品结构**

对外贸易商品结构（Composition of Foreign Trade）是指一定时期内各类商品或某种商品在一国对外贸易中所占的比重或地位。例如，某国某年的出口额为 100 亿美元，其中初级产品为 45 亿美元，制成品为 55 亿美元，则该国的出口商品结构是初级产品占 45%，制成品占 55%。一个国家的对外贸易商品结构，主要是由该国的经济发展水平、产业结构状况和贸易政策决定的。

2. **国际贸易商品结构**

国际贸易商品结构（Composition of International Trade）指一定时期内各类商品在国际贸易中的地位，通常用它们在世界出口总额中所占的比重来表示。它可以反映整个世界的经济和科技发展水平以及产业结构状况。

（四）国际贸易地理方向与对外贸易地理方向

1. **国际贸易地理方向**

国际贸易地理方向（Direction of International Trade）又称国际贸易地理分布，表示各洲、各国或各地区在国际贸易中所占的地位，通常用它们的出口贸易额或进口贸易额占世界出口总额或世界进口总额的比重来表示。由于各洲、各国的政治经济发展不平衡，它们在国际贸易中所占的地位也不大相同。目前，发达国家在国际贸易中仍然占据着主导地位，但发展中国家在国际贸易中的影响也是越来越大。

2. **对外贸易地理方向**

对外贸易地理方向（Direction of Foreign Trade）又称对外贸易地区分布或对外贸易国别结构，指一定时期内世界各国、各地区、各国家集团在一国对外贸易中所占地位，通常以它们对该国的进出口总额占该国出进口总额的比重来表示。对外贸易地理方向指明一国出口商品去向和进口商品的来源，从而反映一国与各国、各地区、各国家集团之间经济贸易联系的程度，即可以看出哪些国家或国家集团是该国的主要贸易对象和主要贸易伙伴。一国的对外贸易地理方向通常受经济互补性、国际分工形式、贸易政策等影响。

（五）对外贸易依存度

对外贸易依存度（Ratio of Dependence on Foreign Trade），也称对外贸易指数，指一国在一定时期内的对外贸易总额（进口总额与出口总额之和）在该国国内生产总值中所占的比重。一国的对外贸易依存度反映了该国的对外开放程度。一般来说，对外贸易依存度越大，该国的开放程度也越大；反之，对外贸易依存度越小，则开放程度越小。此外，对外贸易依存度还可以在一定程度上表示一国经济发展的水平以及参与国际经济的程度。因此，发达国家的对外贸易依存度普遍比发展中国家的对外贸易依存度要高。

（六）贸易条件

贸易条件（Terms of Trade）是指一国在一定时期内的出口商品价格与进口商品价格的比率。由于一个国家的进出口商品种类繁多，很难直接用进出口商品的价格进行比较。所以，一般用一国在一定时期内的出口商品价格指数和进口商品价格指数进行计算。其公式为：

$$\text{贸易条件}=\frac{\text{出口价格指数}}{\text{进口价格指数}}\times 100\%$$

如果贸易条件大于 100%，说明该国的贸易条件得到改善；如果贸易条件等于 100%，说明该国的贸易条件不变；如果贸易条件小于 100%，说明该国贸易条件恶化。

二、国际贸易的分类

（一）按货物移动方向划分

1. 出口贸易

出口贸易（Export Trade）是指将本国生产或加工制造的货物运往国外市场销售。不属外销的商品不能视为出口贸易的范围。

2. 进口贸易

进口贸易（Import Trade）是指将国外生产或加工制造的货物输入本国市场销售。不属于内销的产品不能视为进口贸易的范围。

3. 过境贸易

过境贸易（Transit）指甲国通过丙国的国境或关境向乙国输出货物，对丙国而言，即称过境贸易。过境贸易有两种情况：一种为货物不经过境国保税仓库存放，完全为了转运的过境；另一种情况是由于种种原因如商品需要分类包装、购销当事人的意愿中途变更等，先将货物存放在过境国的海关仓库，然后再进行分类包装转运出口的过境。

4. 复出口与复进口

复出口（Re-export）指输入本国的外国货物未经加工制造又再输出的贸易活动。复进口（Re-import）指输出国外的本国的货物未经加工制造又再输入的贸易活动。

5. 净出口与净进口

一国在同一种货物上，既有出口又有进口，一定时期内如出口量大于进口量，其差额即称净出口（Net Export）；反之，如进口量大于出口量，其差额即称净进口（Net Import）。净出口和净进口一般以实物数量来表示。

（二）按统计标准划分

1. 总贸易

总贸易（General Trade）是以国境为标准划分进出口贸易，凡进入国境的商品一律列为进口；凡离开国境的商品一律列为出口。前者叫总进口，后者叫总出口。总进口额加总出口额就是一国的总贸易额。过境贸易列入总贸易。采用此种划分标准的有美国、日本、英国、加拿大、澳大利亚等国家，我国也采用总贸易体系。

2. 专门贸易

专门贸易（Special Trade）是以关境为标准划分进出口贸易，当外国商品进入关境后，暂时存放在保税仓库，尚未进入关境，一律不列为进口，只有从外国进入关境的商品以及从保税仓库提出的进口商品，才列为进口，即为专门进口。对于从国内运出关境的本国产品以及进口后未经加工又运出关境的商品则列为出口，即为专门出口。专门进口额加专门出口额即为专门贸易额，过境贸易不列入专门贸易。目前采用这种划分办法的主要有法国、德国、意大利、瑞士等国家。

（三）按交易内容划分

1. 货物贸易

货物贸易（Good Trade）是指有形商品的进出口，在通过一国海关时必须向海关申报，并列入海关的贸易统计，是国际收支的重要项目。

《联合国国际贸易标准分类》把国际货物贸易分为 10 大类，分别是：食品及主要供食用的活动物（0 类）；饮料及烟类（1 类）；燃料以外的非食用原料（2 类）；矿物燃料、润滑油及有关原料（3 类）；动植物油脂及蜡（4 类）；化学成品及有关产品（5 类）；按原料分类的制成品（6 类）；机械及运输设备（7 类）；杂项制品（8 类）；未分类的商品（9 类）。在国际贸易统计中，一般把 0～4 类商品称为初级产品，把 5～9 类商品称为工业制品。

2020 年 1—2 月我国进出口商品构成如表 1-1 所示。

表 1-1　2020 年 1—2 月我国进出口商品构成　　单位：人民币元

商品构成（按 SITC 分类）	出口	进口
	1—2 月	1—2 月
总值	204 058 469	208 317 157
一、初级产品	12 245 289	83 348 264
0 类　食品及主要供食用的活动物	5 522 549	10 075 634
1 类　饮料及烟类	179 984	585 919

续表

商品构成（按 SITC 分类）	出口	进口
	1—2 月	1—2 月
2 类　非食用原料（燃料除外）	1 497 042	29 601 437
3 类　矿物燃料、润滑油及有关原料	4 935 323	42 132 549
4 类　动植物油脂及蜡	110 392	952 724
二、工业制品	191 736 885	124 731 191
5 类　化学成品及有关产品	14 127 577	20 923 025
6 类　按原料分类的制成品	32 539 037	14 616 731
7 类　机械及运输设备	99 491 647	72 332 100
8 类　杂项制品	44 522 342	12 857 852
9 类　未分类的商品	1 132 578	4 239 184

2. 国际服务贸易

在乌拉圭回合的服务贸易总协定中，将国际服务贸易（International Trade in Service）定义为跨国的服务和消费，以及各种生产要素的跨国境转移。服务贸易有四种发生方式：过境交付、境外消费、商业存在和自然人流动。具体来说，服务贸易包括国际运输，国际旅游，跨国银行，国际融资公司及金融服务，国际保险和再保险，国际信息处理传递和电脑资料数据服务，国际咨询服务，建筑和工程承包等劳务输出，国际电讯服务，广告设计、会计管理等项目服务，维修和保养、技术指导等售后服务，国际视听服务，教育、卫生、文化艺术的国际交流服务，商业批发与零售服务，其他官方国际服务等。

3. 国际技术贸易

国际技术贸易是指技术供应方通过签订技术合同或协议，将技术有偿转让给技术接受方使用。

（四）按是否有第三国参加划分

1. 直接贸易

直接贸易（Direct Trade）是指商品生产国与商品消费国不通过第三国直接进行买卖商品的行为。

2. 间接贸易

间接贸易（Indirect Trade）是指商品生产国与商品消费国通过第三国进行买卖商品的行为，多基于政治的或应付贸易限制及歧视等原因。

3. 转口贸易

转口贸易（Entrepot Trade）是指商品生产国与商品消费国通过第三国进行的贸易，对第三国而言即为转口贸易。转口贸易的货物可以直接运输或间接（转口）运输，直接贸易的货物也可以间接（转口）运输。

（五）按货物运输方式划分

1. 陆运贸易

陆运贸易（Trade by Roadway）指采用陆路运送贸易货物的贸易。陆地相邻的国家间的贸易，通常采用这种方式，运输工具主要有火车、汽车等。集装箱运输能方便地做到门对门的运输服务。

2. 海运贸易

海运贸易（Trade by Seaway）指通过海上运送贸易货物的贸易。国际贸易大部分的货物是通过海上运送的，运输工具主要是各种船舶，而集装箱船的出现具备了运输量大、运输成本低、装卸时间短等优势，使海运贸易日益扩大。

3. 空运贸易

空运贸易（Trade by Airway）指采用航空运输方式进行的贸易。贵重而体积小的货物、鲜活商品，以及要求在途时间短的商品，为了争取时效，往往采用这种方式。

4. 邮购贸易

邮购贸易（Trade by Mail Order）指采用邮政包裹方式寄送货物的贸易。数量不多的货物如样品等，通常采用这种方式，其主要优点是服务周到、方便客户。

（六）按贸易清偿方式划分

1. 现汇贸易

现汇贸易（Cash Trade）又称自由结汇方式贸易，即用现汇结算方式进行结算的贸易。其特点是通过银行逐笔支付贷款以结清债权债务。当今国际贸易中，能作为支付工具的货币主要有美元、英镑、德国马克、瑞士法郎、日元和港元等。

2. 易货贸易

易货贸易（Barter Trade）又称换货贸易。其特点是以货物经过计价作为清算工具。它大多起因于某些国家外汇不足，无法以正常的自由结汇方式进行贸易。这种贸易方式的特点是进口与出口结合，贸易双方有进有出，互换货物可以一种对一种、一种对多种、多种对多种，尽量做到互换的总额持平。

第二节　国际贸易的发展与作用

一、国际贸易的产生

国际贸易属历史范畴，它是人类社会发展到一定历史阶段的产物。国际贸易的产生必须同时具备两个基本的前提条件：一是生产力的发展，产生了可供交换的剩余产品；二是社会分工的扩大和国家的产生。从根本上说，社会生产力的发展和社会分工的扩大是国际贸易产生和发展的基础。

追溯到原始社会初期，人类处于自然分工状态，生产力水平极其低下，共同劳动获得的生产资料除了供人们食用以外，没有多余的产品用来交换。私有制还未形成，没有阶级，没有国家，也就不存在跨越国界的国际贸易。

人类社会在第一次社会大分工后，畜牧业从农业中分离出来，推动了原始社会生产力的发展，开始有了少量的剩余产品，于是在氏族公社、部落之间出现了原始的、偶然的物物交换。第二次社会大分工后，手工业从农业中分离出来，产生了以交换为目的的商品生产。但那时还没有货币，没有专门从事贸易的商人，没有阶级和国家，也就没有国际贸易。直到原始社会末期，随着商品生产和商品交换的不断扩大，产生了货币，商品交换由物物交换过渡到以货币为媒介的商品流通。同时，随着私有制和阶级的产生以及商品流通的扩大，出现了商业和商人，形成了第三次社会大分工。这时国家产生了，商品流通也扩展到更大范围，并超越了国界，产生了国际贸易。

二、国际贸易的发展

（一）奴隶社会、封建社会的国际贸易

奴隶社会和封建社会是分别以奴隶主和封建主占有生产资料为基础的社会，自给自足的自然经济占主导地位，商品生产在整个社会中的比例甚微。由于生产技术落后，交通不便，国际贸易的范围和规模均有限，尚未形成统一的世界市场。

在奴隶社会时期，进行贸易的商品主要是供奴隶主和王室享乐的奢侈品，如宝石、象牙、香料、各种织物、装饰品以及作为劳动工具的奴隶，当时希腊的雅典曾是贩卖奴隶的中心之一。主要的贸易国家有欧洲的希腊、罗马等。我国在夏商时代已进入奴隶社会，但进行对外贸易的商品十分有限，区域也较狭小，主要集中在黄河流域各国间。

在封建社会时期，国际贸易有了较大的发展。在欧洲封建社会的早期阶段，封建地租采取劳役和实物形式，进入流通领域的商品不多，除了盐、酒之类的必需品及一些奢侈品外，就是奴隶买卖。到了封建社会的中期，商品生产取得了一定发展。公元1世纪以后，随着意大利北部和波罗的海沿岸城市的兴起，国际贸易的范围从地中海东部扩大到地中海、北海、波罗的海和黑海沿岸。封建社会后期，随着城市的兴起和城市手工业的发展，城市之间、国家之间的贸易有了进一步的发展，交易品已从香料和奢侈品扩展到呢绒、葡萄酒、羊毛和金属制品等。

在亚洲，中国经历了2 000多年的封建社会时期。在公元前2世纪的西汉时代，就开辟了从新疆经中亚通往中东和欧洲的“丝绸之路”，我国的丝、茶、瓷器通过“丝绸之路”输往欧洲。宋、元时代海上贸易得到较大的发展，特别是明代郑和率领船队七次下西洋，进一步扩大了与沿海30余国的海上贸易，通过对外贸易把我国的四大发明和手工业技术传播到欧、亚各国，并把这些国家的各种物产、良种输入我国。

（二）资本主义时期的国际贸易

国际贸易的发展与资本主义生产方式的建立与发展紧密相连。国际贸易的发展促进了资本主义生产方式的产生，而资本主义生产方式的确立，又拉开了近代、现代国际贸易迅速发展的序幕。正如马克思所说：对外贸易的扩大，虽然在资本主义生产方式的幼年时期是这种方式的基础，但在资本主义生产方式的发展中，由于这种生产方式的内在必然性，由于这种生产方式要求不断扩大市场，它成为这种生产方式本身的产物。近代资本主义国际贸易的发展大致可分为资本原始积累、自由竞争和垄断资本主义三个时期。

1. 资本原始积累时期

16世纪至18世纪中叶，为资本主义原始积累时期。地理大发现和殖民掠夺成为这一时期国际贸易快速发展的推动力。随着15世纪末的地理大发现，西欧国家的海外贸易活动的范围大大扩展。伴随着海外探险活动，欧洲殖民主义者开始了对亚洲、非洲、美洲的殖民历史。先是西班牙殖民主义者在中美洲大量掠夺金银，随后是葡萄牙殖民主义者在美洲、亚洲和非洲的殖民主义掠夺，其后荷兰、英、法等国也先后走上了殖民主义的道路。在近3个世纪的殖民掠夺中，欧洲殖民主义者通过掠夺金银和奴隶贸易，加速了资本原始积累的进程。

2. 自由竞争时期

从18世纪后半期到19世纪末20世纪初，是资本主义自由竞争时期。由于主要资本主义国家先后完成了工业革命，为国际贸易的发展提供了强大的物质技术基础；同时国际贸易的大发展又推动工业革命，加速了主要资本主义国家的工业化进程。在这一时期，英国在工业革命中的成就最大，19世纪初的英国有“世界工厂”之称。1850年英国的工业产量占世界工业总产量的一半以上，1850年以后英国一半以上的工业制成品被销往国外市场，而工业原料大部分从国外进口。因此，英国是当时国际贸易的中心。

3. 垄断资本主义时期

19世纪末发生了以电力和内燃机为代表的第二次科技革命。新技术的运用推动了一些新兴行业的发展，如汽车、飞机、轮船等制造业相继出现，电报和电话通信也发展起来。第二次科技革命不仅推动了工业的发展，而且使世界的交通运输业发生了革命性的变化，交通和通信工具的发展、运输费用的下降，使越来越多的国家（地区）卷入国际贸易。这一阶段国际贸易快速发展，国际贸易额增长了3倍。同时，主要资本主义国家的垄断组织逐步形成并占据经济的支配地位，通过商品输出尤其是资本输出，西方主要资本主义国家瓜分了世界绝大部分市场。

20世纪30年代的大萧条推动了国家垄断资本主义的发展，随着第二次世界大战后社会主义阵营的形成，国际政治经济格局发生了巨大变化，资本主义国家和社会主义国家长期对峙。在国际贸易中出现长期的禁运和反禁运的较量。20世纪50年代许多殖民地国家纷纷宣告独立；资本主义国家中尤其是欧洲国家出现了几次国有化浪潮，国家垄断资本主义得到迅速发展；社会主义国家以计划经济方式对主要的工业和国际贸易实行国际垄断，世界政治经济出现了大动荡、大改组的局面。第二次世界大战后，以电子、航空和原子能为标志的第三次科技革命推动了世界经济和国际贸易的迅速发展。世界市场进一步扩大并呈现出一些新的特点：经济一体化或贸易集团化日益突出；跨国公司在世界生产和贸易中发挥着越来越大的作用；发达国家间的产业内贸易、服务贸易发展迅速，世界市场上的垄断力量更加强大，竞争日趋激烈。20世纪60年代以来，世界市场逐渐形成了美国、欧洲、日本三足鼎立的局面；社会主义国家纷纷进行市场取向的经济改革；大多数发展中国家的民族经济得到了不同程度的发展。

三、国际贸易的作用

国际贸易是世界各国对外经济联系的纽带和基础，对贸易各国以及全世界的经济发展，有着巨大的促进作用。其原因在于，作为国际商品流通活动的国际贸易是现代化社会大生产的内在要求。

（一）国际贸易促进了世界经济的发展

1. 商品的国际交换促进了各国之间的相互依赖关系

商品交换的扩大使一国国内的有限生产能力难以满足要求，需要各个国家之间直接在生产领域广泛合作。这就加速了生产力的国际化。

2. 国际贸易促进了国际分工

随着国际贸易的发展和生产力的国际化，国际分工也进一步发展。由工业国与农业国的分工，发展到工业制成品生产国与初级产品生产国之间的分工，由工业部门之间的分工，发展到工业部门内部的分工。这种分工使各国的生产交换紧密联系在一起，推动了世界经济的发展。

3. 国际贸易促进了国际间科技交流和发展

国际贸易是推广科技发明的主要渠道。许多国际贸易商品本身就具有相当高的科技含量，或是其使用目的或过程与现代化高科技紧密相连。另外，科学技术现在已经作为商品在国际间直接进行交换，而且国际贸易所带来的竞争，也促使各国积极采用新技术、新工艺和新的科学管理方法来发展生产，提高劳动生产率，节约社会劳动。

（二）国际贸易促进了各国国内的经济发展

1. 国际贸易的开展有助于一国社会再生产实现平衡

任何一个社会经济的发展，在客观上都要求国民经济各部门之间的发展保持一定的比例关系。但由于生产力要素的分布状况不同，生产力发展水平不一，以及历史的和社会的诸多原因，没有一个国家能够生产出自己所需要的一切物品。同样，在生产社会化的条件下，一国也不可能消费掉自己生产的所有物品，这就需要通过国际贸易来加以解决。在市场经济条件下，产品的实现问题是核心问题。一国通过国际贸易，进口自己缺乏或供应不足的商品，出口自己的剩余产品，以纠正国民经济部门之间的比例失调，保证社会再生产的顺利进行。对于任何一个国家，生产和消费之间，供与求之间不相适应的矛盾是经常发生的，在社会化大生产的今天，没有一个国家能完全脱离国际贸易活动。一国社会经济的健康发展在很大程度上依赖其国际贸易的顺利进行。

2. 国际贸易有利于充分发挥国际分工带来的比较优势，节约社会劳动，提高经济效益

由于自然的、历史的和社会的等诸多原因，世界各国生产商品的状况是不一样的。各国都具有自己的优势和劣势。有的国家适宜生产此种商品，有的国家则适宜生产另一种商品。通过国际贸易，各国可以通过资源的优化配置扩大生产并出口其国内生产有利、劳动消耗少、成本低、质量高的那些产品，即该国具有比较优势的产品，换回那些不利于国内生产的产品，缩小劣势商品的生产，其结果是在贸易参加国社会生产力并未增加的情况下，它们的商品价值总量都增加了，节约了不必要的社会劳动消耗，提高了经济效益。

3. 国际贸易在一定程度上能够缓解一国经济建设资金不足的问题

任何一个国家都会遇到经济建设资金不足的困难，尤其是经济落后的发展中国家，发展国民经济不能单纯依赖本国资金积累，引进外资是加快其经济发展的有效手段。而国际贸易与国际融资是密切相关的。一些国际贸易的形式实质上是国际融资的方式。

（三）国际贸易有助于国际经济、政治环境的改善

1. 国际贸易能够增加国与国之间的友好往来

经贸关系是国家之间政治关系的先导、纽带和基础，国际贸易是世界各国对外经济关系的核心，各国间的友好关系多数会随贸易往来而建立和加强。国际贸易促使国与国之间相互联系，彼此合作，并加深各国人民之间的相互联系和了解，从而有助于世界和平。

世界上和平进步的国家，常常以贸易为工具，迫使某些国家约束或纠正自己的行为，按公认的国际准则办事，从而使世界和平和正义得到维护。

2. 国际贸易是发展中国家维护自身权益、争取平等的有力武器

作为资本主义生产方式产物的国际贸易，长期以来一直都是资本主义国家剥削和压迫殖民地、半殖民地国家的工具。后来，广大发展中国家在政治上相继独立，但经济上仍不得不依附发达国家。为了取得完全的独立，发展中国家联合起来，建立了各种国际组织，以实现对能源、原料等的控制，同发达国家进行斗争，迫使其做出一些让步，如给予发展中国家普惠优惠制待遇等。国际贸易使双方形成了一种互相制约、互相依赖的关系，只要发展中国家协调立场，团结一致，就能提高其在国际政治、经济关系中的地位，并更好地维护自身的权利和利益。

3. 国际贸易的“传递”作用对于世界经济、政治环境有重要影响

所谓“传递”（Transmission）是指一国经济的盛衰通过对外贸易对另一国经济产生影响的过程。国际贸易是此种“传递”的重要途径。

第三节 世界市场与国际价格

一、世界市场

（一）世界市场的含义

世界市场即世界各国商品和服务交换的领域或场所，是世界范围内通过国际分工和贸易联系起来的各国间市场和各国国内市场的总和。

广义的世界市场应包括世界商品市场、世界服务市场和世界金融市场。世界商品市场是各国贸易商和厂商进行商品交换的场所；世界服务市场是各国进行服务贸易，即许可证、技术诀窍、劳动力和技术人员的输出和输入以及国际运输、广告、咨询、保险、旅游等业务的场所；世界金融市场是指国际上进行资金借贷、贸易结算以及金银、外汇

和有价证券买卖的场所。其中，世界商品市场是指世界市场的主体部分，其他两类市场主要是为世界商品市场的发展服务的。

（二）世界市场的形成与发展

国际贸易和世界市场虽然源远流长，但真正具有世界性意义是到了资本主义社会建立以后，随着生产力的发展和资本主义生产方式的演变而不断发展和变化。市场是在生产发展的基础上，随着商品交换的发展而逐渐形成和扩大的。最早的市场是农村集市，其范围小、规模不大。后来随着分工和交换的扩大，逐渐形成一个国家的全国性市场。随着商品交换和商品流通越出一国的国界，在一些国家的接壤区形成了一些区域性的国际市场，如欧洲在中世纪时期就有伦敦、汉堡、巴黎等区域性的国际市场。世界市场是在 16 世纪地理大发现后，随着国际贸易的发展把一些区域性的国际市场联合起来而形成的。地理大发现使世界市场进入萌芽阶段。也正是这个时期，资本原始积累和资本主义工场手工业获得了巨大的发展。通过暴力和超经济的强制手段，西欧国家与殖民地、落后国开始形成国际分工，于是形成了世界市场。在这个时期的世界市场上，作为中介人的商人资本占主要地位。

世界市场在资本主义生产方式确立时期得到了空前的发展。18 世纪 60 年代到 19 世纪中叶，随着英、法等国先后完成了产业革命，建立起机器大工业生产，各国日益被卷入世界市场网，从而形成了资本主义国际分工体系，世界各国的产品都被纳入世界流转范围，有了为世界市场服务的现代交通运输和通信工具。可见，正是在机器大工业的建立、社会生产力的发展以及资本主义生产方式占统治地位下，才形成了真正意义上的世界市场。

世界市场最终形成于 19 世纪末 20 世纪初。这个时期自由竞争的资本主义过渡到垄断的资本主义，世界市场的范围继续扩大。在世界市场形成过程中，第二次科技革命、资本输出起了重要作用。这个时期，在国际分工深化的基础上，通过商品交换、资本输出，借助于更为完善和发达的国际交通、通信网络，资本主义把越来越密的经济关系网铺设到整个世界的每一个角落，把世界各国在经济上互相联系起来，构成了世界各国市场及其在商品流通中产生经济联系的总体，统一的、无所不包的世界市场最终形成了。

由此可见，世界市场是在国际分工和国际贸易不断发展和深化的过程中逐渐形成和发展起来的，其发达程度取决于参与国际交换的国家数量、商品总额、各国经济发展水平以及国际分工的广度和深度。

（三）当代世界市场特征

世界市场是各地区市场延伸的结果。由于各国政治经济发展极不平衡，经济实力差距极大，在对世界市场的依赖和影响程度上以及对外政策和对外开放度等方面都大不相同，加之世界各国、各地区在语言、文化、风俗习惯、政治制度、经济体系、货币等诸多方面相差甚远，世界市场具有更为丰富的内容和更为复杂的结构，远不似国内市场那样简单统一。在世界市场上进行贸易往来，常常困难更多，过程更为复杂，风险也更大。第二次世界大战后，第三次科技革命的兴起给世界政治经济形式带来了巨大变化，使当代世界市场发生许多新的重要变化，出现了一些新的特征。

1. 整体市场多元化

作为一个整体来看，当代世界市场不论是在参与的国家类型方面，还是在市场的基本格局方面，都日益呈现出多元化特征。二战前，世界市场基本是资本主义国家的一统天下，其主要参与者一般都是西方发达资本主义国家。二战后，社会主义国家阵营的出现和一大批独立的发展中国家的涌现，给世界市场注入了新的活力。进入20世纪90年代后，随着冷战的结束，许多国家纷纷进行经济市场化的改革，积极参与世界市场活动，使世界市场的范围和规模空前发展。世界市场已全方位开放，参与的国家有强有弱、有大有小，既有发达资本主义国家，也有改革中的社会主义国家，还有众多的发展中国家。在世界市场格局方面，传统的发达市场，如北美市场、西欧市场，虽仍在当今世界市场占有重要地位，但一些新的市场已经崛起，如东亚、拉美、中东等市场。特别是东亚市场现在已成为世人瞩目的中心，在未来相当长的一段时期内都将是世界市场中最活跃的组成部分。另外，在物资商品市场不断扩大的同时，一些新型市场也发展壮大起来，如金融市场、技术市场、信息市场、劳务市场等。这一切都使世界市场明显地走向多元化。

2. 区域市场一体化

第二次世界大战后，为了加强国家与国家之间的联系，促进彼此经济的发展，一些在政治、经济、文化和地理位置方面具有一定联系的国家（主要是政治上相容、经济上互补、文化上相似、地理上相近的国家），纷纷签订了各式各样的地区性市场协定，成立了不少区域性市场一体化的集团组织。这些区域一体化组织，使同一区域的各国在经济上更紧密地联系在一起。在这种彼此互为市场、互相依存的新形势下，区域市场的一体化趋势比以往任何时候都要明显。

3. 贸易方式多样化

自20世纪60年代第三次科技革命以来，随着世界科学技术的进步以及国际分工和社会生产力的发展，现代化大生产要求进行资金、技术、劳务和知识产权等方面的国际联合、共同开发某种市场。这就促进了国际经济合作和国际贸易方式的多样化。二战后出现的各种新贸易形式主要有：补偿贸易、对外加工装配贸易、租赁贸易、技术贸易等。

贸易方式多样化的结果是世界市场商品结构的重大变化。直至二战后初期，世界市场上初级产品交易的比重一直高于工业制成品。但从1954年起，制成品交易的比重开始超过初级产品。此后两者差距逐渐拉大，到20世纪80年代后期，制成品交易约占世界贸易总额的70%。在初级产品中，燃料贸易的比重急剧上升，原材料贸易的比重大幅度下跌。在工业制成品中，机电产品贸易增长最为迅速，化工产品贸易也保持着强劲的增长势头。消费品贸易向多样、高档、优质的方向发展。此外，劳务贸易、技术贸易和高附加值产品贸易也有了迅速发展。

4. 市场竞争激烈化

二战后，由于社会生产力的飞速发展，世界市场逐渐由卖方市场转为买方市场，使世界市场的竞争更为激烈；区域性经济贸易集团组织的出现、跨国公司的巨大发展以及各国政府通过各种贸易政策和关税措施对本国企业参与世界市场竞争的大力支持，使国际贸易活动日趋集中，垄断性日益加强。但垄断并没有消除竞争，相反却使竞争更为激烈。当今世界市场上所发生的竞争，不仅只是企业与企业之间的竞争，更多的是一些垄断组织之间、国家之间或国家集团之间的较量。竞争的手段已由价格竞争转向非价格竞争，提高产品质量、增加花色品种、加强售后服务、放宽支付条件等非价格竞争手段日益得到重视。目前，在世界市场上竞争最为激烈的产品有初级产品、劳动密集型产品及资金密集型产品。

5. “封闭市场”扩大化

当代世界市场的另一特征是：通过“自由市场”进行的贸易相对减少，而通过“封闭市场”所进行的贸易日益扩大。进入 20 世纪 70 年代以后，由于经济危机的侵扰，西方发达资本主义国家的经济长期处于停滞或萧条的境地，新贸易保护主义开始盛行。西方各国在强烈要求别国开放市场的同时，对自己的市场却极力进行高度的保护，对外国产品进入本国市场筑起了一道道关税和非关税壁垒。为了绕过种种贸易壁垒，大量跨国公司应运而生，跨国公司内部贸易在各国出口贸易和世界贸易中的比重不断扩大，控制了世界贸易的 1/4。各种区域性经济一体化集团组织的建立，使各地区统一的内部市场不断扩大，而世界市场上“自由贸易”的范围和规模大为缩小。另外，企业为了保住其在国际市场上的份额，也普遍使用长期合同贸易代替短期商业性合同。这些都在不同程度上加大了世界市场的封闭性。

二、国际价值

（一）国际价值的含义

商品的价值是人类抽象劳动的凝结物。随着国际商品交换活动的出现，商品的价值开始具有国际性，即发展成为国际价值。商品的国际价值是在国内价值的基础上形成的。国内价值的大小是由一国国内现有的标准生产条件下，生产商品所耗费的社会必要劳动时间来决定的。商品的国际价值是在国内价值（或国别价值）的基础上形成的。国际价值是由世界现有的一般生产条件下，生产某一商品所需要的世界社会必要劳动时间，即“世界劳动的平均单位”决定的。商品的国内价值和国际价值在质的方面都是相同的，都是由抽象的社会必要劳动时间所决定的，都是无差别的人类劳动的凝结，但国内价值和国际价值在量上是有差别的。国内价值是由一个国家的社会必要劳动时间决定的，至于国际价值量的计算则复杂得多，一件商品的世界必要劳动时间大约相当于有关国家社会必要劳动时间的加权平均数。某件商品的国际价值量不可能具体算出，国内价值量也是如此。国际价值量是在国际交换中通过大量的交换比例作为一种趋势表现出来的，并不是商品生产者能够算出来的。国内价值与国际价值在表现形式上也是不同的，商品的国内价值是以本国货币表示的，而商品的国际价值是以世界货币黄金直接表示的。

（二）影响国际价值量的因素

1. 劳动生产率对国际价值量的影响

商品的价值量与劳动生产率成反比。劳动生产率越高，单位时间内生产的商品越多，则生产单位商品所需要的社会必要劳动时间越少，单位商品的价值量越小。反之，劳动生产率越低，单位时间内生产的商品越少，则生产单位商品所需要的社会必要劳动时间便越多，单位商品的价值量便越大。假如各国劳动生产率提高，使各国的社会必要劳动时间缩短，则国际社会必要劳动时间也随之缩短，最终使这些国家可以创造较多的国际价值。对全世界来讲，劳动生产率与单位商品的国际价值量成反比。因此，假设各国的劳动生产率同时提高，那么，国际社会必要劳动时间就会减少，世界各国在一定时间内所生产的商品总量就会增加，但单位商品所含的国际价值量反而减少；反之，则会出现相反的情况。

2. 劳动强度对国际价值量的影响

劳动强度是指在单位时间内劳动消耗的程度。各国劳动强度的大小影响国际价值，劳动强度与价值量成正比，劳动强度越大，意味着单位时间消耗的劳动越多，因而价值量越大；反之劳动强度越小，则价值量越小。假如世界市场上所有国家均等地增加劳动强度，世界平均劳动强度增大，则单位商品所含的国际价值量就会增多。同样，当其他国家劳动生产率和劳动强度相对稳定不变时，一个国家单独地大幅度提高劳动强度和劳动生产率，就可能增加单位时间内的价值总量或降低单位商品的价值量，从而使单位商品的价值低于国际价值，就可能在国际贸易活动中获得超额利润。

3. 贸易参加国生产条件对国际价值量的影响

世界市场上的主要贸易参加国的生产条件对于国际价值量有很大的影响。决定商品国际价值的世界平均社会必要劳动时间，并不是各国生产该商品所耗费的社会必要劳动时间的算术平均数，而是世界上各国生产该商品所需的社会必要劳动时间的加权平均数，因而该商品出口量越大的国家，其国别价值对该商品的国际价值所起的影响作用就越大。由于各国向世界市场提供的商品份额在时常变动，商品的国际价值也会随之有所变化。一般来说，如果世界市场的某种商品相当大部分是由具备世界中等生产条件的国家提供的，则该类国家的国别价值决定着该商品的国际价值；如果世界市场上某种商品相当大部分来自劣等生产条件的国家，则该商品的国际价值主要根据该类国家的国别价值来调节；如果在较优条件下生产出来的商品量在世界市场上占相当大比例，则该商品的国际价值应按生产条件较优国家的国别价值加以调节。可见，贸易参加国的贸易量多寡将直接影响商品价值的确定。

三、国际价格

（一）国际价格的含义

国际价格是某一商品在一定条件下于世界市场上实际买卖时所依据的价格，就是在一定时期内，在具体条件下客观形成的成交价格。国际价格是国际价值及国际使用价值的货币表现。国际价值是由国际社会必要劳动时间决定的。但是，正如当资本主义发展到一定阶段商品的价值便转化为生产价格一样，随着世界市场的形成，商品的国际价值也就转化为国际生产价格。因此，国际生产价格便成了国际市场价格变动的基础和中心。

（二）国际价格的变动及影响因素

1. 各国国别价值的变动

国际生产价格是国际生产成本价格与国际平均利润的总和。影响国际生产价格的最主要因素是各国国别价值的变动，同时各国平均利润和货币价值的变动等因素也起一定的作用。如果商品所耗费的国际社会必要劳动时间增加，即国别价值增大，则其国际生产价格也将趋于上升；反之，商品所耗费的国际社会必要劳动时间减少，则其国际生产价格也将趋于下降。换言之，国际生产价格的变动，归根到底还是取决于国际价值的变动，而且两者变动方向一致。

2. 世界市场的供求关系

世界市场的供求关系是影响国际价格波动的直接因素。此外，还有许多其他因素，如国际经贸政策、自然条件等都是通过供求机制来影响国际价格。当商品供给超过需求时，其国际市场价格就会低于国际生产价格；当商品需求超过供给时，其国际市场价格就会高于国际生产价格。同时，国际市场价格本身的波动，反过来又会影响供求关系，促使供求双方趋于平衡。当某种商品供不应求时，其国际市场价格必然上涨，吸引各国生产者多提供产品，从而阻止其国际市场价格继续上涨。这样，供求经常趋于相互平衡，有助于国际市场价格与国际生产价格趋向一致。

3. 世界市场上的垄断与竞争

资本主义垄断组织为了赚取尽可能多的利润，采取各种手段影响甚至控制国际价格。常用的办法有：（1）瓜分销售市场，规定各自在不同市场上的份额，从而获取垄断价格；（2）控制原料产地进而控制原料市场；（3）限制商品生产额和出口额，从而保证一定的垄断价格。

世界市场上的竞争通常有三个方面：一是卖主之间的竞争，这种竞争有助于商品价格的下降。二是买主之间的竞争，如果众多买主对同一商品青睐有加，则有助于商品价格的上扬。三是买主与卖主之间的竞争，这种竞争取决于买卖双方力量的对比，如属卖方市场，价格将趋于上涨；反之，则为买方市场，价格趋于下降。上述三种竞争相互作用，综合影响国际价格。

4. 各国政府的经贸政策

各国政府的经济政策措施（如支持价格政策、出口补贴政策等）、商品销售的种种条件（如支付条件、售后服务等）和各种突发事件（如自然灾害、政治动乱等），对世界市场价格的形成和变动也有很大的影响。

案例 1-1

2014 年，全球钢铁价格直线下跌。印度钢铁行业遭受重创，价格在一年之内下跌了 30%。监管方面的变化更是雪上加霜，塔塔钢铁公司在印度东部的铁矿和煤矿供应被临时切断，而这正是一个多世纪以来该公司关键的竞争优势之一。2014 年至 2015 年间，塔塔钢铁公司的利润下降了约 25%。原料成本上升和产品价格下跌的双重夹击使印度塔塔钢铁公司陷入困境，公司竭尽全力，试图将危机转化为机遇。在高管团队的带领下，公司针对运营启动了一项转型计划，其覆盖范围、规模和速度都是前所未有的。为此，塔塔钢铁公司在全公司范围内发起了一项名为“巅峰25”的转型计划。公司通过建立影响力中心，来计划、执行、管理和监测转型项目。截至2018年，该计划为塔塔钢铁公司带来了至少12亿美元的利润，意味着公司已经超越了最初20%的盈利目标。由此，公司的现金头寸提高了3倍，且在此期间，每吨钢铁的利润增速超过了钢铁价格的涨幅。

资料来源：BCG. 打造可持续变革，塔塔实践可鉴. 国际商报，2020-05-25.

问题：

1. 查询资料分析全球钢铁价格下降的原因。
2. 塔塔钢铁公司面对危机如何成功转型？

（三）国际价格的分类

按照世界市场价格的性质与形成原因，可以把世界市场价格分为世界封闭市场价格和世界“自由市场”价格。

1. 世界封闭市场价格

世界封闭市场价格是买卖双方在一定约束条件下或垄断的条件下形成的价格。它一般不受供求关系的影响。世界封闭市场价格主要包括以下几种：

（1）调拨价格（Transfer Price）。调拨价格是跨国公司内部母公司与子公司、子公司与子公司之间销售商品和劳务的一种内部价格。这种价格不受世界市场供求关系的影响，只服从于跨国公司全球战略。

跨国公司操纵和利用转移价格的原因有以下四方面：

第一，利用转移价格控制市场，加强竞争地位。如向子公司低价供应原料、零部件或成品，使子公司能够按照较低的费用进行生产，打败竞争对手，扩大市场份额，或者能够阻止其他新公司进入该市场。

第二，利用转移价格转移资金。当一国即将实行外汇管制时，跨国公司通过提高转移价格将该国的利润和其他现款转移到国外；当一国实行外汇管制时，跨国公司采取提高进口货物价格的办法，增加向国外的汇款。

第三，利用转移价格调节利润。跨国公司可以操纵转移价格来压低新建子公司的利润水平和增加母公司的利润，也可以利用转移价格把利润从新建子公司转移到母国或其他国家，以减少工会要求增加工资的压力。

第四，利用转移价格逃避税收。跨国公司通过转移价格，把高税率地区子公司的利润转移到低税率地区或避税港，使公司的全球性纳税负担减至最低限度。

（2）垄断价格（Monopoly Price）。垄断价格是垄断组织凭借其在生产领域和流通领域的垄断地位而规定的高于国际价值或低于国际价值的价格。垄断组织可以利用垄断价格取得垄断利润。

垄断价格与非垄断价格的主要区别有以下两方面：

第一，垄断价格是在垄断资本对市场控制的条件下人为确定的，垄断企业是垄断价格的决定者，而非垄断价格是由市场的自发力量即主要由供求关系决定的。在非垄断市场，由于买主和卖主很多，任何一个厂商所占的市场份额均较小，因而无法对价格变化施加很大的影响，更不能控制市场价格，只能作为市场价格的接受者。

第二，垄断价格比较稳定，非垄断价格经常变化。垄断企业在定价时主要考虑长期盈利，对市场行为的短期变化通常不做出相应反应，因而垄断价格弹性低。而在非垄断市场上形成的价格，出于竞争激烈，经常随供求的波动而波动，很不稳定。

垄断价格并不能随心所欲加以确定。这是因为垄断并没有消除竞争，垄断企业之间的竞争，垄断企业与非垄断企业之间的竞争，代用品生产者之间的竞争都会在一定程度上对垄断价格起制约作用。同时，垄断企业在规定商品价格时，也必须考虑价格和需求的关系以及销售量（或生产量）和生产成本之间的关系。

确定垄断价格的原则是取得尽可能多的垄断超额利润。因此，垄断价格有其客观的界限。垄断价格的上限取决于世界市场对国际垄断组织所销售商品的需求量。价格过高会减少需求量，导致利润率下降。这就迫使国际垄断价格不能规定过高的销售价格，而是采用最佳的销售价格。在这种价格下，销售数量能取得最多的垄断超额利润。垄断价格的下降取决于生产费用加国际垄断组织所在地的平均利润。如果垄断价格结构中所包括的利润长期地低于平均利润，国际垄断组织就会停止生产、退出市场。

（3）国家垄断价格或管理价格。西方发达国家通过各种途径对价格进行干预，出现了国家垄断价格或管理价格。这在农产品方面表现尤为突出。发达国家普遍实行农产品价格支持和农场主收入支持的政策。这一政策是农业保护主义和农产品鼓励出口政策的重要内容。发达国家在国内农产品价格高于世界市场价格的条件下，采取高关税、差价税、数量限制、最低限价、国家直接经营农产品对外贸易等措施来剔除商品的竞争，保持国内市场上农产品的高价。在国内农产品生产过剩的情况下，通过提供出口补贴、差额补贴和其他形式的直接补贴，鼓励本国农产品向世界市场出口。这些国家广泛采取价格支持政策和农业保护主义政策，导致世界市场上农产品的价格与其实际生产费用脱节。这样，农产品的世界市场价格成为各国农业政策相互竞争的产物。发达国家农产品的支持价格经常屈从于政治压力，而不是取决于市场供求关系。在 WTO 体制下，对农产品的价格支持会受到抑制。

（4）区域性经济集团内部价格。第二次世界大战以后，出现了许多区域性的经济贸易集团。在这些经济贸易集团内部，形成了区域性经济贸易集团内部价格。如欧盟共同农业政策中的农产品价格，其主要内容包括：欧盟内部农产品实行自由贸易；对许多农产品逐步实行统一价格来支持农业生产者的收入；通过规定最低的进口价格来保证农产品价格的稳定，并对内部生产提供一定的优惠幅度；征收进口差价税，以保证最低价格的实施；以最低价格对农产品进行支持性采购；在农产品过剩条件下，向消费者和出口商提供补贴以促进国内消费和出口。

（5）国际商品协定下的协定价格。国际商品协定是某些商品的出口国和进口国之间，为稳定价格和保证贸易发展而缔结的政府间的多边贸易协定。在国际商品协定中，通常采用最低价格和最高价格等办法来稳定商品价格。当有关商品降到最低价格以下时就减少出口，或用缓冲基金收购商品；当有关商品价格上升到最高价格时，则扩大出口或抛售缓冲库存。

国际商品协定下的协定价格能否保证，依赖于世界市场行情的变化、商品协定是否被执行以及参加协定的国家是否协调一致等因素。

2. 世界“自由市场”价格

世界“自由市场”价格是指在国际间不受垄断或国家垄断力量干扰的条件下，独立经营的买者和卖者之间进行交易的价格。“自由市场”价格是在供求规律的作用下形成的。

联合国贸易和发展会议的统计资料中，把美国谷物交易所的小麦价格、大米（泰国）FOB 曼谷价、玉米（阿根廷）CIF 英国口岸价、咖啡的纽约港交货价、伦敦金属交易所的锡和铜价等 36 种初级产品列为世界“自由市场”价格。

在当今世界，由于垄断的存在，即使是这 36 种初级产品也不全部是在“自由市场”上进行交易的，真正在“自由市场”上交易的只是其中的一小部分。例如，伦敦金属交易所买卖铜和锡的数额分别占世界铜和锡出口量的 5%。

在大多数情况下，世界“自由市场”实际上是边缘性的或剩余物的市场（Residual Market）。所谓剩余物，是指一种商品在垄断性市场进行买卖后，或在国家垄断调节下的市场买卖后的剩余物。这个剩余物的世界“自由市场”只是平衡剩余的供给和需求的手段。即使在这样的市场上，也不可能完全排除垄断组织力量的影响。

由于世界“自由市场”具有边缘性质，一切暂时性短缺和过剩供应都集中在这个市场，投机性的买卖也经常在这个市场上进行，因而世界“自由市场”的价格极不稳定。价格频繁而剧烈的波动常使一些依赖初级产品出口的发展中国家遭受巨大的损失。

本章小结

国际贸易指各个国家或地区之间的商品和服务的交换活动。作为本书的开篇，本章首先介绍了国际贸易的基本概念和分类，主要有国际贸易额与对外贸易额；出口贸易与进口贸易；专门贸易与总贸易；货物贸易与国际服务贸易、国际技术贸易；直接贸易、间接贸易与转口贸易；现汇贸易与易货贸易；等等。然后分析了国际贸易产生的原因和发展过程，介绍了世界市场的含义、形成和发展，世界市场的主要特征，国际价值的含义，影响国际价值量的因素，以及国际价格的含义和种类。

关键概念

国际贸易　对外贸易　国际贸易额　对外贸易额　国际贸易地理方向
对外贸易依存度　贸易条件　复出口　复进口　净出口　净进口　总贸易
专门贸易　世界市场　调拨价格

思考题

1. 什么是国际贸易、对外贸易和海外贸易？

2. 国际贸易的分类有哪些？
3. 国际贸易的意义和作用是什么？
4. 影响国际价格的因素有哪些？
5. 国际价格有哪些种类？

第二章

国际贸易理论与政策

本章要点提示

- 重商主义理论与政策的主要内容及简要评价
- 自由贸易理论与政策的主要内容及简要评价
- 保护贸易理论与政策的主要内容及简要评价
- 国际贸易新理论与政策的主要内容及简要评价

引导案例

20世纪80年代以来，冷战结束与信息通信技术的迅速发展加快了经济全球化进程，生产要素在世界范围内自由流动和优化配置，全球性生产体系逐步形成。多边贸易体制的建立又进一步推动形成全球市场，促进了贸易发展。恰逢改革开放的中国抓住了机遇，顺应时代潮流，积极参与全球化进程。这不仅改善了国内生产技术、资金等要素匮乏的局面，也为国内生产提供了广阔的市场需求。我国也因此进入工业化快速发展进程，到2010年成为世界第一制造大国。随着生产优势尤其是劳动密集型产业优势的迅速发展，我国出口中的工业制成品比重进一步上升，初级产品比重持续走低。与此同时，国内经济基础条件也逐渐发生根本性变化：长期依赖于低要素价格而形成的国际竞争优势随着国内要素（尤其是劳动力）成本的快速上升而逐渐丧失，其他国家（如越南、印度等）正在取代中国在低端产业获得竞争优势。因此，从生产成本角度，中国外贸的产业竞争优势必须从传统制造业和中低端价值链环节向高技术产业和高端价值链环节转型升级。当前，中国外贸正站在一个新起点上，即由以价格优势为主向以技术、品牌、质量、服务、标准为核心的综合竞争优势转变。为了适应新形势新要求，我们要在努力巩固传统外贸优势的同时迎难而上，通过激发创新活力、提升创新能力，形成东中西合力、低中高并举，劳动密集、资本密集、技术和知识密集型产业共同创新的发展新格局，全面打造外贸竞争新优势。

资料来源：竺彩华. 打造外贸新优势. 国际商报，2019-09-27.

问题：根据上述材料分析中国的比较优势、中国外贸的转型发展的原因和策略。

第一节　重商主义理论与政策

一、重商主义的产生

重商主义出现于14世纪末15世纪初，盛行于16世纪和17世纪，衰落于18世纪。在资本原始积累时期，因为社会财富的重心已经从土地转向金银，所以，金银货币不仅成为社会各阶级的追求对象，而且成为社会经济生活的主要支配力量。正是由于商业资本在破坏封建主义生产方式、建立资本主义生产方式的过程中具有压倒一切的力量，所以就产生了代表商业资本利益的重商主义。

重商主义是西欧资本原始积累时期的反映商业资本利益和要求的经济思想和政策主张。重商主义理论可分为早期和晚期两个发展阶段，两者都把货币看作财富的唯一形态，都把货币多寡看作衡量国家富裕程度的标准。

早期重商主义以“货币差额论”为中心，将货币与商品绝对地对立起来，而且孤立地对待货币运动，要求在对外贸易中要绝对地多卖少买或不买，使金银流入国内。其代表作主要有英国的政治活动家约翰·海尔斯（John Hales）的《论英国本土的公共福利》、英国经济学家威廉·斯坦福（William Slafford）的《对我国同胞某些控诉的评述》以及法国经济学家安·德·蒙克莱田（Antoine de Montchrétien）的《献给国王和王太后的政治经济学》。

晚期重商主义以“贸易差额论”为中心，开始认识到货币运动与商品运动的内在联系。代表作主要是英国托马斯·孟（Thomas Mum）的《英国得自对外贸易的财富》。晚期重商主义在认识上比早期重商主义向前推进了一步，在相应的政策主张上也较为完善，认为顺差是一国取得和保持金银的主要手段，只要总体的贸易状况是顺差，金银就必然会流向国内。所以，晚期重商主义主张在对外贸易中，一国只要用于购买外国商品的货币总额少于出售本国商品所取得的货币总额，即保持贸易顺差，就可保证金银流入国内。

二、重商主义的对外贸易政策

重商主义提出了一系列强制性的保护贸易政策主张，大致可归纳为以下几种。

（一）货币政策

重商主义的货币政策可追溯到中世纪，但在16世纪才相当普遍。当时奉行重商主义的国家都颁布过各种法令，规定严厉的刑罚，禁止货币输出。例如，西班牙曾规定输出金银者处死，检举者有赏，并禁止外国人购买金条。英国也曾规定输出金银为大罪。在禁止货币输出的同时，各国都想方设法吸收国外货币，政府通过法令，规定外国人来本国进行贸易时，必须将出售货物所得到的全部款项用于购买本国的货物，以免货币外流。到了重商主义的晚期发展阶段，货币政策有所放宽，准许输出适量货币，以期获得更多的货币。

（二）限入奖出政策

重商主义者极力主张国家管制对外贸易，通过限入奖出政策促进出口，减少进口，实现贸易顺差，积累货币财富。在进口方面，实行重商主义的国家不仅禁止奢侈品输入，而且对一般制成品的进口也严加限制。因为奢侈品、工业制成品价格昂贵，进口这些商品要输出大批金银，影响货币积累。英、法等国就曾制定过禁止奢侈品进口的法令。在出口方面，由于原料价格低廉，加工后产品增值、价格变贵，所以重商主义者主张出口制成品代替出口原料。并且认为输出廉价原料，再用高价购买其制成品是一种愚蠢的行为。另外，国家还用现金奖励在外国市场上出售本国商品的商人。例如，当时英国曾禁止输出羊毛、皮革和锡等原料品，奖励那些不输出原料及在英国制造并出口工业品的生产者。

（三）保护关税政策

保护关税政策在重商主义的早期发展阶段便开始实行，晚期阶段已成为扩大出口、限制进口的重要手段之一。这种政策，对进口的制成品设置关税壁垒，课以重税，使进口的商品价格提高，售价昂贵，从而达到限制进口的目的。对进口的原料和出口的制成品，则减免关税或出口制成品时退还进口原料所征的关税，以支持和鼓励本国制成品的生产和出口。例如，法国 1667 年实行保护关税政策，把从英国、荷兰进口的呢绒税率提高一倍，花边等装饰品的进口税率也提高一倍，阻止了这些产品的进口，而对法国急需的工业品原料如羊毛、铁、锡、铅等的进口及工业制成品出口则加以鼓励。

（四）发展本国工业政策

重商主义者认为，保持贸易顺差的关键在于本国能够多出口竞争力强的工业制成品，因此他们主张实施鼓励国内工业发展的政策。当时实行重商主义的国家都围绕着发展本国工业制定并执行了种种政策措施。为了发展制造业和加工工业，有的国家高薪聘请外国工匠，禁止熟练技工外流和机器设备输出，鼓励原料和半成品输入，还向工场手工业者发放贷款和提供各种优惠条件；为了给工业发展提供充足的劳动力，鼓励增加人口；为了降低工业生产成本，实行低工资政策；为了提高产品质量，制定工业管理条例，加强质量管理。例如，英国政府通过职工法鼓励外国技工移入，通过行会法奖励国内工场手工业者。法国则采取免税、补贴、给予特权，乃至皇家基金自由投资等措施，促进制造业发展，并依靠国营企业，大力发展“皇家制造业”，为扩大商品输出创造雄厚的经济基础。

三、对重商主义理论的评价

作为现代西方经济学诞生之前影响最为深远的经济理论，重商主义所倡导的国家干预政策正是资本主义在西欧形成、壮大的根本原因。它在历史上曾起过进步的作用，并具有一定的现实意义。

（一）重商主义的积极影响

重商主义的积极影响表现在以下几方面：

（1）在理论上，重商主义对外贸易学说冲破了封建思想的束缚，开始了对资本主义生产方式的最初考察，提出了对外贸易能使国家富足的观点。

（2）在政策上，重商主义对外贸易学说提供了关于国家干预对外贸易的一系列主张。当时西欧各国实行重商主义贸易政策的结果是促进了商品货币关系的发展，加速了资本的原始积累，促进了资本主义生产方式的确立，推动了历史的进步。

（3）重商主义的某些政策主张对当今世界各国制定对外贸易政策仍有一定的实践意义，如积极发展本国工业、鼓励原材料进口和制成品的出口等。

（二）重商主义理论的不足

重商主义理论的不足表现在以下几方面：

（1）重商主义对社会财富的理解是肤浅和片面的，它没有意识到货币只是充当一般等价物的特殊商品，而金银只是由于其适宜充当货币材料的属性才被选为货币的代表，不能把财富和金银画等号。

（2）重商主义理论在国际贸易对本国财富或福利的增进上的解释是不科学的，因为流通领域是不创造财富的，创造财富的真正源泉来自生产领域。

（3）重商主义认为一国的贸易得益是建立在他国损失的基础上的，即对外贸易是一种零和博弈。这一观点被后来的古典国际贸易理论和贸易实践本身所否定。

（4）重商主义只研究如何从国际贸易中获得金银，而没有探讨国际贸易产生的原因，对国际贸易问题的研究不够全面。

（5）重商主义所主张的政府严格控制经济活动的政策，限制了国际贸易的广泛开展，也与古典理论所倡导的自由贸易思想相悖。

第二节　自由贸易理论与政策

一、亚当·斯密的绝对贸易理论

亚当·斯密（Adam Smith）是英国古典政治经济学的主要奠基人之一，他在1776年出版的《国民财富的性质和原因的研究》（简称《国富论》）一书中，批判了重商主义，创立了自由放任的自由主义经济理论，在国际贸易理论方面，提出了主张自由贸易的绝对优势理论。

（一）绝对优势理论的内容

绝对优势理论认为分工可以提高劳动生产率。原因是：分工能提高劳动的熟练程度；分工使每个人专门从事某项作业，节省与生产没有直接关系的时间；分工有利于发明创造和改进生产工具。

绝对优势，是指在某一同质商品的生产上，一国所消耗的劳动成本绝对低于另一国，即生产单位商品所耗费的劳动时间低于他国。绝对优势理论认为，自由贸易会引起国际分工，国际分工的基础是有利的自然禀赋，或后天的有利生产条件。它们都可以使一国在生产上和对外贸易方面处于比其他国家绝对有利的地位。各国应该集中生产并出口其具有“绝对优势”的产品，然后进口其处于“绝对劣势”产品，其结果将比自己生产所有产品更有利。同时，专业化的分工所形成的合理的国际分工体系可以提高世界总产出水平，增进整个世界的福利。

我们可以通过下面的实例，进一步分析说明亚当·斯密的绝对优势理论。

假设有两个国家 A 和 B，每个国家均生产两种产品 X 和 Y。

表 2-1 的含义为：在国际分工前，A 国生产 1 单位 X 产品需要 1 单位劳动，生产 1 单位 Y 产品需要 2 单位劳动；B 国生产 1 单位 X 产品需要 2 单位劳动，生产 1 单位 Y 产品需要 1 单位劳动。可以很清楚地看出 A、B 两国的劳动耗费（各 3 单位），两国的产品消费（每个国家消费 X、Y 产品各 1 单位）和全世界在生产中的劳动耗费（共 6 单位），以及全世界 X、Y 两种商品的消费（共 4 单位）。A、B 两国分别在 X 产品和 Y 产品上具有更高的劳动生产率。按照绝对优势理论的原则，A 国应专业生产具有最高劳动生产率的 X 产品，B 国生产 Y 产品，然后两国进行交换。

表 2-1　在国际分工前

产品国家	X 产品	Y 产品
A 国	1	2
B 国	2	1

表 2-2 的含义为：在国际分工后，A 国将全部 3 个单位劳动用于 X 产品生产共 3 单位，但因只有 0 单位劳动用于 Y 产品生产，故有 0 单位 Y 产品被生产出来。B 国则用全部 3 单位劳动专业生产 Y 产品共 3 单位，但因只有 0 单位劳动用于 X 产品生产，故有 0 单位 X 产品被生产出来。很清楚，在全部劳动消耗不变的情况下，与分工前比较，世界总产量增加了两单位，各国的消费在保持 1 单位 X 产品、1 单位 Y 产品时，按照 1X∶1Y 的比率进行交换，A、B 两国的消费均会有所增加，或劳动消耗有所减少，福利水平有所提高。

表 2-2　在国际分工后

产品国家	X 产品	Y 产品
A 国	3	0
B 国	0	3

（二）对于绝对优势理论的评价

1. 亚当·斯密的国际分工和贸易理论包含科学的成分

斯密对社会经济现象的研究从流通领域转到生产领域，从而对国际贸易问题采取了新的观点，这与重商主义相比是一大进步。绝对优势理论说明了社会分工和国际分工能使资源得到更有效的利用，国际贸易并不像重商主义者所说的那样只能使交易的一方获得利益，而是双方都能获得利益。贸易利益的普遍性原则为自由贸易政策主张奠定了基础，成为英国新兴产业资产阶级反对贵族地主和重商主义者发展资本主义的有力理论工具。

2. 绝对优势理论的缺陷和局限性

斯密的绝对优势理论存在一个必要的假设：一国要参加国际贸易，就必然要有至少一种产品在生产上与交易伙伴相比处于劳动生产率绝对高或生产所耗费劳动绝对低的地位，否则该国便不具备实际参加国际分工的条件，或者在国际贸易中没有任何的利益而只有伤害。这在理论上过于绝对，在实践中也不符合实际情况。发展中国家劳动生产率很可能在所有产品的生产上都不如发达国家，但仍然在进行国际贸易，也未因此而使本国产业走向衰亡。

斯密的学说符合 18 世纪资产阶级通过国际贸易进行经济扩张的要求，但是无法说明 X 产品和 Y 产品进行交换的内在等价要求是什么。

二、大卫·李嘉图的比较优势理论

大卫·李嘉图（David Ricardo）是英国的经济学家，1817 年在其代表作《政治经济学及赋税原理》中提出了比较优势理论。

（一）比较优势理论的内容

大卫·李嘉图继承和发展了亚当·斯密的绝对优势理论，提出了比较优势理论。亚当·斯密的绝对优势学说的前提是在两个国家、两种商品的贸易模式里，贸易双方必须各有一种具有成本优势（绝对优势）的商品，通过贸易可取得绝对利益。但如果一个国家连一个成本优势的商品都没有，而另一个国家两种商品都具有成本优势，那么双方还会发生贸易吗？这正是比较优势理论要回答的问题。李嘉图认为：即使一个国家的各个行业的生产都缺乏效率，没有低成本的商品，通过国际贸易仍可能获得利益；而另一个国家各个行业的生产都有效率，成本比国外同行也都低，通过国际贸易可获得更大利益。

比较优势理论的原则是“两优取其重，两劣取其轻”。即若两国均能生产两种商品，同时，一国在两种商品的生产成本上均处于绝对有利的地位，但有利的程度不同；而另一国在两种商品的生产成本上均处于绝对不利的地位，但不利的程度也不同。在此情况下，处于绝对劣势的国家应专业化生产并出口其绝对劣势较小的商品（也就是具有比较优势的产品），同时进口其绝对劣势较大的商品（也就是具有比较劣势的商品）；同样，对在两种商品的生产成本上都拥有绝对优势的国家而言，它也不必生产全部商品，只需选择其绝对优势较大的商品进行专业化生产并出口，而进口绝对优势较小的商品。这样，贸易各国通过完全专业化生产并出口其有比较优势（所谓比较优势即指绝对劣势中较小者，或绝对优势中较大者）的产品，可使贸易双方均获利，并提高整个世界的产出水平。

我们可以通过下面的实例，进一步分析说明大卫·李嘉图的比较优势理论。

假设有两个国家 A 和 B，每个国家均生产两种产品 X 和 Y，在进行国际分工前的情况如表 2-3 所示。

表 2-3　在国际分工前

产品国家	X 产品	Y 产品
A 国	6	4
B 国	1	2

表 2-3 的含义为：在国际分工前，A 国生产 1 单位 X 产品需要 6 单位劳动，而生产 1 单位产品需要 4 单位劳动；相应地，B 国生产 X 产品和 Y 产品分别需要 1 单位劳动和 2 单位劳动。很明显，B 国劳动生产率在 X 产品和 Y 产品上均高于 A 国。全世界全部产出为 4 单位，每一国家消费 X、Y 产品各 1 单位。世界的全部劳动支出为 13 单位，即 A 国为 10 单位，B 国为 3 单位。

A 国的相对优势在于生产 Y 产品，因而集中生产 Y 产品而放弃 X 产品的生产；B 国的相对优势在于生产 X，因而集中生产 X 而放弃 Y 产品生产。按照分工前的生产率，分工后的情况如表 2-4 所示。

表 2-4　在国际分工后

产品国家	X 产品	Y 产品
A 国	0	10
B 国	3	0

表 2-4 的含义为：A 国生产（10/4）即 2.5 个单位的 Y 产品，B 国生产 3/1 即 3 个单位的 X 产品。A 国在保持专业化分工之前 1 单位 Y 产品消费的同时，可以用 1.5 单位的 Y 产品来换取 B 国的 X 产品进行消费；B 国则在保持专业化分工前 1 单位 X 产品消费的同时，可以用 2 单位的 X 产品来换取 A 国的 Y 产品进行消费。

贸易的基础在于利益的比较。以 X 产品为 Y 产品的价值衡量标准，A 国的 Y 产品的劳动成本 $\frac{4}{6}$ 小于 B 国的 $\frac{2}{1}$，而以 Y 产品为 X 产品的价值衡量标准，A 国的 $\frac{6}{4}$ 大于 B 国的 $\frac{1}{2}$，这决定了交换的基础，即 A 国的优势在于 Y 产品的生产，而 B 国的优势在于 X 产品的生产。

（二）对比较优势理论的评价

李嘉图的比较优势理论具有合理、科学的成分和历史进步意义。

1. **比较优势理论比绝对优势理论更全面、更深刻**

比较优势理论的问世改变了过去一些学者关于自由贸易的利益只是来自商品成本绝对低的国家生产的观点，因而具有划时代的意义。比较优势理论揭示出了国际贸易因比较利益而发生并具有互利性，证明了各国通过出口相对成本较低的产品、进口相对成本较高的产品就可以实现贸易互利，这是该学说的主要贡献。这一理论为世界各国参与国际分工和国际贸易提供了理论依据，成为国际贸易理论的一大基石。

2. **比较优势理论在历史上起过重大的进步作用**

比较优势理论曾为英国工业资产阶级争取自由贸易政策提供了有力的理论武器，促进了当时英国生产力的迅速发展，使英国成为“世界工厂”，在世界工业和贸易中居于首位。

3. **比较优势理论的缺陷和局限性**

比较优势理论也存在一些缺陷和问题，并具有一定的历史局限性。主要表现在：按照该理论，比较利益相差越大则贸易发生的可能性越大，当今的贸易便应该主要在发达国家与发展中国家间展开，但事实是今天的国际贸易主要发生在发达国家之间。即今天的国际贸易实践使人们对于传统的比较优势理论的适用程度产生了疑问。按照该理论，在自由贸易条件下，参加贸易的双方都可获利，为获得此利益，所有贸易参加国都应该积极实行自由贸易而非保护主义。但在实际中，各国都在不同程度实行保护主义。

该理论并未从根本上揭示出贸易发生的原因。从国内、国际贸易的功能来看，都是为了实现商品的价值，不存在超额利润，即比较利益，只要能使商品价值得到实现，贸易就会发生。在逻辑上，厂商首先要收回投资、获取平均利润之后才会追求超额利润。将国际贸易的目标仅仅限定在追求比较利益（超额利润）是不符合实际情况的。比较利益学说暗含一层意思，即越落后的国家参加贸易，则越会受益，这里实际没有看到国际贸易具有的不等价交换和价值的流向，难以被相对落后国家接受。

三、生产要素禀赋理论

以李嘉图为代表的比较优势理论是以劳动价值论为基础的，它以劳动生产率的差异来论证比较成本。但是，如果假定各国之间的劳动生产率相同，那么产生比较成本差异的原因是什么呢？20 世纪 30 年代，由瑞典经济学家贝蒂·俄林（Bertil Ohlin）在其代表作《域际贸易和国际贸易》一书中提出的“生产要素禀赋论”中得到了解释。由于俄林在该著作中采用了其老师赫克歇尔（E. F. Heckscher）的主要论点，因此，生产要素禀赋论又称赫克歇尔-俄林模型，或简称“H-O 模型”。

（一）“生产要素禀赋论”的主要内容

“生产要素禀赋论”以李嘉图的“比较成本说”为基础，将比较成本的差异归于生产要素的禀赋的国际差异，用生产要素的丰缺来解释国际贸易的产生和商品的流向。所谓生产要素的禀赋，是指生产要素在一个地区中的自然供给状况。生产要素禀赋论的提出被誉为西方国际贸易理论从古典到新古典又发展到现代的标志，它同古典国际贸易理论比较起来，更接近资本主义国际贸易的实际，对各国的对外贸易政策具有一定的指导意义。该理论在西方国际贸易理论界一直居于主导地位，受到广泛的接受和推崇。

（1）赫-俄的“生产要素禀赋论”认为，国际贸易发生的直接原因是商品价格存在国际绝对差异。

商品价格的国际绝对差异是指同种商品在不同国家以本国货币表示的价格，按照一定的汇率换算成以同种货币表示的价格时两者的差异。只要两国间存在价格差异，国际贸易就会发生。在这种情况下，商品从价格较低的国家输往价格较高的国家，从而使贸易双方都获得利益，得到比自己生产时更多的产品。在许多情况下，一个国家可以生产出与进口商品质量同样好的商品，但必须付出高昂的代价，商品成本要比进口高得多。

（2）赫-俄的“生产要素禀赋论”认为，两国间商品价格的差异来源于成本的绝对差异。

成本的绝对差异是由两个方面原因造成的：第一，生产要素的供给不同，即两国的要素禀赋不同；第二，商品生产过程中所使用的要素比例不同，即商品所包含的要素密集程度不同。这就是说，资本丰裕的国家出口资本密集型商品，进口劳动密集型商品；反之，劳动力丰富的国家出口劳动密集型商品，进口资本密集型商品。这样，贸易的双方都能从中获得好处。所以赫-俄认为，按照生产要素丰裕与稀缺程度进行国际分工和国际贸易，可以弥补国际间生产要素分布不均匀和不能自由流动的缺陷，使生产要素得到有效的使用，从而提高劳动生产率，增加产品的产量。要实现这些利益，最好是实行自由贸易政策。

（二）对“生产要素禀赋论”的评价

赫-俄的“生产要素禀赋论”是西方国际贸易理论发展的一个重要阶段，曾经产生过很大影响，至今仍被视为现代国际贸易理论的一个重要组成部分。其原因有以下几方面：

（1）“生产要素禀赋论”继承了李嘉图的“比较优势理论”，对国际分工、商品流向等方面进行分析。“生产要素禀赋论”更深入、更全面，更接近于国际贸易的实际。这一理论指出生产要素在各国进出口贸易中占据重要地位，而且根据贸易国各种生产要素的丰裕程度来解释国际贸易发生的原因和国际贸易格局，在当时是具有实际意义的。

（2）“生产要素禀赋论”对于一个国家如何利用本国的资源优势参与国际分工和国际贸易，仍然具有现实意义。发挥一个国家固有的优势，从优势出发进行国际贸易，是各国在进行对外贸易时必须考虑的。马来西亚出口锡，中东国家出口石油，中国和东南亚出口劳动密集型的服装、轻工产品，便是发挥自己优势的典型案例。

（3）“生产要素禀赋论”提倡自由贸易，为反对贸易保护主义提供了重要的依据。这对于促进国际分工和国际合作的发展，尤其是对于推动发展中国家经济的发展，具有一定的积极意义。

“生产要素禀赋论”也存在某些缺陷。“生产要素禀赋论”的结论都是基于多项严格的假定之上的，而这些假定在现实生活中是难以具备的，例如完全竞争实际上是不存在的，失业、通货膨胀、汇率变动等经济因素都会使国际贸易不按赫克歇尔-俄林模式进行。另外，“生产要素禀赋论”无法解释战后国际贸易出现的一些新情况。但无论如何，“生产要素禀赋论”关于生产要素及其组合在各国进出口贸易中占有重要地位的论述在理论和政策上都有一定的现实意义和参考价值。

案例 2-1

改革开放 40 多年来，我国经济飞速发展。1978—2018 年，我国 GDP 年平均增长 9.5%，平均每 8 年翻一番，远高于同期世界经济 2.9%左右的年均增速，在全球主要经济体中名列前茅。

世界上许多国家都曾经历过经济的高速增长，如日本战后的经济高速增长期是 19 年，年均增长 9.2%；新加坡的经济高速增长期是 20 年，年均增长 9.9%；韩国的经济高速增长期是 30 年，年均增长 8.5%。改革开放以来，我国保持了长达 40 多年的高速增长，创造了人类经济增长史上罕见的中国速度。有观点认为这种发展不能持续，因为高增长只是由于原来经济基数低。问题在于，怎样才能持续这种发展呢？在这个问题的各种论争中，比较中肯的理论是要按照中国的比较优势来选择发展战略。也就是说，一个国家经济发展的成败取决于它生产的商品是否符合自身比较优势，而后者又与其生产要素的禀赋紧密相连。生产要素禀赋是指该国拥有多少劳动力、资本、土地、人力资本等生产要素，尤其重要的是不同要素间的相对比例。中国的劳动力远比资本丰盈，应当发展劳动密集型产品；在资本比劳动力更充足的国家，则应集中生产资本密集型产品。

问题：当前国际经济政治形势将怎么改变中国的要素禀赋?

第三节　保护贸易理论与政策

一、汉密尔顿的保护贸易理论

亚历山大·汉密尔顿（Alexander Hamilton）是美国的政治家和金融家、第一任财政部部长。1776 年，美国宣告独立，英国派军队进行镇压。于是一场独立和反独立战争爆发并持续了 7 年之久。美国虽然取得了战争的最后胜利，但是经济却遭受了严重破坏，当时摆在美国面前有两条路：一条是实行保护关税政策，独立自主地发展本国工业；另一条是实行自由贸易政策，继续向英国、法国、荷兰等国出售小麦、棉花、烟草、木材等农林产品，用以交换这些国家的工业品，满足国内市场的工业品需求。前者是北方工业资产阶级的要求，后者是南部种植园园主的愿望。

（一）汉密尔顿的保护贸易理论与政策

汉密尔顿站在工业资产阶级一边，极力主张实行保护关税制度，并于 1791 年向国会递交了《关于制造业的报告》。在报告中，他阐述了保护和发展制造业的必要性和有利条件，极力主张实行保护关税政策，并提出了以加强国家干预为主要内容的一系列措施。

汉密尔顿认为美国工业起步晚，基础薄弱，技术落后，生产成本高，很难与经济起步早的国家如英、法、荷等国的廉价商品进行自由竞争。因此，必须用关税将美国新建立起来的工业保护起来，使之生存、发展和壮大。他指出，为了保护和发展制造业，政府应加强干预，实行保护关税制度，具体采取如下措施：第一，向私营工业发放贷款，扶植私营工业发展；第二，实行保护关税制度，保护国内新兴工业；第三，限制重要原料出口，免税进口本国急需原料；第四，给各类工业发放奖励金，并为必需品工业发放津贴；第五，限制改良机器及其他先进生产设备输出；第六，建立联邦检查制度，保证和提高工业品质量；第七，吸收外国资金，以满足国内工业发展需要；第八，鼓励移民迁入，以增加国内劳动力供给。

（二）对汉密尔顿的保护贸易理论的简要评价

汉密尔顿的上述主张，虽然仅有一部分被美国国会采纳，却对美国政府的内外经济政策产生了重大和深远的影响，促进了美国资本主义的发展。汉密尔顿的保护关税学说为落后国家进行经济自卫和与先进国家相抗衡提供了理论依据。这一学说的提出，标志着从重商主义分离出来的西方国际贸易理论两大流派已基本形成。

二、李斯特的保护幼稚工业理论

弗里德里希·李斯特（Friedrich List）是德国经济学家，早年倡导自由主义，后来转为贸易保护主义。他于 1841 年出版了《政治经济学的国民体系》，系统地提出了保护贸易学说。

（一）李斯特保护幼稚工业理论的内容

李斯特保护幼稚工业理论主要包括生产力理论和经济发展阶段论。

1. 生产力理论

生产力理论是李斯特保护幼稚工业理论的基础，李斯特认为，一个国家的财富和力量来源于本国社会生产力的发展，提高生产力是国家强盛的基础。财富的生产力比财富本身重要得多。购买国外的廉价商品，从眼前利益看，可能会得到一些实惠，但是从长远利益看，则会影响德国工业的发展。因为这样做会使德国工业长期落后，甚至会成为先进工业国的附属国。他主张德国对幼稚工业实行保护，提高关税，限制进口。这样做，一开始国内工业品价格会上涨，消费者也会受到损失。但是经过一段时间，德国工业发展起来以后，商品的价格就会下降，甚至会低于外国进口商品的价格。更为重要的是，这会使德国具备生产财富的能力，提高国力。

2. 经济发展阶段论

古典学派的自由贸易理论认为，各国按照比较优势学说可以形成和谐的国际分工，而且形成这种分工只需要自由贸易。李斯特认为，这种观点抹杀了各国的经济发展和历史特点。他认为各国经济发展必须经过五个历史阶段，即原始的未开化阶段、畜牧业阶段、农业阶段、工农业阶段、工农商业阶段。处在不同历史阶段的国家应该实行不同的贸易政策。处于农业阶段的国家应该实行自由贸易政策，因为自由贸易不但可以自由输出农产品，还可以自由输入外国工业产品，促进本国工业发展。处于工农业阶段的国家应该实行保护关税制度，因为保护关税可以限制外国工业产品进口，保护本国尚缺乏国际竞争力的工业的发展。处于工农商业阶段的国家应该实行自由贸易政策，因为自由贸易可以使本国得到最大利益。

李斯特认为，英国经济发展已处在工农商业阶段，应该实行自由贸易政策。德国经济发展处在工农业阶段，应该实行保护关税制度。

（二）李斯特保护幼稚工业理论贸易政策

1. 保护的前提与目的

按照李斯特经济发展阶段论，只有已经进入工农业阶段的国家应该实行保护贸易政策，即保护的前提是一个国家正处于工农业阶段。与此相适应，保护幼稚产业的目的是保护国内市场以促进生产力的发展。

2. 保护的对象

保护的对象是本国受到国外强有力竞争的有前途的幼稚工业，保护期限最长不应超过 30 年。幼稚工业需要保护，但并非保护所有幼稚工业，而是要保护有发展前途的幼稚工业；即使一国工业幼稚，但没有遇到强有力的国际竞争时也无须保护；被保护的工业生产出的产品能与国外竞争时，就无须继续保护；被保护的幼稚工业一段时间扶植不起来的，就放弃保护；农业不需要保护。

3. 保护的措施

保护贸易的具体措施是以禁止输入与征收高额关税为主要手段。至于保护的程度，应随本国不同的发展阶段以及不同的行业而变化。一般在本国工业发展的初期，保护程度应低些。随着本国工业的逐步发展，关税也应随之提高。待本国工业逐步成熟起来，又应逐步降低关税。

（三）对李斯特保护幼稚工业理论的评价

1. 李斯特保护幼稚工业理论的积极作用

李斯特的贸易保护主义不是主张保护落后，而是主张通过保护关税，用机器挤掉手工劳动，用现代的生产代替宗法式的生产。因此，这一理论有利于德国工业资产阶级反对封建主义的斗争，促进德国工业资本主义发展；同时为发展中国家民族工业的发展提供了借鉴，有利于促进发展中国家民族工业的发展。

2. 李斯特保护幼稚工业理论的主要缺陷

李斯特对生产力概念的理解是错误的，对影响生产力发展的各种因素的分析也是混乱的，他以经济部门作为划分经济发展阶段的基础是错误的，歪曲了社会经济发展的真实性。

三、普雷维什的中心外围论

劳尔·普雷维什（Raul Prebisch）是阿根廷的经济学家。1949 年 5 月，普雷维什在《拉丁美洲的经济发展及其主要问题》中系统和完整地阐述了“中心-外围”理论。普雷维什认为，在传统的国际劳动分工下，世界经济被分成了两个部分：一个部分是“大的工业中心”；另一个部分则是“为大的工业中心生产粮食和原材料”的“外围”。在这种“中心-外围”的关系中，“工业品”与“初级产品”之间的分工并不像古典或新古典主义经济学家所说的那样是互利的，恰恰相反，由于技术进步及其传播机制在“中心”和“外围”之间的不同表现和不同影响，这两个体系之间的关系是不对称的。对此，普雷维什进一步指出，从历史上说，技术进步的传播一直是不平等的，这有助于使世界经济因为收入增长结果的不同而划分成中心和从事初级产品生产的外围。

（一）中心-外围论的理论与政策

1. 国际经济体系分为中心和外围两部分

古典学派等研究国际贸易时将世界视为一个整体，李斯特考察国际贸易时强调国家的重要性，普雷维什则将世界经济体系分为中心和外围两个部分来探讨国际贸易问题。普雷维什认为，国际经济体系在结构上分两部分：一部分是由发达工业国构成的中心；另一部分是由广大发展中国家组成的外围。中心和外围在经济上是不平等的。中心是技术的创新者和传播者，外围则是技术的模仿者和接受者；中心主要生产和出口制成品，外围则主要从事初级品生产和出口；中心在整个国际经济体系中居于主导地位，外围则处于依附地位并受中心控制和剥削。在这种国际经济贸易关系下，中心国家主要享有国际贸易的利益，而外围国家则享受不到这种利益。这是造成中心国与外围国经济发展水平差距加大的根本原因。

2. 外围国家贸易条件不断恶化

普雷维什用英国 60 多年（1876—1938 年）的进出口价格统计资料推算了初级产品和制成品的价格指数之比，以说明主要出口初级产品的外围国和主要出口工业品的中心国的贸易条件的变化情况。推算的结果表明，外围国家的贸易条件出现长期恶化的趋势。此即著名的“普雷维什命题”。

普雷维什认为，外围国家贸易条件恶化是由以下原因造成的：第一，技术进步利益分配不均。如上所述，科技发明往往发生于中心国家，而这些发明直接用于中心国家的工业发展。外围国家由于自身工业技术基础等条件的限制和中心国家的限制措施而几乎享受不到世界科技进步的利益，只能充当长期向中心国家提供初级产品的角色。第二，工业制成品和初级产品需求的收入弹性不同。一般来说，工业制成品需求的收入弹性比初级产品需求的收入弹性大。随着人们收入的增加，对工业品的需求会有较大的增加，因而工业品的价格就会有较大程度的上涨。相反，随着人们收入的增加，对初级产品的需求增加较小，因而对初级产品价格不会有很大的刺激作用，使初级产品价格上涨很小，甚至下降。所以，以出口初级产品为主的外围国家的贸易条件存在长期恶化趋势。第三，中心国家和外围国家工会的作用不同。中心国家的工人有强大的工会组织，在经济高涨时，可以迫使雇主增加工资，经济萧条时，可以迫使雇主不降或少降工资，因而使工业品价格维持在较高水平上。而外围国家工会组织不健全，力量薄弱，没有能力控制或影响工资，经济繁荣时期工资上升不大，萧条时期工资大幅度下降，因而使外围国家初级产品价格较低。这是造成外围国家贸易条件恶化的又一原因。

3. 外围国家必须实行工业化，独立自主地发展民族经济

普雷维什基于对国际经济体系的中心和外围的划分，以及对旧的分工体系和贸易格局下外围国家贸易条件恶化的分析提出了外围发展中国家必须实行工业化的主张。他认为，外围国家应该改变过去把全部资源用于初级产品的生产和出口的做法，充分利用本国资源，努力发展本国的工业部门，逐步实现工业化。他根据拉丁美洲各国的实际情况，提出了进口替代工业化的发展战略。即采取限制工业品进口的措施，努力发展本国工业，使工业品逐步达到自给自足，改变工业品依靠从中心国进口的局面。随着世界经济形势的变化和拉美国家经济的发展，他又进一步提出了出口替代的发展战略。即大力发展本国工业品出口，改变出口商品结构，由以出口初级产品为主向出口工业品为主转变。这样，外围国家的工业品不仅可以满足本国的需要，而且可以向中心国家出口，使外围国家的工业更趋成熟。

4. 为了实现工业化，普雷维什主张外围国家实行保护贸易政策

普雷维什认为，在一个相当长的时期内，保护政策是发展中国家发展工业所必需的。在出口替代阶段，为了鼓励制成品出口除了实行保护关税政策外，还应有选择地实行出口补贴措施，以增强发展中国家的制成品在世界市场上的竞争力。普雷维什指出，外围国家的保护政策与中心国家的保护政策性质不同。外围国家的保护是为了发展本国工业，有利于世界经济的全面发展，而中心国家的保护是对外围国放宽贸易的歧视和扼制，不仅对外围国家不利，于整个世界经济发展也是不利的。因此，他呼吁中心国对外围国放宽贸易限制，减少对外国工业品的进口歧视，为外围国的工业品在世界市场上的竞争提供平等的机会。

（二）对中心-外围论的简要评价

普雷维什从发展中国家的利益出发，对国际贸易问题进行了开拓性的探讨，包含了科学的成分。他的中心-外围论对战后世界经济格局的分析是正确的。它使发展经济学家对战后国际经济关系的不平等认识又上升到一个新的理论高度，为第三世界国家反对旧的国际经济关系，争取建立新的国际经济秩序提供了思想武器。它关于发展中国家经济发展战略的建议，对拉丁美洲和其他发展中国家都具有直接的指导和借鉴意义，并为战后发展中国家的经济发展做出了重要的贡献。但是，这一理论的某些观点和解释包含有不科学的成分，如关于制成品与初级产品的技术进步与各自价格关系的论述，以及工会组织对产品价格施加影响的看法，就不够科学。

四、凯恩斯主义超保护贸易理论

约翰·梅纳德·凯恩斯（John Maynard Keynes）是英国经济学家，其代表作是《就业、利息和货币通论》。

（一）凯恩斯主义超保护贸易理论产生的历史背景

自19世纪末20世纪初开始，资本主义经济发生了很大变化。一是垄断代替了自由竞争；二是国际经济制度和秩序发生了巨大变化；三是1929—1933年资本主义世界爆发了空前的经济危机，各国争夺市场的斗争进一步尖锐化。在这种情况下，超保护贸易政策盛行起来。各国经济学家提出了各种支持超保护贸易政策的理论根据，其中有重大影响的是凯恩斯主义的观点。

1929—1933年大危机之前，凯恩斯是一个自由贸易主义者，他反对贸易保护主义，认为贸易保护主义不会有利于国内经济繁荣与就业。大危机之后，凯恩斯改变了立场，转而推崇重商主义，认为重商主义保护贸易的政策的确能保证经济繁荣和促进就业。凯恩斯没有专门系统地论述国际贸易的著作，但是他和他的弟子们有关国际贸易方面的观点与论述却形成了颇具影响的超保护贸易学说。

（二）凯恩斯主义超保护贸易理论的主要内容

1. 凯恩斯主义超保护贸易理论的政策主张

（1）凯恩斯主义认为古典贸易理论已经过时，因为它是建立在国内充分就业的前提之上的。而20世纪30年代的大危机，使失业成为各国的普遍现象。凯恩斯批评自由贸易论关于“国际收支自动调节说”，认为它忽视了贸易顺差、逆差调节均衡的过程对一国国民收入和就业产生的影响。

（2）凯恩斯主义认为贸易顺差和逆差与一国的经济兴衰有着极大的关系，顺差能增加国民收入，扩大就业，而逆差则会减少国民收入，加重失业。因此，他赞成贸易顺差，反对贸易逆差。

（3）凯恩斯主义主张国家干预对外贸易，他认为在一个开放的社会里，对外贸易是社会有效需求的决定性因素之一。具体来说，出口消费品和投资品等于增加本国需求，进口消费品和资本品等于缩减了有效需求。贸易顺差对扩大需求是有利的，政府应对国家贸易差额进行控制，实行“限入奖出”的保护政策。

2. 对外贸易乘数理论

对外贸易乘数理论是凯恩斯投资乘数在贸易方面的应用。为证明新增加投资对国民收入和就业的好处，凯恩斯提出了投资乘数理论。

凯恩斯认为，一国投资的增长对国民收入的扩大是乘数或倍数关系，故称为乘数或倍数理论。他认为新增加的投资会引起对生产资料需求的增加，从而引起从事生产资料生产的人们（工人、企业主）收入的增加，从而引起他们对消费品需求的增加，从而又会引起从事消费品生产的人们收入的增加。如此连锁发展，结果增加的国民收入总量会等于原增加投资量的若干倍。他还认为，国民收入增加的倍数取决于“边际消费倾向”。如果“边际消费倾向”为0，那么人们会把增加的收入全部用于储蓄，而一点也不消费，所以国民收入就不会增加；如果边际消费倾向为1，那么人们会把增加的全部收入全部用于消费，而一点也不储蓄，所以国民收入增加的倍数为1＋1＋1…直到无穷大；如果

“边际消费倾向”介于0与1之间，那么人们会把增加的收入以1/2或1/3或1/4……用于消费，所以国民收入增加的倍数在1和无穷大之间。

$$K=\frac{1}{1-\text{边际消费倾向}}$$

国民收入增加量(△Y)＝乘数(K)×投资的增加量(△1)

在国内投资乘数理论的基础上，凯恩斯的追随者引申出对外贸易乘数理论。这一理论认为，一国出口量的增加和国内投资一样，对国民收入的扩大也是乘数关系。而一国的进口则和国内储蓄一样，有减少国民收入的作用。当一国出口的商品和劳务增加时，会引起其他产业部门生产增加、就业增多、收入增加……如此循环往复，结果国民收入的增加量则是出口增加量的若干倍。当一国进口商品和劳务增加时，必然向国外支付更多的货币，引起国内收入减少，消费下降，与储蓄一样，成为国民收入中的漏洞。于是，也就得出结论：只有贸易为出超或国际收支为顺差时，对外贸易才能增加一国的就业量，提高国民收入。此时，国民收入的增加量将是贸易顺差的若干倍。这便是对外贸易乘数理论的含义。这一理论主张扩大出口，减少进口，认为贸易顺差愈大，对一国经济发展和劳动就业愈有好处。为了实现贸易顺差的目标，各国竞相使用超保护贸易措施，对外贸易乘数理论为超保护贸易政策提供了理论依据。

（三）对凯恩斯主义超保护贸易理论的简要评价

凯恩斯主义超保护贸易理论和其他理论一样，是时代的产物。从局部看，这一理论推动了超保护贸易政策的实施，而超保护贸易政策的实施，对国家的经济发展、扩大就业、增加国民收入产生了重大影响。

凯恩斯主义对外贸易乘数理论具有明显的局限性，从整体看，存在自身的矛盾性。对外贸易乘数理论的核心是扩大出口，实现贸易顺差，以促进本国经济发展和就业，但是超保护贸易政策主张减少进口，如果各国都减少进口，那么一国出口量的增加就无法实现。也就是说，对外贸易乘数理论发生作用的条件是世界总进口量增加，超保护贸易政策又必然导致世界总进口量不会增加，这显然是自相矛盾的。这使对外贸易乘数理论失去了普遍发挥作用的条件。

凯恩斯主义超保护贸易理论推动了超保护贸易政策的发展，如果各国为了追求贸易顺差，无节制地奖出限入，其结果必然导致关税高筑，非关税壁垒盛行，贸易战火烽烟四起，阻碍各国经济和国际贸易的发展。

第四节 国际贸易新理论与政策

一、里昂惕夫之谜

在20世纪60年代以前，生产要素禀赋论一直被西方学者推崇为可普遍接受的国际贸易理论。50年代初，美国经济学家瓦西里·里昂惕夫（Wassily Leontief）利用美国 1947 年的有关贸易数据对 H-O 模型进行了首次实证检验。

（一）里昂惕夫之谜的提出及主要内容

赫克歇尔-俄林的生产要素禀赋论自创立以后，立即被西方经济学界所接受，因为人们靠直觉就可以肯定这个理论。其论点与我国的“靠山吃山、靠水吃水”的说法相似。只要知道一国的资源情况，即可推断出对外贸易走向。例如，第二次世界大战后，美国被普遍认为是世界上资本最雄厚的国家，因此其资本要素较其他国家丰富，其对外贸易走向自然应是出口机器、设备和钢铁等资本密集型商品，而进口的应是劳动密集型商品。

1953 年，里昂惕夫基于这种认识，利用他的投入产出方法对 H-O 模型进行检验，他使用了 200 个行业的投入产出表，前后两次分别采用 1947 年和 1951 年的统计资料，来比较生产 100 万美元价值的出口商品和进口替代商品所需要的资本和劳动的比率（K/L）。使他大吃一惊的是，计算结果表明，美国出口商品的 K/L 低于进口替代商品 K/L。其计算结果见表 2－5。

表 2－5　每 100 万美元美国出口品和进口替代商品对国内资本和劳动力的需求量

项目	1947 年		1951 年	
	出口商品	进口替代商品	出口商品	进口替代商品
资本 K（美元）	2 550 780	3 091 339	2 256 800	2 303 400
劳动力 L（人・年）	182 313	170 004	17 391	16 781
资本/劳动力（K/L）	13.991	18.185	129.77	137.26
进口资本量/出口资本量	1.30		1.06	

从表 2－5 中可以看出，用平均每人一年的资本表示的进口替代商品的 K/L 和出口商品的 K/L 之比，1947 年为 1.30，1951 年为 1.06。即美国进口替代型部门每个工人所用的资本比出口部门每个工人所用的资本，1947 年多出 30%，1951 年多出 6%。这说明，美国出口的是相对劳动密集型产品，进口的则是相对资本密集型产品。结论显然与 H-O 理论的推断相矛盾。这便是著名的“里昂惕夫之谜”。

（二）“里昂惕夫之谜”的相关理论

针对上述验证结果，经济学家不仅对“谜”产生的原因提出了种种解释，而且发展出许多新的国际贸易理论，并对生产要素禀赋理论进行修正和发展。具有代表性的主要有以下几种。

1. 劳动高效率论

这是里昂惕夫本人的解释。他认为，产生这种现象可能是由于美国工人具有比其他国家工人更熟练的技术和更高的劳动生产率，美国工人的劳动生产率大约是其他国家工人的 3 倍，美国的劳动是倍加的劳动，因此，美国是劳动相对丰富、资本相对稀缺的国家，理应以劳动密集型产品交换其他国家的资本密集型产品。里昂惕夫还认为，美国工人的高熟练程度和高劳动生产率是由于美国企业管理水平高，工人具有较高的教育和培训水平以及较强的进取精神。如果考虑这些因素，“里昂惕夫之谜”也就不存在了。

2. 自然资源缺乏论

这一理论认为，“里昂惕夫之谜”之所以出现是因为里昂惕夫计算有误。他只考虑劳动和资本两个生产要素是有局限性的，决定一国生产能力的生产要素则还应当包括自然资源。如果美国在自然资源禀赋上是稀缺的，美国进口的是资本密集型产品，也就不存在“里昂惕夫之谜”。

3. 关税结构扭曲说

生产要素禀赋理论有一个重要假设是自由贸易。但是，对不同进口商品征收不同税率的关税，会扭曲进口商品的结构，这也是产生“里昂惕夫之谜”的原因之一。例如美国是征收关税的国家，所以，美国关税结构可能导致“里昂惕夫之谜”的产生。在里昂惕夫收集数据的1947年，美国用高关税来限制劳动密集型产品的进口，从而成为资本密集型产品的进口国。但按有的经济学家1962年的计算结果，如果美国的进口商品不受限制，进口商品的资本与劳动的比率将比实际降低5个百分点。

4. 人力资本与劳动技能说

这一理论认为，生产要素禀赋理论有一个重要的假设就是劳动的同质性，即不同国家的劳动生产率相同，这是不符合实际的。因为人力资本是指投在劳动者身上的、以劳动者的数量和质量表示的资本，一国人力资源由教育、训练、职业和生活方式不同的人组成，并与一国的经济发展状况相联系，所以不可能提供同质的劳动，劳动技能就有了差异，而使用人力资本投资所产生的技能劳动者比简单劳动者有更大的生产力。如美国等发达国家正是因为拥有相对丰富的劳动技能，所以生产并且出口资本密集型产品。

（三）对“里昂惕夫之谜”的简要评价

1. “里昂惕夫之谜”的理论意义

里昂惕夫运用投入-产出法分析美国贸易结构，把统计学运用于经济理论分析，是一种创新。“里昂惕夫之谜”说明传统的贸易理论存在理论与实际不符的严重缺陷，这个“谜”的提出，引起了经济理论界的广泛关注，激发了世界经济学家的探索热情，促进了国际贸易理论的发展。

2. “里昂惕夫之谜”的历史局限性

“里昂惕夫之谜”的历史局限性主要表现在研究对象和研究内容方面，它的研究对象只有美国一个国家，研究内容只涉及资本和劳动两个要素，使复杂的国际贸易过程过分简单化了，从而使“里昂惕夫之谜”的科学性、实用性和普遍性大打折扣。

二、技术差距理论

技术差距理论（Technological Gap Theory）是把技术作为独立于劳动和资本的第三种生产要素，探讨技术差距或技术变动对国际贸易影响的理论。技术差距理论产生于1961年，代表人物为美国学者M. V. 波斯纳（Michael V. Posner）。由于技术变动包含了时间因素，技术差距理论被看成是对H-O理论的动态扩展。

（一）技术差距理论的内容

技术差距理论的内容主要包括以下几方面：

(1) 技术实际上是一种生产要素，并且实际的科技水准一直在提高，但是在各个国家的发展水准不一样，这种技术上的差距可以使技术领先的国家具有技术上的比较优势，从而出口技术密集型产品。随着技术被进口国模仿，这种比较优势消失，由此引起的贸易也就结束了。

(2) 工业化国家之间的工业品贸易，有很大一部分实际上是以技术差距的存在为基础进行的。通过引入模仿时滞的概念来解释国家之间发生贸易的可能性。在创新国和模仿国的两国模型中，创新国一种新产品成功后，在模仿国掌握这种技术之前，具有技术领先优势，可以向模仿国出口这种技术领先的产品。随着专利权的转让、技术合作、对外投资或国际贸易的发展，创新国的领先技术流传到国外，模仿国开始利用自己的低劳动成本优势，自行生产这种商品并减少进口。创新国逐渐失去该产品的出口市场，因技术差距而产生的国际贸易量逐渐缩小，最终被模仿国掌握，技术差距消失，以技术差距为基础的贸易也随之消失。

(3) 技术领先是否会导致两个各方面均相似的国家开展贸易取决于需求和滞后模仿滞后的静效应。如果需求时滞长于模仿时滞，即模仿国的生产者在本国消费者尚未产生对创新国产品的需求之前就已经模仿成功，消除了技术差距，则技术领先不会产生国际贸易。但是一般情况下，模仿滞后的时间通常比需求滞后的时间长，这样，就为基于技术差距的贸易发生创造了机会，技术领先国也就可以从贸易中获取由于技术优势而产生的垄断利润。

(二) 对技术差距理论的简要评价

技术差距理论证明了即使在要素禀赋和需求偏好相同的国家间，技术领先也会形成比较优势，从而产生贸易。但是技术差距理论不能解释为什么有些国家处于技术领先地位，而另一些国家则处于落后地位。同时也不能确定技术差距的大小，也没有给出技术差距产生和随着时间推移而消失的原因。产品生命周期理论在这方面作了较好的解释。

三、产品生命周期理论

(一) 产品生命周期理论的提出

早在 20 世纪 60 年代，许多经济学家就提出，不同国家之间存在技术差异，而这一差异对技术的创新国和技术的模仿国的进出口都有着影响。因为，在现代国际贸易中，技术变化十分迅速，技术领先的国家在国际贸易中处于有利地位。作为技术创新产物的知识密集型产品，往往是在发达国家创造发明的，而且随着产品标准化程度的提高，该产品生产与出口逐渐由原发明国转向其他国家。当然，技术差异不是一成不变的，在这个过程中，国际贸易伴随着知识密集型产品贸易量不断上升而继续进行下去。

为了解释产生这一现象的原因，美国经济学家雷蒙德·弗农（R. Vernon）在 1966 年发表了文章《产品周期中的国际投资和国际贸易》，把市场营销学中产品生命周期理论引入到国际贸易领域中，试图解释国际贸易形态的动态化特征，提出了国际贸易产品生命周期理论。美国的另一位经济学家威尔斯也为这一理论做出了贡献。

（二）产品生命周期理论的主要内容

1. 产品生命周期理论的假设前提

弗农假设参与贸易的国家可分为三类：第一类是发明与出口新产品的工业发达国，它们是技术、知识与资本充裕型国家；第二类是比较小的工业发达国，它们是资本与技术充裕型国家；第三类是发展中国家，它们是劳动充裕型国家。

2. 产品生命周期的划分

弗农认为，产品和生物一样，都是有生命周期的。生物从出生到死亡，需要完成一次循环；而新产品从出现到被替代和完全取代也是一个完整的生命周期。他还以美国为例，将产品生命周期分为三个阶段，即产品创新阶段、产品成熟阶段和产品标准化阶段。

（1）产品创新阶段。创新阶段也称初始阶段，是指产品的研究和开发时期。由于新产品在收入水平高的国家需求最旺，且新产品的研究和开发又需要大量的资本投入和大批的科技劳动投入，所以新产品的研制和开发最初在美国产生。而美国正是因其技术和工业发达优势，在新产品投产后，在国内市场销售的同时，新产品从美国出口到加拿大和西欧等收入水平与美国接近的国家。但这时技术密集型产品数量较少，价格昂贵，只能满足小部分人的消费需求。

（2）产品成熟阶段。是指新产品基本定型、可批量生产，并在一定程度上普及的时期。由于新产品逐渐定型，不确定因素减少，对成本的考虑加强，开始规模生产。这时的产品要素密集性质表现为资本密集型。美国出口创新的产品，外国（如西欧等国）开始模仿，新产品的产地由美国转向模仿国，模仿国使美国出口品竞争力下降，出口量虽继续增长，但出口增长速度放慢，其他原来从美国进口的国家转向从模仿国进口。

（3）产品标准化阶段。是指新产品成为完全定型的标准品，在世界市场广泛普及，并大规模生产的时期。由于新产品成为标准品，故价格竞争使新产品的产地转到低成本、劳动充裕的发展中国家，产品要素密集性质也随之改变。于是贸易流向发生逆向变化，发展中国家成为出口国，美国出口量大幅度下降，模仿国开始取代美国在第三国的市场，美国由出口国转变为进口国，直到该产品被更新的产品完全取代。

通过上述三个阶段，完成了一个国家新产品在国际贸易中的市场周期变化。

（三）对产品生命周期理论的简要评价

产品生命周期理论从技术变化的角度，探讨了工业制成品的生产要素密集程度随其生命周期的发展而呈现的动态变化。在产品创新阶段，决定比较优势的因素是研究和开发，科研人员和熟练工人在再生产要素中占很大比重，故产品的知识技术密集程度高。在产品成熟阶段，决定比较优势的最重要因素是资本，故产品一般表现为资本密集的特征。在产品标准化阶段，资本在生产要素中仍起重要作用，但决定比较优势的最重要因素是非熟练劳动或熟练劳动，故产品转向为劳动密集的特征。

根据产品生命周期理论，不同国家应该生产那些生命周期中处于本国相对优势阶段的产品。当然，这一理论是通过产品的生命运动过程分析，来说明比较利益是一个动态过程，它随着产品生命周期的变化从一种类型的国家转移到另一类国家，因而不存在哪一个国家能永远具有相对优势的产品。这一理论的核心观点就是动态的国际分工和国际贸易格局，使国际贸易理论有了新的发展。这一理论还提出了一个现实问题，即如何改变发达国家和发展中国家之间的这种不合理的贸易格局，发展中国家如何提高自己的技术创新能力。

四、产业内贸易理论

在第二次世界大战以前，传统国际贸易理论旨在揭示产业间贸易规律性的现象。随着经济的发展，特别是国际贸易领域发生了一系列新变化，这些新变化是很难用传统的国际贸易理论来解释的，必须寻求新理论。这使得国际贸易理论的研究视野也发生了变化，有的经济学家提出了“产业内贸易”的新概念。于是，在20世纪70年代中期，格鲁贝尔（H. G. Grubel）和劳埃德（P. J. Loyd）等人开创了产业内贸易理论的研究。到20世纪80年代初，美国经济学家克鲁格曼（Krugman）进一步推进了产业内贸易理论。

（一）产业内贸易的定义

按照产业内贸易的理论，国际贸易可分为“产业间贸易”和“产业内贸易”两种类型。产业间贸易指各国以不同的产业部门所生产的产品进行交换，如初级产品与工业制成品的交换。

产业内贸易是指各国彼此交换同一产业部门所生产的产品，即一个国家在对外贸易中同时进口和出口同类产品。例如，日本出口丰田汽车到德国，同时进口德国的奔驰汽车；日本出口精工手表到瑞士，而又从瑞士进口劳力士手表等。

产业间贸易与产业内贸易的差异不仅表现在贸易对象国的不同，在其他方面二者也存在很大的差别，可以用表2-6来归纳。

表2-6 产业内贸易与产业间贸易的主要区别

区别要素	产业间贸易	产业内贸易
贸易伙伴国	要素禀赋差异大，经济发展水平不同的国家	要素禀赋相似，经济发展水平相同的国家
理论基础	要素资源禀赋论	产业内贸易理论
贸易动因	比较优势	差异产品条件下的规模经济
对收入分配的影响	较强的收入分配效应	没有强烈收入分配效应
是否引起贸易摩擦	较易引起贸易摩擦	不易引起贸易摩擦
竞争优势	国家之间要素资源的竞争	公司优势的竞争

（二）产业内贸易发展的原因

1. 规模经济

所谓规模经济是指所有投入的平衡增长导致平均成本下降，收益会随规模的扩大呈报酬递增的趋势。两个国家的生产要素禀赋基本相同或相似，但如果其中一个国家或企业进行小批量多品种的生产，就会达不到规模经济，生产成本也会居高不下，使产品缺乏竞争力。而如果参与国际产业内分工专业化的生产，各自只生产相对具有优势的一种或若干品种甚至某种配件，扩大生产规模，才能降低生产成本，达到规模经济效益，然后，在国家间进行产业内贸易，并且取得贸易利益。

2. 产品差异性的存在

格鲁贝尔认为，即使两国所生产产品同质、同价，由于运输、储存、销售和包装等成本差异，也会引起国际产业内贸易。许多在不同国家生产的同类商品由于各国历史背景、经济、文化、习俗等不同，或多或少地产生了差异，而每个国家消费者的消费需求都是多种多样的，由于任何一个国家都无力从事所有差异商品的生产，对于这些有差异的同类产品的相互需求就产生了。为了满足这种需求，就会导致产业内贸易的产生。

3. 需求偏好上的相似性

瑞典经济学家林德尔（S. B. Liner）在 1961 年提出了偏好相似论。他认为，两国的需求结构越相似，两国发展贸易的可能性就越大。因为两国的经济发展水平越接近，产业结构越相似，其人均收入水平越接近，两国消费者的需求偏好也就越相似，所以一国代表性需求的产品很容易在另一个经济发展水平相近的国家中找到市场。这就是为什么在 20 世纪最后的二三十年中，收入水平相近的发达国家之间产业内贸易发展得如此迅速的原因。

五、需求偏好相似理论

需求偏好相似理论是林德尔于 1961 年提出的。他认为要素禀赋理论只适用于初级产品的贸易，而不适用于工业品的贸易。其基本观点是：一种工业品要成为潜在的出口产品，首先必须是一种在本国消费或投资生产的产品，即产品出口的可能性决定于它的国内需求。该理论用国家之间需求结构的相似性来解释发达国家之间工业制成品贸易发展的原因。

需求偏好相似理论的基本观点有：

（一）产品的出口以国内需求为基础

林德尔认为，工业生产扩大初期是以满足国内需求为目的的，只有国内市场大到可使工业获得规模经济和具有竞争性，并且某些工业制成品的国内价值低于国际价值时，即具备了国际市场上的竞争能力，这些工业制成品才可能出口。其原因有以下几方面：

（1）新产品、新技术的发明，其动力首先来自本国的需求，是本国的具体环境及特殊问题需要解决，才推动人们去从事技术革新和发明创造。

（2）为了满足国内市场，生产者会不断地改进技术，扩大产量。当这种产品在国内站稳市场，企业规模扩大到一定程度，企业才会进一步考虑扩大市场范围，出口自己的产品以赚取利润。出口只是产品在国内生产和销售的延伸。

（3）国内需要的产品，一般会具有最大相对优势。要使一种新产品最终适合市场需要，必须在生产者和消费者之间反复地交流信息，并且以价格作为最敏感的信号来进行传递。这时，如果消费者在国外，则取得信息的成本将是高昂的，将直接影响到生产者的利益，同时，企业面临的风险也比国内大得多。所以，一般情况下，国内需要的产品是具有相对国际竞争优势的产品。

（二）产品流向和贸易量取决于两国需求偏好相似的程度

林德尔认为，两个国家对工业品的需求偏好越相似，则其需求结构越接近，这样一国的生产很容易与另一国的需求相适应，两国之间此类工业品的贸易可能性就越大。一旦产生贸易，则需求偏好相似的两国的贸易量要大于需求偏好有较大差别的两国的贸易量。

（三）一国的平均收入水平是决定一国的需求偏好的最主要的因素

林德尔认为，不同收入水平的国家，其需求偏好是不同的。高收入国家对技术水平高、加工程度深、价值较大的高档商品的需求较大，而低收入国家则以低档商品的消费为主，以满足基本生活需求。所以，平均收入水平可以作为衡量两国需求偏好相似程度的一个重要指标。

综上所述，得出以下结论：两国的人均收入水平相同，其需求偏好就相似，两国之间开展贸易的可能范围就越大；两国人均收入水平有较大差异，需求偏好就会差异较大，两国贸易就存在潜在的障碍；若两国中一国具有某种产品的比较优势，而另一国并不存在对这种产品的需求，则两国无贸易发生。

本章小结

国际贸易理论是对国际贸易发展历史和现实情况的具体描述和理论说明，是经济学理论体系的重要组成部分。西方国际贸易理论可以分为两大派别：自由贸易理论和保护贸易理论。从历史上看，这两大派别都是从重商主义分离出来的，它们的理论观点是对立的。本章对重商主义理论、绝对优势理论、比较优势理论、生产要素禀赋理论、保护贸易理论、“里昂惕夫之谜”、技术差距理论、产品生命周期理论、产业内贸易理论等进行了介绍。这些理论从不同角度对国际贸易发生的原因做了阐述，进而对国际分工和国际贸易的发展产生了深远的影响。

关键概念

重商主义　绝对优势理论　比较优势理论　生产要素禀赋理论　“里昂惕夫之谜”　产业内贸易

思考题

1. 举例说明李嘉图比较优势理论的基本内容。

2. 生产要素禀赋理论的假设条件是什么？
3. 简述“里昂惕夫之谜”及其意义。
4. 试述李斯特的贸易保护理论的基本内容并对其进行简要评价。
5. 简述技术差距理论与生命周期理论的内容。

第三章
国际贸易措施

本章要点提示

- 关税的特点、种类、征收办法及关税税则
- 非关税壁垒的特点和种类
- 新贸易壁垒的特点和种类
- 鼓励出口措施与出口管制措施

引导案例

我国确立市场经济体制后，关税在我国经济社会中的调节作用日益突出。1992 年国务院决定，在若干年内逐步降低中国关税税率，使之达到发展中国家的平均水平。从 1992 年起我国开始了多次自主降低关税的进程，加入世贸组织后严格履行入世承诺的关税减让义务，2007 年关税总水平已经从 1991 年的 44.1%降至 9.8%，降税幅度高达 77.8%。2010 年，我国加入世贸组织的降税承诺已全部履行完毕。2018 年 11 月 1 日起，关税总水平进一步降至 7.5%。通过逐步降低税率和调整税则税目，我国关税结构得到了不断优化，基本实现了从“高税率、窄税基”向“低税率、宽税基”的转变。

自 2015 年以来，我国已多次降低了服装、箱包、鞋靴、特色食品和药品等消费品的进口关税。自 2018 年 5 月 1 日起，以暂定税率方式将包括抗癌药在内的所有普通药品、具有抗癌作用的生物碱类药品及有实际进口的中成药进口关税降为零。同时，从 2018 年 7 月 1 日起，降低部分进口日用消费品、汽车及其零部件的最惠国税率，日用消费品涉及 1 449 个税目，平均税率由 15.7%降为 6.9%，平均降幅 55.9%；汽车及其零部件涉及 17 897 个税目，平均税率由 21.5%、10.2%降为 13.8%、6%。2018 年 11 月 1 日起，降低部分工业品等商品的最惠国税率，涉及 1 585 个税目，平均税率由 10.5%降为

7.8%，平均降幅26%；降低旅客个人和快邮件进境物品进口税率，涉及药品、抗癌药品、日用消费品等共计260个税号，占物品税号总数的69.7%。一系列降税政策的出台，进一步增进人民福祉，有力提升百姓幸福感。

问题：

1. 根据上述材料分析关税的作用。
2. 评述我国入世后关税的变化趋势。

第一节　关税壁垒

一、关税的含义与特点

（一）关税的含义

关税（Customs Duty）是指进出口货物经过一国关境时，由政府设置的海关向进出口商课征的一种税收。由于征收关税提高了进口商品的成本和价格，客观上限制了进出口商品的数量，所以关税又被称为关税壁垒。

海关是设在关境上的国家行政管理机构，它的职责是货运监管、查运走私、征收关税、临时保管通关货物和统计进出口商品等。征收关税是一国海关的重要任务之一。

海关执行海关法令规章、行使管辖权、征收关税的领域为关境，亦称税境或关税领域。货物只有在进出关境时才被视为进出口货物而征收关税。一般情况下，一国关境与国境完全重合，但有些国家在国境内设有自由港或自由贸易区等，这些地区不属于关境范围之内，这时关境小于国境；当几个国家结成关税同盟，对内取消一切贸易限制，对外建立统一的关税制度，这时关境大于国境。

（二）关税的特点

1. 关税是一种间接税

关税属于一种间接税，它主要是对进出口商品征税，其税赋先由进出口商人垫付，最终将它作为成本的一部分加在货物的价格上，在货物出售时收回这笔垫款。这样，关税最终转嫁给了消费者，由消费者承担。

2. 关税的税收主体和客体是进出口商人和进出口货物

关税按纳税人与课税货物的标准，税收可以分为税收主体和税收客体，税收主体（即纳税人）是本国进出口商，税收客体（即课税对象）是进出口货物。按照海关的规定，对不同的货物制定不同的关税税率，征收不同水平的关税。

3. 关税具有强制性、无偿性、预定性的特点

关税不是进出口商自愿交纳的，而是要按照法律规定无条件地履行纳税义务，否则就违反了国家法律；国家取得关税是不需付出任何代价的，不必把税款还给纳税人；关税税率通常都是事先设计好的比例，一般不会随便更改和减免。

4. 关税是执行对外贸易政策的重要手段

对外贸易的本身特点决定了进出口商品不仅与国内的经济和生产有密切联系，而且与世界其他国家和地区的政治、经济等都有密切联系。因此，各国都通过制定切实可行的关税政策来体现本国对外贸易的政策，同时促进本国的对外贸易发展。

5. 关税税率的高低在一定程度上反映一国的经济发展水平

关税措施不仅体现一国对外贸易政策，而且关税税率的高低影响一国经济和对外贸易的发展，从而反映一国的经济发展水平。当一国经济处在发展之初，往往制定高关税，以保护本国民族产业的发展，这时关税水平不可能太低。随着民族产业的不断发展壮大，经济发展到一定程度以后，就希望把自己的商品能够推广到国外，在要求别国降低关税的时候，它自己的关税也要降低到一定水平。

二、关税的种类

（一）按照征收的对象或商品流向分类

1. 进口税

进口税（Import Duty）是指外国商品进入本国关境时，或者从自由港、出口加工区、保税仓库进入国内市场时，由该国海关根据海关税则对本国进口商所征收的一种关税，进口税通常称为正常关税或进口关税。

进口税是保护关税的主要手段。通常所说的关税壁垒就是对进口商品征收高关税，以提高其成本，削弱其竞争力，起到限制进口的作用。

2. 出口税

出口税（Export Duty）是指出口国家的海关在本国产品输往国外时对出口商所征收的关税。目前大多数国家对绝大部分出口商品都不征收出口税，因为征收出口税会提高出口商品的成本，削弱其国际竞争力，不利于扩大出口。

3. 过境税

过境税（Transit Duty）又称通过税或转口税，是一国海关对通过其关境再转运第三国的外国货物所征收的关税。由于过境货物对本国生产和国内市场没有影响，而且税率低，财政意义不大，目前大多数国家都采取“自由过境”原则，只对过境货物征收少量的签证费、印花费、登记费、统计费等。

（二）按照差别待遇和特定的实施情况分类

1. 进口附加税

进口附加税（Import Surtax）是指进口国海关对进口的外国商品在征收进口关税之外，出于某种特定的目的而额外征收的关税。

进口附加税一般是针对个别国家和个别商品征收的，主要有以下几种：

（1）反倾销税（Anti-Dumping Duty）。反倾销税是指对实行倾销的进口货物所征收的一种临时性进口附加税。其目的是抵制商品倾销，保护本国市场，因此反倾销税税额一般按倾销差额征收。

（2）反补贴税（Anti-Subsidy Duty）。反补贴税又称反津贴税、抵消税或补偿税，是对在生产、制造、加工、买卖及运输过程中直接或间接地接受出口国政府、同业公会或垄断组织的任何奖金或补贴的进口商品所征收的一种进口附加税。其目的是增加进口商品的价格，抵消其所享受的补贴金额，削弱其竞争力。

2. 差价税

差价税（Variable Duty）又称差额税，是指当本国生产的某种产品的国内价格高于同类进口商品的价格时，为了削弱进口商品的竞争力，保护国内生产和市场，按国内价格与进口价格之间的差额征收的关税。由于差价税是随着国内外价格差额的变动而变动，因此它是一种滑动关税。对于差价税的征收，有的规定按价格差额征收，有的规定在征收一般关税以外另行征收，这种差价税实际上属于进口附加税。

3. 普通关税

普通关税（Common Duty）又称一般关税，它是一国政府对与本国没有贸易协定的国家或地区的进口商品按普通税来征收的关税。

4. 优惠关税

优惠关税是指对受惠国以低于普通关税税率的标准征收关税以示优待。优惠关税有以下三种：

（1）最惠国待遇关税。这是对签有最惠国待遇条款的贸易协定国家实行的关税待遇。所谓最惠国待遇（Most-Favoured-Nation Treatment，MFN）是指缔约国各方实行互惠，凡是缔约国一方现在和将来给予任何第三方的一切特权、优惠和豁免，也同样给予对方。最惠国待遇的主要内容是关税待遇。最惠国税率是互惠的且比普通税率低，有时甚至低很多。

（2）特定优惠关税（Preferential Duty），简称特惠税，是对来自特定国家或地区的进口商品给予特别优惠的低关税或免税待遇，其目的是增进与受惠国之间的友好贸易往来。特惠税有的是互惠的，有的是非互惠的。

（3）普遍优惠制关税（Generalized System of Preference，GSP），简称普惠制税，是指发达国家对从发展中国家或地区输入的商品，特别是制成品与半制成品（包括某些初级产品），给予普遍的、非歧视的、非互惠的一种关税优惠制度。其目的是通过给惠国对受惠国的受惠商品给予减、免关税优惠待遇，使发展中的受惠国增加出口收益，促进其工业化水平提高，加速国民经济的增长。

三、关税的征收方法与依据

（一）关税的征收方法

关税的征收方法分为下列几种。

1. 从量税

从量税是以进口货物的重量、数量、长度、容积和面积等计量单位为标准计征的关税。采用从量税计征关税有以下特点：

（1）手续简便，无须审定货物的规格、品质、价格，便于计算。

（2）税赋不合理，不能随商品价格变动做出调整。同一税目的货物不管质量好坏、价格高低，均按同一税率征税，对廉价的进口货品抑制作用比较大。因单位税额固定，对质量次、价格低的低档商品进口与高档商品征收同样的关税，使低档商品进口不利。当国内商品价格降低时，因税额固定、税负相对增大，不利于进口，保护作用加强。

2. 从价税

从价税是以货物价格作为征收标准的关税，其税率表现为货物价格的百分值。征收从价税的一个重要问题是确定进口商品的完税价格。所谓完税价格是指经海关审定的作为计征关税依据的货物价格。征收从价税有以下特点：

（1）从价税的征收比较简单，对于同种商品，可以不必因品质的不同，再详细分类。

（2）税率明确，便于比较各国税率。

（3）税收负担较为公平，因从价税额随商品价格与品质的高低而增减，较符合税收的公平原则。

（4）在税率不变时，税额随商品价格上涨而增加，既可增加财政收入，又可起到保护关税的作用。

由于从量税和从价税各有利弊，所以产生了混合税。

3. 混合税

混合税是在税则的同一税目中有从量税和从价税两种税率，征收时混合使用。又可分为复合税和选择税两种。

（1）复合税是指征税时同时使用从量、从价两种税率计征，以两种税额之和作为该种商品的应征关税税额。征收时，以其中一种方法为主，视不同商品而定，有时以从量税为主，有时以从价税为主。

（2）选择税是指对某种商品同时有从量、从价两种税率，征税时由海关选择一种征税。

（二）关税的征收依据——海关税则

1. 海关税则

海关税则（Customs Tariff）又称关税税则，是一国对进出口商品计征关税的规章和对进出口的应税与免税商品加以系统分类的一览表，海关凭以征收关税，是关税政策的具体体现。

海关税则一般包括两个部分：一部分是海关征税规章，另一部分是关税税率表。关税税率表主要包括三个部分：税则号列（Tariff Item），简称税号；货物分类目录（Description of Goods）；税率（Rate of Duty）。

2. 海关税则的货物分类

海关税则的货物分类方法，主要是根据进出口货物的构成情况，对不同商品使用不同税率以及便于进出口货物统计需要而进行系统的分类。

20世纪70年代初海关合作理事会设立一个协调制度委员会，研究并制定《商品名称及编码协调制度》（Harmonized System，HS），简称《协调制度》。《协调制度》是一个新型的、系统的、多用途的国际贸易商品分类体系，它除了用于海关税则和贸易统计外，对运输商品的计费与统计、计算机数据传递、国际贸易单证简化以及普遍优惠制的利用等方面，都提供了一套可使用的国际贸易商品分类体系。各国海关税则的商品分类方法多以《协调制度》作为商品分类的基础。

《协调制度》基本上按商品的生产部类、自然属性、成分、用途、加工程度、制造阶段等进行编制，共有21类97章。在章下设有用四位数编码的项目，有些项目下有一级子目，有些一级子目下又有二级子目，在《协调制度》中共有5 019个税目。

3. 海关税则的分类

（1）按税率有无区别划分。

1）单式税则（Single Tariff）又称一栏式税则。这种税则一个税目只有一个税率。适用于来自任何国家的商品，没有差别待遇，在资本主义自由竞争时期，各国都实行单式税则，到了垄断资本主义时期，很多国家为了在关税上实行差别与歧视待遇，或争取关税上的互惠，都改单式税则为复式税则。如A商品的税率为10%，则不管从哪个国家进口，税率也都为10%。现在只有少数发展中国家，如委内瑞拉、巴拿马、冈比亚等，仍实行单式税则。

2）复式税则（Complex Tariff）又称多栏税则。这种税则一个税目有两个或两个以上的税率。对来自不同国家的进口商品，适用不同的税率，以实行差别待遇和贸易歧视政策。如A商品第一栏税率为10%，第二栏税率为15%，第三栏税率为20%。同样是A商品，因为来自不同国家就实行差别待遇，即可简单理解为：关系好的国家的商品征收税率10%，关系一般的国家的商品征收税率15%，关系差的国家的商品征收税率20%。发达资本主义国家最先采用复式税则，为了对抗发达国家的歧视待遇、保卫本国的民族权益，许多发展中国家也实行复式税则。现在绝大多数国家都采用这种税则。

（2）按制定者的权限不同划分。

1）自主税则（Autonomous Tariff），又称国定税则，是指一国立法机构根据关税自主原则单独制定而不受对外签订的贸易条约或协定约束的一种税率。

2）协定税则（Conventional Tariff），是指一国与其他国家或地区通过贸易与关税谈判，以贸易条约或协定的方式确定的关税率。这种税则是在本国原有的国定税则以外，另行规定的一种税率。它是两国关税减让谈判的结果，因此要比国定税率低。协定税则不仅适用于该条约或协定的签字国，而且某些协定税率也适用于享有最惠国待遇的国家。对于没有减让关税的商品或不能享受最惠国待遇的国家的商品，仍采用自主税则，这样形成的复式税则叫作自主协定税则或国定协定税则。

（三）关税的征收程序

关税的征收程序即通关手续，又称报关手续，通常包括申报、查验、放行三个基本环节。具体来讲，就是进出口商向海关申报进口或出口，提交进出口货物的报关单、发票、提单以及有关证明书（包括原产地证明书、进口许可证、品质证书、卫生检验证书等），接受海关的监督和检验。海关按照有关法令和规定检验审核有关单证和货物，计算进出口税额，进出口商结清应征税款和其他费用，海关在有关单证上签印，以示货物可以通关放行。

第二节　非关税壁垒

一、非关税措施的含义

非关税措施又称为非关税壁垒（Non-Tariff Barriers，NTBs），是指除关税措施以外的一切限制进口的措施。关税是限制进口的最基本手段，但第二次世界大战以后，尤其是 20 世纪 60 年代后期以来，在 GATT 的推动下，进行了 8 个回合的多边谈判，关税总水平大幅度下降，因而关税的保护作用越来越弱，这使得发达资本主义国家寻求其他的贸易保护措施，所以非关税壁垒的运用越来越广泛。非关税壁垒从 20 世纪 60 年代末的 850 多种，增加到 20 世纪末的 3 000 多种，并且仍有增加的趋势。

二、非关税措施的特点

与关税壁垒相比，非关税壁垒具有如下特点。

（一）非关税壁垒比关税壁垒具有更大的灵活性和针对性

各国税率的制定需要通过立法程序，具有相对的稳定性，如要调整或更改，需要通过较为烦琐的法律程序和手续。而制定和实施非关税壁垒，通常采用行政程序，比较便捷，手续也比较简单，显得比较灵活，并且能随时针对不同的商品采取相应的保护措施，因而能较快、较好地达到限制进口的目的。

（二）非关税壁垒比关税壁垒能更有效地限制进口

关税壁垒是通过征收高额关税，提高进口商品的成本和价格，以削弱其竞争能力，从而间接地达到限制进口的目的。但是，若出口国采用出口补贴、商品倾销等办法降低出口商品的成本和价格，关税措施往往难以起到限制商品进口的作用。而非关税壁垒，如进口配额制，直接规定商品进口的数量或金额，超过限额就完全禁止进口，这就能更有效地起到限制进口的作用。

（三）非关税壁垒比关税壁垒更具有隐蔽性和歧视性

各国的关税税率确定后，一般都以法律的形式公之于众，任何国家的出口商都可以获悉有关的税率。但是，一些非关税壁垒往往并不公开，而且多变，使外国出口商难以对付和适应。同时，一些国家还往往针对某个国家采取相应的限制性的非关税壁垒，这就使非关税壁垒比关税壁垒更具有歧视性。

三、控制数量的非关税措施种类

（一）进口配额制

进口配额（Import Quota）又称进口限额，是指在一定时期内（通常为一年）对某些商品的进口数量或金额规定一个数额，超过此数额不准进口或征收高额关税。进口配额制主要有绝对配额和关税配额两种形式。

1. 绝对配额

绝对配额（Absolute Quota）即在一定时期内对某些商品的进口数量或金额规定一个最高限额，达到这个限额后就禁止进口。绝对配额的实施有两种方式：

（1）全球配额（Global Quota）。即对某种商品的进口结算出一个总的限额，对任何国家或地区的商品一律适用。主管当局通常按进口商申请的先后顺序或过去某一时期内的实际进口额发放配额，直到总配额发完为止，超过总配额就不准进口。

（2）国别配额（Country Quota）。即在总配额内按国别和地区分配给不同的国家配额。为了区分进口商品的来源，进口商必须提供原产地证书。

2. 关税配额

关税配额（Tariff Quota）是对商品进口的绝对数额不加限制，而对在一定时期内在规定配额以内的进口商品给予低税、减税或免税待遇，对超过配额的进口商品则征收较高的关税，或征收附加税或罚款。

关税配额按征收关税的优惠性质，可分为优惠性关税配额和非优惠性关税配额：

（1）优惠性关税配额是对关税配额内进口的商品给予较大幅度的关税减让，甚至免税，超过配额的即征收原来的最惠国税率关税。

（2）非优惠性关税配额是对关税配额内进口的商品征收原来正常的关税，对超过关税配额的部分征收较高的附加税或罚款。

（二）“自动”出口配额制

“自动”出口配额（Voluntary Export Quota）又称“自动”限制出口，是指出口国在进口国的要求或压力下，“自动”规定在某一时期内（一般为 3 年）某商品对该进口国的出口限额，在限定的额度内自行控制出口，超过限额即停止出口。

“自动”出口配额制一般有两种：一种是非协定的“自动”出口配额，即由出口国在进口国的压力下单方面规定某种商品对该进口国的数量或金额，限制商品的出口；另一种是协定的“自动”出口配额，即由进出口双方通过谈判签订“自动限制协定”，以规定某一时期内某些商品的出口配额。出口国据此配额发放许可证或实行出口配额签证制，自动限制商品出口，进口国则根据海关统计进行监督检查。目前，“自动”出口配额大多属于后一种。

（三）进口许可证制

进口许可证制（Import License System），是指一国政府规定某些商品的进口必须申领许可证，否则一律不准进口的制度。一国政府可以通过开与不开、多开与少开、早开与晚开进口许可证来控制某些商品的进口。进口许可证不仅可以控制商品的数量和品种，而且可以控制进口来源。下面根据不同的分类标准，介绍几种不同的许可证。

1. 根据进口许可证与进口配额的关系分类

（1）有定额的进口许可证。即一国有关当局预先规定某些商品的进口配额，然后在配额的限度内，根据进口商的申请对于每一宗进口商品发给进口商一定数量的进口许可证，配额用完即停止发放。这是一种将进口配额与进口许可证结合起来管理进口的方法，通过进口许可证分配进口配额。

（2）无定额的进口许可证。这种许可证不与进口配额相结合，国家有关当局不预先公布进口配额，而是根据进口商的申请，在个别考虑的基础上，决定对某种商品的进口是否发给进口许可证。由于这种个别考虑没有公开的标准，因此更具有隐蔽性，给正常的国际贸易带来困难，具有更强的限制进口的作用。

2. 根据进口商品的许可程度分类

（1）公开一般许可证。又称公开进口许可证、一般许可证，它对进口国别没有限制，凡列明属于一般许可证的商品，进口商只要填写一般许可证就可获准进口，因此这一类商品实际上是可以自由进口的商品。填写进口许可证的目的不在于限制商品进口，而是在于管理进口。

（2）特种商品进口许可证。进口商对特种许可证下的商品的进口必须向政府有关当局提出申请，经政府有关当局逐笔审查批准后方能进口。特种许可证往往指定进口国别。

（四）外汇管制

外汇管制（Foreign Exchange Control）也称外汇管理，是指一国政府通过法令对外汇的收支、结算、买卖和使用加以限制，以平衡国际收支和维持本国货币汇价的一种制度。

外汇管制和对外贸易密切相关，因为出口必然要收汇，进口必然要付汇。因此，如果对外汇有目的地干预，就可直接或间接地影响进出口。利用外汇管制来限制进口的方式有以下四种：

（1）数量性外汇管制。即国家外汇管理机构对外汇买卖的数量直接进行限制和分配，其目的在于集中外汇收入，控制外汇支出，以达到限制进口商品的数量、种类和国别的目的。

（2）成本性外汇管制。国家外汇管理机构对外汇买卖实行复汇率制，即一国货币对外国货币的兑换规定两个或两个以上的汇率，分别适用不同的进出口商品。其目的是利用外汇买卖成本的差异间接影响商品的进出口，达到限制或鼓励某些商品进出口的目的。

（3）混合性外汇管制。即同时采用数量性外汇管制和成本性外汇管制。

（4）利润汇出限制。即国家对外国在本国经营获得的利润汇出加以管制。比如对利润按累进制征税，或通过拖延批准利润汇出时间表来限制利润汇出等。

关贸总协定规定，一国实施外汇管理应遵循适度、透明和公正的原则。缔约国实行外汇管制，不得通过控制外汇使用来限制商品的进口数量、种类和国别，从而妨碍自由贸易。

（五）进口押金制

进口押金制（Advanced Deposit）又称进口存款制，是指进口商在进口商品之前，需在国家指定的银行按进口金额的一定比例在规定的时间内无息存放一笔现金的制度。这样做减少了进口商的周转资金，加之没有利息收入，必然提高进口成本，起到限制进口的作用。

（六）最低限价和禁止进口

最低限价（Minimum Price）是指进口国对某种进口商品规定最低价格，凡是进口商品低于这一价格的就征收较高的进口附加税或禁止进口。

禁止进口（Prohibition Import）是进口限制的极端措施。当一国政府认为一般的限制已不足以解救国内市场所受的冲击时，便直接颁布法令禁止某些商品的进口。

第三节　新贸易壁垒

我国加入世贸组织后，国外对我国出口商品的关税壁垒及许可证、配额等传统非关税壁垒的门槛将继续逐步降低，但这并不意味着中国商品便可在国际市场上畅通无阻。事实上以技术壁垒为核心的形形色色新贸易壁垒的门槛正在日益提高，并将成为未来我国对外贸易发展的最大障碍。

一、新贸易壁垒的概念及产生的原因

（一）新贸易壁垒的概念

所谓新贸易壁垒，是相对于传统贸易壁垒而言的，是以技术壁垒为核心的包括环境壁垒和社会壁垒在内的所有阻碍国际商品自由流动的新型非关税壁垒。新贸易壁垒的出现和不断强化是国际经济、社会、科技不断发展的产物。传统贸易壁垒中的关税、配额和许可证等壁垒逐渐弱化，以技术性贸易壁垒为核心的新贸易壁垒将长期存在并不断发展，逐渐取代传统贸易壁垒成为国际贸易壁垒中的主体。区别传统贸易壁垒与新贸易壁垒的根本特征是：前者主要是从商品数量和价格上实行限制，更多地体现在商品和商业利益上，所采取的措施也大多是边境措施；而后者则往往着眼于商品数量和价格等商业

利益以外的东西，更多地考虑商品对于人类健康、安全以及环境的影响，体现的是社会利益和环境利益，采取的措施不仅是边境措施，还涉及国内政策和法规。

（二）新贸易壁垒产生的原因

新贸易壁垒的出现并不断强化并非偶然，它是国际经济、社会、科技不断发展的产物。新贸易壁垒产生的原因主要在于以下几点：

（1）社会进步及人民生活水平日益提高，人们安全健康意识空前加强，越来越关心产品对身体健康和安全的影响，以致在国际贸易中以健康、安全和卫生为主要内容的新贸易壁垒日益增多。

（2）随着环保意识的提高，可持续发展理念深入人心，人们越来越关心赖以生存的地球和社会的可持续发展，因而要求国际贸易中的产品本身及其生产加工过程都不要以破坏环境或牺牲环境为代价；同时要求生产这些产品时也不要以牺牲劳动者的健康为代价。于是，环境壁垒和社会壁垒等新贸易壁垒将在国际贸易中不断出现。

（3）新贸易壁垒的日益增多与传统贸易壁垒受到约束关系很大。传统贸易壁垒如关税、许可证和配额等的使用不仅会受到国际公约制约和国际舆论的谴责，而且也易遭到对等报复。因此，这些传统贸易壁垒措施将来的发展空间不是很大，这就为环境壁垒等新贸易壁垒的发展提供了巨大发展空间。

（4）科学技术日新月异为新贸易壁垒的发展提供了条件和手段。技术密集型产品在国际贸易中的比重不断提高，特别是信息技术产品，涉及的技术问题较为复杂，容易形成新贸易壁垒。同时高灵敏和高技术检测仪器的发展使检测精度大大提高，给一些国家设置新贸易壁垒提供了技术和物质条件。

（5）近几年，主要发达国家因经济增长乏力，贸易保护主义有重新抬头之势，随着传统贸易壁垒作用的弱化纷纷寻求新贸易壁垒，以保护其国内产业。

二、新贸易壁垒的主要内容

（一）技术壁垒

技术壁垒指的是一国以维护国家安全、保障人类健康、保护生态环境、防止欺诈行为及保证产品质量等为由而采取的一些技术性措施。它主要通过颁布法律、法令、条例、规定，建立技术标准、认证制度、卫生检验检疫制度等方式，对外国进口商品制定苛刻的技术、卫生检疫、商品包装和标签等标准，从而提高对进口商品的技术要求，最终达到限制其他国家商品自由进入本国市场的目的。从表现形式来看，技术壁垒主要是技术法规、标准及合格评定程序。技术法规即规定强制执行的产品特性或其工艺和生产方法，包括适用的管理规定在内的文件；这些文件还包括或专门适用于产品、工艺或生产方法的专门术语、符号、包装、标志或标签要求。标准指的是经公认机构批准的、规定非强制执行的、供通用或重复使用的产品或相关工艺和生产方法的规则、指南或特性的文件。合格评定程序指的是任何直接或间接用以确定是否满足技术法规或标准中的相关要求的程序。

构成技术壁垒的实质性内容有以下几方面。

1. **安全标准**

安全标准是指那些以保护人类和国家安全为理由而采取的限制或禁止贸易的措施。主要发达国家都颁布了一系列有关安全的法规。欧盟根据关贸总协定的技术壁垒协议，制定了一系列强制性的技术法规，即欧洲标准，目前已制定出1 500多项欧盟标准。凡符合欧洲标准或技术法规的产品，应粘贴CE标志，表示该产品符合所制定的关于产品安全、卫生、环保和保护消费者等一套法规的要求，没有粘贴CE标志的商品不能在共同市场内自由流通。

2. **卫生标准**

卫生标准是指以人类健康为理由对进口动植物及相关产品实施苛刻的卫生检验检疫标准，以限制或禁止商品进口的贸易措施。虽然乌拉圭回合通过的《实施卫生与植物卫生措施协议》规定，成员方有权采取措施，保护人类与动植物的健康，但由于各成员方有很大的自由度，为某种目的往往任意提高标准或增加程序，从而造成贸易障碍。如日本、英国、加拿大等国规定花生中的黄曲霉素含量不得超过百万分之二十，花生酱中不超过百万分之十；美国、加拿大规定瓷器中铅含量不得超过百万分之七，澳大利亚规定不得超过百万分之二十；日本规定茶叶中农药残留量不得超过百万分之零点二至零点五；美国还规定输往美国的食品、药品和化妆品必须符合食品和药品管理局的要求。这些规定从原则上和表面上看，都是合理合法的，但在实际执行中，往往会成为限制外国商品进口的贸易壁垒，给国际贸易造成消极影响。

案例3-1

我国水产品出口遭通报批次居高不下，国内水产品行业是遭受技术性贸易壁垒限制的重灾区之一。根据2018年中国出口农食产品类被扣留或召回数据分析：美国食品和药品管理局对中国出口产品扣留或者召回的批次最多，占中国出口农食产品类被扣留和召回总量的46.21%；其次是韩国农林部国立兽医科学检疫院，对中国出口农食产品类被扣留或召回总量占15.24%和9.36%；加拿大检验署对中国出口农食产品类被扣留和召回的总量最少，为1.44%；欧盟食品和饲料委员会扣留和召回总量占比为16.28%；日本厚生劳动省对中国农食产品类被扣留或召回总量占比为11.47%。2018年中国出口农食产品类到美国、欧盟、日本、韩国以及加拿大五大市场，扣留或者召回的总次数高达464次，其中美国、欧盟、日本、韩国对中国出口水产品以及相关制品的扣留或者召回批次为144次，占据总批次的31.03%。数据显示，中国水产品行业是贸易出口遭受技术性贸易壁垒限制的重灾区之一，中国水产品遭遇技术贸易壁垒的主要原因是未达到贸易对象国市场准入的标准。

资料来源：施新平．中国水产品出口遭遇技术贸易壁垒的原因及解决措施．对外经贸实务，2020（4）．

问题：水产品技术贸易壁垒对我国出口贸易有什么影响？我方应如何应对？

3. **包装标识**

包装标识主要是通过对包装标识进行强制性规定来达到限制或者禁止进口的目的，它是技术壁垒的重要组成部分。主要发达国家在包装标识制度上都有明确的法规和规定。如美国对除新鲜肉类、家禽、鱼类和果菜以外的全部进口食品强制使用新标签，食品中使用的食品添加剂必须在配料标识中如实标明经政府批准使用的专用名称。

（二）环境壁垒

1. **环境技术标准**

发达国家的科技水平较高，处于技术垄断地位。它们在保护环境的名义下，通过立法手段，制定严格的强制性技术标准，限制国外商品进口。这些标准均根据发达国家生产和技术水平制定。对于发达国家来说，可以达到，但对于发展中国家来说，则很难达到。如我国的机电产品就因受到《臭氧层保护国际公约》的限制而被禁止生产和销售。2000 年 2 月，欧盟公布的《报废电子设备指令》和《关于在电子电气设备中禁止使用某些有害物质指令》，涉及家电、电动工具、通信设备等十类机电产品，使我国的机电产品面临新的挑战。

2. **环境标志**

环境标志是一种印刷或粘贴在产品或其包装上的图形标志。它表明该产品不但质量符合标准，而且在生产、使用、消费及处理过程中符合环保要求，对生态环境和人类健康均无损害。现在已有 30 多个发达国家以及 20 多个发展中国家和地区推出绿色标志制度，比较典型是德国的“蓝色天使”、日本的“生态标志”、美国的 UL 和“绿十字”、加拿大的“FCP”标志、法国的“NF 环境”、欧盟的“CF”和“FV”、新加坡的“绿色标志”等。1994 年，我国也开始实行“环境标志制度”。

3. **环境管理体系标准**

ISO14000 是国际标准化组织在汲取发达国家多年环境管理经验的基础上，制定并颁布的环境管理体系标准，得到世界各国政府和企业界的普遍重视和积极响应。现在，国际上采购商在要求有 ISO9000 质量证书的同时，还要看有无 ISO14000 环保证书。对于产品质量不相上下的企业，通常是优先挑选那些两证齐全者，因为这表明产品符合国际环保要求，有利于达成国际贸易订单。不言而喻，没有通过 ISO14000 认证企业的产品将在市场竞争中处于劣势。

4. **绿色补贴制度**

许多国家为保护和促进本国环保产品的出口，降低国内企业因环境污染的防治而支付的额外成本，对环保产品和企业提供污染防治方面的补贴，而且这种政府补贴行为往往得到国际组织的许可。发达国家将严重污染环境的产业转移到发展中国家，以降低环境成本，发展中国家的环境成本却因此而提高。更为严重的是，发展中国家绝大部分企业本身无力承担治理环境污染的费用，政府有时给予一定的环境补贴。对此，发达国家以违反关贸总协定和世界贸易组织规定为理由，限制发展中国家产品进口。例如，美国就曾以环境保护补贴为由，对来自巴西的人造橡胶鞋和来自加拿大的速冻猪肉提出了反补贴起诉。这种“绿色补贴”壁垒有日益增加之势。

（三）社会壁垒

社会壁垒是指以劳动者劳动环境和生存权利为借口采取的贸易保护措施。社会壁垒由社会条款而来，社会条款并不是一个单独的法律文件，而是对国际公约中有关社会保障、劳动者待遇、劳工权利、劳动标准等方面规定的总称，它与公民权利和政治权利相辅相成。

社会责任管理体系（Social Accountability 8000，SA8000）是一种以保护劳动环境和条件、劳工权利等为主要内容的新兴的管理标准体系，是全球首个可用于第三方认证的社会责任国际标准和标准管理体系，由非官方组织国际社会责任（Social Accountability International，SAI）组织认证。该标准广受欧美发达国家推崇与支持。目前，很多大型跨国企业均要求其供应商具备该标准的认证。它以加强社会责任管理为名，通过管理体系认证，把人权问题与贸易结合起来，最后达到贸易保护主义的目的。使用“社会条款”（如劳工标准、人权保障等）是欧美发达国家继生态环境标准之后的又一对发展中国家实施贸易壁垒的新举措。目前，一些发达国家，特别是欧盟的部分政治家、有关媒体、社会组织不断向政府施加压力，向社会公众灌输社会意识，要求对出口商在生产过程中的诸如雇佣童工、对工人的劳动条件和劳动福利进行明确规定等进行检验。一些进口商特别是名牌服装进口商和知名零售企业，出于对上述政治压力和维护本企业社会公众形象的考虑，已纷纷在公司内建立起了针对供应商的社会行为准则以及相应的检验体系。目前全球大的采购集团非常青睐有 SA8000 认证企业的产品，这迫使很多企业投入巨大的人力、物力和财力去申请与维护这一认证体系，这无疑会大大增加成本。特别是发展中国家，劳工成本是其最大的比较优势，社会壁垒将大大削弱发展中国家在劳动力成本方面的比较优势。

案例 3－2

2004 年 2 月 9 日，美国全国劳工委员会等机构发表了一份报告，指责沃尔玛公司在广东省东莞地区的数家供应商存在工作环境恶劣、克扣工人工资、强迫工人加班等情形。随后，美国《华盛顿邮报》的记者对此事展开调查，并在头版发表了其到该厂调查的报道，据报道工人实际工资为每小时 16.5 美分（约 1.36 元人民币）。这一报道迅速引起了国内外的广泛关注，我国国内的记者也对此展开了调查。在东莞市××电子塑胶制品厂记者了解到，这里的工人每天工作时间多至 12 个小时，在旺季每天从上午八时工作到晚上十一二时，而每小时加班只能领到 1.8 元的加班费。按照《劳动法》和东莞市的有关规定，东莞工人法定最低工资标准应为 450 元，而法定工资的计算基础是按照每天正常工作 8 小时，每周工作 40 小时的标准，而且每周享有两天休息日。超出这个标准，每小时应支付每月工资的 150%作为加班费。沃尔玛一位发言人说，他们每周在全球进行超过 300 次的工厂检查，以保证供货商工厂的操作符合联合国和相关国家制定的标准。如发现供货商没有遵循当地法律和沃尔玛标准，他们会终止与其的合作关系。在一份“供应商标准”上，沃尔玛要求“供应商应遵守其营业地的地方及国家法规，或该国普行的地方标准（若普行的地方标准较高），提供雇佣合理的工资及福利”。

问题：根据上述资料分析社会责任管理体系对国际贸易的影响。

第四节　鼓励出口措施和出口管制措施

许多国家除了利用关税和非关税措施限制进口外，还采用各种鼓励出口的措施扩大商品的出口并争夺国外市场。另外，出于政治、经济或军事方面的原因，一些国家对某些重要资源和战略物资实行出口管制、限制或禁止出口。

一、鼓励出口措施

限制进口与鼓励出口是国际贸易政策令中相辅相成的两个方面，即通常所说的奖出限入政策。目前越来越多的国家把重点转向鼓励出口上，其主要措施有以下八个方面。

（一）出口补贴

出口补贴（Export Subsidy）又称出口津贴，是一国政府为了降低出口商品的价格，增强其在国际市场上的竞争力，在出口某种商品时给予出口厂商的现金补贴或财政上的优惠待遇。出口补贴的形式有两种。

1. 直接补贴

直接补贴即政府在商品出口时直接付给出口商的现金补贴，主要来自财政拨款。一些西方国家对大多数农产品采用这种补贴方式。

有时发达国家的同业公会为了鼓励和支持同行业的部分厂商向外拓展市场和大量出口，从而既发展壮大本行业的生产规模，又避免彼此间在国内市场的过度竞争，有时也愿拿出一定的金额进行出口补贴。

2. 间接补贴

间接补贴是指政府对某些商品的出口予以财政上的优惠。如退还或减免出口商品所缴纳的销售税、消费税、增值税、所得税等国内税，对进口原料或半制成品加工再出口给予暂时免税或退还已缴纳的进口税，免征出口税，对出口商品实行延期付税、减低运费、提供低息贷款等。

（二）出口信贷

出口信贷（Export Credit）是指一个国家为了鼓励商品出口，加强商品的竞争力，通过银行对本国出口商、外国进口商或进口方银行提供的优惠贷款。出口信贷有两种形式。

1. 卖方信贷

卖方信贷是指出口方银行向出口厂商（即卖方）提供的贷款。卖方信贷通常用于金额大、期限长的项目，因为这些商品金额巨大，进口商通常要求分期付款或延期付款，出口厂商为了加速资金周转，往往需要取得银行的贷款。因此，卖方信贷是银行直接资助出口厂商向外国进口商提供分期付款或延期付款，以促进商品出口的一种形式。

2. **买方信贷**

买方信贷是出口方银行直接向进口商（买方）或进口方银行提供的贷款。取得这种贷款的条件是贷款必须用于购买债权国的商品，因此它是一种约束性的贷款，正是这种约束性起到了扩大出口的作用。买方信贷一般适用于进口大型机器设备或大型成套设备。因为进口金额较大，买方不能立即付清货款，而卖方又不允许分期支付和延期支付，因此进口方不得不借助于自己的往来银行或直接从出口国银行获得贷款。

买方信贷中银行把款贷给进口商时，往往要求进口国银行出面担保；而贷给进口方银行时，因银行的资信高于一般企业，因而风险较小。使用买方信贷，卖方可以较早地得到货款和减少风险，买方对货价以外的费用也比较清楚，便于同卖方讨价还价，因此，在国际贸易中买方信贷的应用越来越多。

由于出口信贷能有力地促进和扩大出口，一些国家纷纷设立专门银行来办理此项业务，在我国由中国进出口银行办理此项业务。

（三）出口信贷国家担保制

出口信贷国家担保制（Export Credit Guarantee System）是国家为了扩大出口，由国家设立的专门机构对本国出口商或商业银行向外国进口商银行提供的信贷给予担保。当外国债务人由于政治原因或经济原因拒绝付款时，这个国家机构即按承保的数额给予补偿。这项措施是国家替代出口商承担风险，是扩大出口和争夺国外市场的一个重要手段。在我国由中国进出口银行承担此项任务。

（四）商品倾销

商品倾销（Dumping）是指商品以低于正常价值的价格在国外市场上销售，以打击竞争对手，占领或巩固国外市场。商品倾销通常由私人垄断企业进行，但是随着垄断资本主义的发展，一些国家设立专门机构直接对外倾销商品。

按照倾销的具体目的和时间不同，商品倾销可分为以下几种。

1. **偶然性倾销**

这种倾销通常是因为商品销售旺季已过，或因公司经营其他业务，而以倾销方式在国外市场上抛售商品。它对进口国的同类商品生产也会造成一定影响，但由于时间短暂，进口国通常较少采用反倾销措施。

2. **间歇性或掠夺性倾销**

这种倾销是以低于正常价值的价格在国外市场销售商品，打败竞争对手，取得垄断地位后再提高价格，牟取暴利。

3. **持续性倾销**

持续性倾销又称长期性倾销，是指长期以低于正常价值的价格在国外市场销售商品。只有在达到一定的规模和垄断程度的条件下，或得到国家长期出口补贴和优惠政策的条件下，这种倾销才有可能进行。

实行倾销会使企业利润降低甚至赔本，这些损失可以通过以下三种形式得到补偿：一是用国内市场或其他国外市场的垄断高价来弥补某个国外市场的低价；二是在国外市场打败竞争对手后，立即抬高价格；三是获得国家的补贴。

（五）外汇倾销

外汇倾销（Exchange Dumping）是指一国降低本国货币对外国货币的汇价，使本国货币对外贬值，从而达到扩大出口、限制进口的措施。当一国货币贬值后，出口商品以外国货币表示的价格降低，提高了该商品的价格竞争力，从而扩大了出口。同时，进入该国的外国商品以该国货币表示的商品价格却上涨了，削弱了外国商品的价格竞争力，从而限制了外国商品的进口。

（六）促进出口的组织措施

促进出口的组织措施有以下几方面：

（1）成立专门组织，研究与制定出口战略。

（2）建立商业情报网，及时向出口商提供国外市场信息。

（3）设立贸易中心，组织贸易博览会，以推销本国商品。

（4）组织贸易代表团出访，以加强国际间经贸联系。

（5）组织出口厂商进行评奖活动，对出口商给予精神奖励等。

（七）出口退税

为了扩大出口，世界各国均实行出口退税措施。WTO在《补贴与反补贴协议》中，准许WTO成员把如下的税收退回出口厂商。

（1）对出口产品在制造过程中使用和消耗的生产投入物征收的关税和其他间接税。

（2）对出口产品征收的间接税。

（3）对出口产品在生产和流通过程中征收的间接税。这里的“间接税”是指对销售、执照、增值、特许经营、印花、转让、库存和设备等所征收的税。

（八）建立经济特区

经济特区是指一些国家为了促进本国经济的发展和鼓励对外贸易而在其国境以内、关境以外划出的一定范围的区域，通常在交通运输、通信联络、仓储与生产方面提供良好的基础设施并实行免除关税等优惠待遇，用以吸引外国企业从事贸易与出口加工工业活动。经济特区的建立，有助于吸引外国投资、引进先进的生产与科学技术、增加本国的财政收入和外汇收入，从而繁荣本国的经济。

经济特区的出现，距今已有400多年的历史。早期的经济特区以开展自由贸易为主，现在的经济特区已发展成为贸易、生产、科技开发等多种类型，具体形式有自由港、保税区、出口加工区、自由边境区、过境区等。目前我国已经建立了上海、广东、天津、福建、辽宁、浙江、河南、湖北、重庆、四川、陕西、海南、山东、江苏、广西、河北、云南、黑龙江自由贸易试验区。

案例 3-3

2020 年 6 月 1 日，《海南自由贸易港建设总体方案》（以下简称《总体方案》）正式公布。6 月 8 日，国新办举行新闻发布会，就有关情况进行了详细解读。从贸易投资到人员进出、运输往来，海南自贸港将对接国际高水平经贸规则，把制度集成创新摆在重要位置，促进生产要素自由便利流动，打造中国改革开放的新高地。《总体方案》有哪些制度设计？国家发改委副主任林念修介绍，主要内容可以概括为“6＋1＋4”。“6”就是贸易自由便利、投资自由便利、跨境资金流动自由便利、人员进出自由便利、运输来往自由便利、数据安全有序流动。以贸易自由便利来说，对货物贸易，将实行以“零关税”为基本特征的自由化便利化制度安排；对服务贸易，将实行以“既准入又准营”为基本特征的自由化便利化一系列政策举措。“1”就是构建现代产业体系。特别强调要突出海南的优势和特色，大力发展旅游业、现代服务业和高新技术产业，进一步夯实实体经济的基础，增强经济创新力和竞争力。“4”就是要加强税收、社会治理、法治、风险防控等四方面的制度建设。《总体方案》的推进实施分两个阶段。第一个阶段，从现在起到 2025 年以前主要是打基础、做准备。这一阶段的目标任务是，突出贸易投资自由化便利化，在有效监管的基础上，有序推进开放进程，推动各类要素便捷高效流动，形成早期收获，适时启动全岛封关运作。第二个阶段，2035 年以前，主要是全面推进自由贸易港政策落地见效。这一阶段的目标任务是，进一步优化完善开放政策和相关制度安排，实现贸易自由便利、投资自由便利、跨境资金流动自由便利、人员进出自由便利、运输来往自由便利和数据安全有序流动，基本形成完备的法律法规体系、现代产业体系和现代化社会治理体系，打造中国开放型经济新高地。

问题：

1. 海南自由贸易港有哪些优惠政策？
2. 分析建立海南自由贸易港的意义。

二、出口管制措施

出口管制是出口国政府通过各种经济和行政的措施，对本国贸易进行管制的行为。

（一）出口管制商品

出口管制商品包括以下几类：

（1）战略物资和先进技术资料，如军事设备、武器、军舰、飞机、先进电子计算机及有关技术资料等。

（2）国内生产紧缺的原材料、半制成品及国内供应不足的某些商品。

（3）为了缓和与进口国的贸易摩擦，在进口国的要求或压力下，“自动”控制出口的商品。

（4）某些古董、艺术品、黄金等特殊商品。

（5）按某些国际条约或国际组织的表决决议的要求，对某些国家实施经济制裁而限制出口的商品。

（二）主要的出口管制措施

为了政治、经济和军事的目的而采取的出口管制的措施主要有以下五种。

1. 国家专营

国家专营又称国家垄断，是指某些贸易商品的生产与交易由政府指定的机构和组织直接掌握。通过国家专营贸易，政府可以鼓励发展一定类型的出口方式，控制一些重要或敏感产品的进出口，寻求最佳的出口地理分布以及商品生产结构。对进出口商品的国家专营主要集中在三类商品上：第一类是烟和酒。这是由于烟酒的税很重，政府可以从烟酒的贸易中获得巨大的财政收入。第二类是农产品。一些国家常把对农产品的对外垄断销售作为国内农业政策措施的一部分。第三类是武器。武器的贸易一般都由国家垄断。

2. 征收出口税

出口税的征收会影响商品的国内、国外价格和出口量。但是这种政策要想取得预期的成功，则要取决于国内外的供求状况。

3. 实行出口配额

出口配额即由政府有关部门规定的某种商品的出口的最大数额。出口配额与出口税最大的不同是：它有一个明确的数量限制，即出口达到规定限额以后即完全禁止出口，出口配额往往与出口许可证结合在一起。实行出口配额能否取得成功主要取决于国内外供求的具体情况。

我国现在实行主动出口配额管理的商品，相当一部分是优势出口商品或垄断商品，盈利空间较大，且大多数涉及出口主导行业。实行被动出口配额管理的商品主要是纺织品。但配额管理的商品品种和数量将随着客观情况变化而有所调整。根据我国加入WTO的承诺，我国配额管理商品的种类和数量在加入世贸组织后将逐步缩减。

4. 出口禁运

出口禁运可视为出口配额的一种极端形式，即出口配额为零。在大多数情况下，出口禁运仅限于原材料或初级产品，而对使用这些材料制作的深加工产品则少有出口限制。

5. 出口许可证制

出口许可证制是指出口必须得到政府有关部门的批准，获得许可才行。政府通过出口许可证制度，可以控制一些产品出口的数量和价格。出口许可证一般也只使用于本国需要进行深加工的原材料和初级产品以及一些生活必需品。

（三）出口管制的形式

出口管制的形式主要有两种。

1. 单方面出口管制

单方面出口管制指一国根据本国的管制法案，设立专门机构对本国某些商品出口进行审批和颁发出口许可证，实行出口管制。以美国为例，美国政府根据国会通过的有关出口管制方案，在美国商务部设立外贸管制局专门办理出口管制的具体事务，美国绝大部分受出口管制的商品的出口许可证都由这个机构办理。

2. 多边出口管制

多边出口管制指几个国家政府通过一定的方式建立国际性的多边出口管制机构，商讨和编制多边出口管制货单和出口管制国别，规定出口管制的办法等，以协调彼此的出口管制政策和措施，达到共同的政治和经济目的。

1949 年 11 月成立的巴黎统筹委员会（简称“巴统”）就是一个国际性的多边出口管制机构。该机构主要对社会主义国家实行出口管制。“巴统”成员国为美国、英国、法国、意大利、加拿大、比利时、卢森堡、荷兰、丹麦、葡萄牙、挪威、德国、日本、希腊、土耳其、澳大利亚等 16 个国家。其主要工作是编制禁运货运货单、规定禁运国别或地区、确定审批程序、加强转口管制、讨论例外程序、交换情报等。但有关出口管制商品的申报手续和具体管理仍由各参加国自行实施。随着国际形势的变化，这个委员会的管制有所放宽，在 20 世纪 50 年代，禁运项目达 300 多项，至 20 世纪 90 年代初，已减至 100 项左右。1994 年 4 月，该组织宣布解散。

本章小结

关税措施体现一国对外贸易政策，具有增加财政收入、保护和调节生产的积极作用，同时也存在一些消极作用。按照不同的标准，关税可以分为许多种。

非关税壁垒指关税以外的各种限制进口的措施。非关税壁垒比关税壁垒更能有效地限制进口。非关税壁垒名目繁多，控制数量的非关税壁垒主要有进口配额制、“自动”出口配额制、进口许可证制、外汇管制、进口押金制、最低限价和禁止进口等。

新贸易壁垒是以技术壁垒为核心的包括环境壁垒和社会壁垒在内的所有阻碍国际商品自由流动的新型非关税壁垒。它是国际经济、社会、科技不断发展的产物。

许多国家在利用关税和非关税措施限制进口的同时，还采取出口信贷、出口补贴、自由贸易区、保税区等措施对本国的出口给予鼓励，同时对某些商品特别是战略物资实行出口管制，限制或禁止这些商品的出口。

关键概念

关税　海关税则　非关税壁垒　进口配额制　进口许可证　技术壁垒
环境壁垒　社会壁垒　出口信贷

思考题

1. 什么是关税？关税有哪几种？
2. 什么是非关税措施？它包括哪些内容？
3. 与关税壁垒相比，非关税壁垒具有哪些特点？
4. 简述新贸易壁垒产生的原因及种类。
5. 试述各国为鼓励本国商品出口主要采取的政策措施。

第四章

贸易救济措施

本章要点提示

- 重点掌握反倾销的含义、实质和内容
- 掌握补贴的含义和分类
- 掌握保障措施的含义与条件

引导案例

据世贸组织统计，1995 年至 2020 年 1 月，全球发起的贸易救济案件中，反倾销 5 395 起，占比 83.55%；反补贴 545 起，占比 8.44%；保障措施 429 起，占比 6.64%；特别保障措施 88 起，占比 1.36%。中国成为全球反倾销立案最多的国家。1995 年至 2020 年，全球对我国反倾销案，总计 1 427 起，其中，排名前三的申诉国家/地区分别为印度 240 起、美国 174 起、欧盟 138 起，排名前三的行业分别为金属制品工业 258 起、化学原料和制品工业 257 起、钢铁工业 161 起，而且遭遇反倾销调查的都是具有比较优势的产品，一旦被采取反倾销措施，我国许多企业都将受到严重影响。

问题：

1. 反倾销的条件是什么？
2. 我国应如何加强反倾销的应诉工作？

第一节　倾销与反倾销

“贸易救济”是指当外国进口对一国国内产业造成负面影响时，该国政府所采取的减轻乃至消除该类负面影响的措施。“贸易救济”包括三种形式：反倾销、反补贴和保障措施。其中反倾销、反补贴主要是针对国际贸易中进口产品的不公平竞争行为所采取的限制，保障措施则是针对某些产品在公平竞争情况下因进口数量猛增而采取的紧急限制。一般而言，采取的“贸易救济”措施表现为：经过国内产业或其代表申请或者经一国主管当局认为有必要而自行发起之后，主管当局发起一项反倾销、反补贴或者保障措施调查，最终确定对外国进口加征关税或者实行配额管理（保障措施中可能二者并用）。

一、倾销的含义、形式与特征

（一）倾销的含义

倾销（Dumping）是指一国（地区）的生产商或出口商以低于其国内市场价格或低于成本价格将其商品抛售到另一国（地区）市场的行为。倾销被认为是国际贸易中违反公平竞争与公平贸易规则的不正当的商业竞争行为，是一种“不公平”的竞争。为阻止倾销的产生和反倾销措施的滥用，乌拉圭回合谈判达成了《反倾销协议》，为 WTO 制定各种反倾销措施奠定了基础。

（二）倾销的形式

1. 按照倾销的方式划分

（1）商品倾销（Products Dumping），是指商品以低于国内市场价，甚至低于生产成本价，在国外市场抛售，其目的在于打击竞争对手，打开或扩充国际市场。商品倾销一般简称为倾销。

（2）外汇倾销（Foreign Exchange Dumping），是指一个国家降低本国货币对外货币的汇价，使本国的货币贬值（本国货币贬值有利于出口，不利于进口），以争夺国外市场的一种手段。一国货币贬值后，以外国货币表示的出口商品价格降低，从而提高在国际市场上的竞争力，以扩大出口，限制进口。

（3）间接倾销（Indirect Dumping），又称为第三国倾销，是指 A 国厂商向 B 国厂商倾销商品，但 B 国的进口商并不是在国内销售 A 国商品，而是转销到 C 国，并对 C 国的产业造成损害。在这种情况下，C 国依照反倾销法既可以投诉 B 国的倾销行为，也可要求 B 国代为向原产国的厂商采取措施。

2. 按照倾销的目的划分

（1）偶然性倾销（Sporadic Dumping）。这种倾销通常是因为销售旺季已过，或因公司经营其他业务，而以倾销方式在国外市场上抛售。它对进口国的同类生产也会造成一定影响，但由于时间短暂，进口国通常较少采用反倾销措施。

（2）掠夺性倾销（Predatory Dumping），是指一国在其他国家市场倾销商品，在打垮了所有或大部分竞争对手，垄断了这个市场之后，再提高价格的倾销行为。这种倾销严重损害了进口国的利益，因而许多国家都采取征收反倾销税等措施进行抵制。

（3）长期性倾销（Long-run Dumping），是指长期以低于正常价值的价格在国外市场销售商品。只有在达到一定的规模和垄断程度的条件下，或得到国家长期出口补贴和优惠政策的条件下，这种倾销才有可能进行。

（三）倾销的特征

倾销有以下几方面特征：

(1) 倾销是一种人为的低价销售措施。它是由出口商根据不同的市场，以低于有关商品在出口国的市场价格对同一商品进行差价销售。

(2) 倾销的动机和目的是多种多样的。有的是为了销售过剩产品，有的是为了争夺国外市场，扩大出口。但只要对进口国某一产业的建立和发展造成实质性损害或实质性威胁或实质性阻碍，就会招致反倾销措施的惩罚。

(3) 倾销是一种不公平竞争行为。在政府奖励出口的政策下，生产者为获得政府出口补贴，往往以低廉价格销售产品；同时，生产者将产品以倾销的价格在国外市场销售，从而获得在另一国市场的竞争优势并进而消灭竞争对手，之后，再提高价格以获取垄断高额利润。

(4) 倾销的结果往往给进口方的经济或生产者的利益造成损害，特别是掠夺性倾销扰乱了进口方的市场经济秩序，给进口方经济带来毁灭性打击。

二、反倾销的实质与内容

（一）实施反倾销措施的条件

当进口国发现出口国进行商品倾销并给本国造成巨大损害时，往往采取各种措施来抵消或减弱倾销带来的冲击，这就是反倾销的行为。实施反倾销措施必须具备三个基本条件：第一，来自外国的出口产品以低于正常价格在本国市场上销售，即存在倾销的幅度；第二，倾销对他国同类产品工业造成了严重或实质性损害，或形成了实质性损害的威胁，或实质性阻碍了某项新兴工业的建立；第三，倾销与损害之间存在因果关系。

1. 倾销的确定

根据《反倾销协议》的规定，如果在正常的贸易过程中，一项产品从一国出口到另一国，该产品的出口价格低于其本国内消费的相同产品的可比价格，也可低于其正常价值的价格进入另一国的商业渠道，则该方行为将被认为是倾销。可见，认定倾销是否存在的关键是“出口价格”与“正常价值”的比较，如果前者低于后者，即存在倾销。

(1) 正常价值。确定正常价值有三种方法：第一，出口国国内销售价格。它指被指控倾销的产品或与其相同或相似的产品在调查期间，在出口国国内市场上的销售价格。第二，向第三国的出口价格。当不存在或无法确定倾销产品的国内销售价格时，进口国可采用倾销产品向第三国出口的可比价格确定正常价格。第三，结构价格。当使用出口国国内销售价格和向第三国出口的价格均无法确定倾销商品的正常价格时，可以采用结构价格来确定。所谓结构价格是指依据被指控倾销产品的生产成本加合理的管理费用、销售和一般费用以及利润而确定的价格。

（2）出口价格的确定。出口价格是出口商将其产品出售给进口商的价格。当不存在出口价格，或因出口商与进口商或第三者之间有总公司、母子公司或控股等关系或其他原因而使出口价格不可靠时，可根据被指控倾销商品首次在进口国内向独立商人转售的价格确定。

（3）倾销幅度的确定。对正常价值与出口价格进行适当比较后，便可确定出倾销幅度的大小。但注意应把两种市场上的相同或同类产品的价格放在同一市场环境中进行比较，使之具有可比性。比较正常价值与出口价格的方法有三种：第一，用加权平均的正常价格与所有可比的出口交易的平均价格比较；第二，正常价格与出口价格以逐笔交易为基础进行比较；第三，如果出口价格因不同进口商、地区或时间而差距较大，进口商可以用其所计算出的加权平均正常价格与每笔出口交易的价格进行比较。

2. 损害的确定

损害是指因倾销行为对一国国内产业造成实质性损害或实质性损害威胁，或对这种产业的建立构成严重阻碍。

（1）实质性损害。在确定实质性损害时，要考虑以下因素：第一，无论是就绝对数量而言还是相对于进口国的生产或消费而言，倾销产品的数量是否构成了急剧增长。第二，进口引致的价格对国内相同或相似产品的价格有巨大抑制或下降影响，并导致对进口产品需求的大幅度增长。第三，进口产品对进口国国内产业相同或类似产品的生产商产生的影响以及后续冲击程度，包括对产量、销售量库存、市场份额、价格、利润、生产率、投资回收率、现金流动、设备利用能力、就业等经济指标的影响状况。

（2）实质性损害威胁。实质性损害威胁指进口国国内产业虽然尚未处于实质性损害的境地，但已受到威胁，而且其威胁是真实的、迫切的和可以预见的。例如，大量被指控产品已在发运途中，或出口国拥有巨大的生产该同类产品的能力，或出口国计划继续扩大对进口国的出口，或出口商在进口国建立了大量推销网点，市场份额急剧增长等均可被视为造成了实质性的损害威胁。

（3）产业建立受阻。产业建立受阻是指倾销产品严重阻碍了进口国建立一个生产该同类产品的新产业。它指的是一个新产业在实际建立过程中受到了严重阻碍，而不能理解为是倾销产品阻碍了建立一个新产业的设想或计划，而且必要时要有充分的证据来证明。

3. 倾销与损害之间存在因果关系

倾销与损害之间是否存在因果关系是确定倾销的第三个条件。倾销与损害之间存在因果关系是指进口国国内产业受到的损害是由于进口产品的倾销直接造成的。其他因素对产业造成的损害不得归咎于倾销产品。在确定倾销与损害的因果关系时，并不一定要证明倾销的进口产品是造成损害的主要原因，只要能证明是造成损害的原因之一即可。

（二）反倾销的调查程序

反倾销调查程序是指一国反倾销当局根据国内受到倾销损害的相关产业的起诉，对被指控倾销的产品进行立案调查的过程。

1. 申诉与立案

反倾销申诉是反倾销立案的依据。调查的发起必须由进口方境内声称受损害的产业或其代表提交书面申请开始。在特殊情况下，进口方当局也可以主动开始反倾销调查。进口方当局对申诉所提供的证据的准确性和充分性进行复查后，决定是否立案。立案后，进口方当局便向因倾销产品面临被调查的当事方或其他各利害关系方等发出调查问卷。

2. 调查

调查是指进口国有关当局对被起诉方的产品倾销、国内工业损害以及两者之间的因果关系，从事实和法律上予以查证的过程。反倾销调查一般应在一年内结束，无论如何不得超过18个月。在反倾销调查开始以后，若发现下列情况应立即终止调查：第一，倾销或损害的证据不足；第二，倾销幅度按正常价值的百分比表示小于2%；第三，如果从一个特定国家进口倾销产品的数量被确定为占进口国国内市场上相同产品的数量不足3%时，倾销产品的数量可忽略不计。

3. 裁定

倾销调查的裁定分为初步裁定与最终裁定。初步裁定是指在适当调查的基础上，有关当局做出肯定或否定的有关倾销或损害的初步裁定。初步裁定的法律意义在于进口方当局可以视情况采取临时措施与价格承诺措施。最终裁定是指进口方当局最终确认进口产品倾销并造成损害而做出对其征收反倾销税的裁决。

（三）反倾销的具体措施

1. 临时性措施

在反倾销调查中，初步认定存在倾销、国内工业损害及因果关系后，进口方当局可采取临时性措施，以防在调查期间有关工业受到更为严重的损害。临时反倾销措施主要有两种形式：一是征收临时性反倾销税；二是采取担保的方式，即支付现金或保证金，其数额不得高于预计的临时反倾销税。临时反倾销措施只能从开始调查之日起60天后采取，实施期限一般不超过4个月，最长不超过9个月。

2. 价格承诺

在反倾销调查初步裁定存在倾销后，如果出口商主动承诺提高倾销商品的价格或停止以倾销价格向投诉方国内市场出口，且进口方反倾销调查当局对其承诺感到满意时，反倾销调查程序可以暂时中止或终止，而不采取临时措施或征收反倾销税。如果反倾销当局不能接受其价格承诺，应向出口商说明不接受的理由，并给出口商说明其意见的机会。

在达成价格承诺协议后，出口商要定期提供执行该协议的资料，并允许对资料中的有关数据进行核实。但如果出口商违背价格承诺协议，进口方有关当局可采取紧急行动，包括采取反倾销临时措施。

价格承诺的有效期限一般不得超过征收反倾销税的有效期限，并应进行必要的审查以确定是否需要保持价格承诺。

3. 反倾销税的征收

当最终裁定确实存在倾销，并因此对进口国相同或某一类似产品的产业构成了实质性损害，就可对该倾销产品征收反倾销税。反倾销税的税额不得超过倾销幅度。如果反倾销调查及最终裁定涉及多个出口国家或地区，并要对不同来源的倾销产品都征收反倾销税时，应根据无歧视原则，对所有倾销产品按适当的数额征收反倾销税。反倾销税在抵消倾销损害的期限内有效，但最长一般不得超过5年。

（四）协商与争端解决

为保证《反倾销协定》的实施，WTO成立了一个反倾销措施委员会。该委员会由缔约方代表组成，每年至少召开两次全体委员会议，其主要职能是在缔约方之间进行协商，并执行反倾销协定或全体缔约方授予的使命。在具体的实践中，如果某一成员方认为其他成员方采取的反倾销行动损害了自己应有的权利时，可书面提出与其他成员协商；如果协商不成，可提请反倾销措施委员会进行调解。反倾销措施委员会在审查倾销决定时，将运用《反倾销协定》中的审查标准做出最终裁决。

案例4-1

中国钢铁产品遭遇反倾销案件的数量，从2015年开始明显增加。据统计，2015年中国钢铁行业钢材产品，对外贸易规模累计高达1亿吨，创造钢铁出口数量新纪录，而当年钢铁制品遭遇反倾销案件数量累积达到22件，对外贸易遭遇反倾销案件数量累积达到74件，钢铁制品遭遇反倾销案件占比达到32.59%。2016年开始，我国钢铁制品遭遇反倾销案件数量逐年增加，2016年为31件，2019年增加到45件，我国钢铁制品遭遇反倾销占比由2016年的32.05%增加到2019年的36.14%。其中，2018年我国钢铁制品遭遇反倾销案件数量创近5年最高，累计达到47件，我国钢铁制品遭遇反倾销占比在2018年累计高达39.04%。这反映出中国钢铁制品遭遇反倾销占比非常高，中国钢铁制品在世界贸易过程当中，面临反倾销挑战严重。

资料来源：吴莎．中国钢铁遭到反倾销调查的原因及对策分析．对外经贸实务，2020（5）．

问题：

1. 查阅资料，分析中国钢铁产品遭遇反倾销立案的原因。
2. 提出应对国外反倾销的对策。

第二节　补贴和反补贴

一、补贴的含义、特征与类型

（一）补贴的含义

补贴是指政府为了促进某些产业的发展，对这些产业的生产及产品进行财政补贴和实行优惠待遇，以提高本国出口产品在国际市场上的竞争力和限制外国产品的进入。根据关贸总协定第6条和第16条以及乌拉圭回合达成的《补贴与反补贴措施协议》中所提到的补贴定义，构成补贴行为的情况有以下两种：第一，政府或非政府机构做出的财政支持，如资金赠予、贷款和投资、贷款担保、财政收入的扣除或税收减免等；第二，政府或非政府机构做出的价格支持，如对初级产品的输出给予直接或间接价格。

国际贸易上的补贴是指政府为了促进某些产业的发展，对这些产业的生产及产品进行财政补贴和实行优惠待遇，以提高本国出口产品在国际市场上的竞争力和限制外国产品的进入。如果对工业或企业的补贴具有政府财政利益目的，而且补贴的给予带有歧视性，使进口国相似产品的工业遭受实质损害，或实质损害威胁，或实质阻碍了该工业的建立，就成为一种“不公平的贸易做法”，应当受到制裁。因此，反补贴不是反一切补贴，而是有其特定的范围。

（二）补贴的特征

依照《补贴与反补贴措施协议》的解释，补贴是指“由一成员方境内的政府或任一公共机构做出的财政支持”。具体而言，补贴具有下列四个特点：

（1）补贴是一种政府行为。“政府”是一个广义的概念，它不仅仅指一般意义上的中央政府及其相关机构，而且包括中央政府下属的各级政府机构。同时政府行为还包括政府干预下的私人行为，如政府资助的基金拨款、政府授权下私人机构实施的补贴均为政府行为。

（2）补贴是一种政府的财政性干预行为，即政府公共账户存在开支。其措施多种多样，如直接资金转移（赠予、贷款、资产投入）、潜在的资金或债务直接转移（如贷款担保）、政府预定税收的扣除或不征收（即税收优惠）、以优惠的价格提供或购买商品或劳务等。

（3）补贴须授予受补贴方某种利益，即受补贴方从某项政府资助计划中取得某些它从市场上无法得到的价值。没有利益的授予即不构成补贴。

（4）补贴是指生产者或销售者获得的资助，针对消费者而提供的消费资助并不构成国际贸易的障碍，不能认定为补贴。

（三）补贴的类型

《补贴与反补贴措施协议》并不一概反对所有的补贴，而是把补贴分为三类：禁止的补贴（红灯补贴）、可申诉的补贴（黄灯补贴）和不可申诉的补贴（绿灯补贴）。其中，禁止的补贴自然是禁止实行的，而不可申诉的补贴可以自由实行而不会受到追究，可申诉补贴则可以在一定范围内使用，但如果对其他成员方造成了损害，将受到追究。

1. 红灯补贴

红灯补贴是指在法律上或事实上仅向出口活动或作为多种条件之一向出口活动提供的有条件的补贴；在法律上或事实上仅向使用本国产品以替代进口或作为多种条件之一向使用本国产品以替代进口而提供的有条件的补贴。

2. 黄灯补贴

黄灯补贴是指在一定范围内允许实施，但如果在实施过程中对其他成员方的经济贸易利益造成了严重损害，或产生了严重的歧视性影响时，受到损害和歧视性影响的成员方可对该补贴措施提出申诉的补贴。黄灯补贴包括下列内容：

（1）政府机构虽然没有向某些特定企业提供直接或间接的资金转移（如赠款、贷款和资产投入等）或承担责任（如贷款担保等），但其活动涉及这些业务。

（2）政府机构给予企业特殊的优惠安排，如实行差别税率、缓征税收，或注销拖欠税款、减免税收等。

（3）政府机构以特别优惠的条件向某些特定企业提供货物（如原材料、设备、中间品等）和服务（如运输、技术、各种生产和销售服务等）。

（4）政府机构通过民间基金组织或其他私人机构向某些特定企业安排优惠税收，提供资金、货物和服务。

（5）政府机构对某些特定企业或产业实施的各种收入保证或价格支持政策。

（6）政府机构提供的任何其他优惠。

3. 绿灯补贴

绿灯补贴是指实施该补贴的政府着眼于本国经济的发展需要而采取的，并对国际贸易不会直接造成消极影响的补贴措施，是《补贴与反补贴措施协议》所允许采用的补贴方式。绿灯补贴的特点是不具有专向性，即不是为特定的企业或行业提供的补贴。但是，即便具有专向性，如果属于以下各种情况，也属于绿灯补贴：

（1）基于合同向企业提供的、由企业或高等教育机构或科研机构实施的科研活动资助。

（2）向成员方境内落后的地区，按地区发展的总体规划非特定性地提供资助。可享受该资助的条件是：第一，该落后地区是一个被明确指定的并具有可界定的经济和行政地位的相连地理区域，是根据公正和客观的标准衡量出来的，并有法律、规章或其他官方文件证明该地区困难的非暂时性；第二，应至少达到以下经济发展指标，即人均收入或家庭平均收入或人均国民生产总值不能超过该领土内平均数的85%，或失业率至少为该领土内平均值的110%。

（3）对符合法律或政策规定的新环保要求，为改善现有设施而提供的资助。其条件是：第一，该资助是一次性而非周期性的；第二，资助资金限于成本改造资金的20%以内；第三，不能弥补应由企业承担的成本开支以及与减少污染直接相关的开支；第四，不是弥补可能取得的任何生产成本的节余，不能使用于新设备或生产过程的所有企业。

针对绿灯补贴措施，《补贴与反补贴措施协议》规定了如下救济方法：

（1）有关成员方应在实施此类补贴之前向补贴与反补贴措施委员会发出通告，每年都应提供最新的即期报告，供其他成员方了解和评价。

（2）如果某一成员方认为该补贴措施对其国内产业产生了严重的消极作用，并提出确凿的证据证明该产业受到损害的状况，可要求实施补贴的成员方与之进行磋商，并达成双方均能接受的解决办法。

（3）如果在磋商后的60天内未能达成解决办法，提出磋商要求的成员可将该问题提交补贴和反补贴措施委员会。

（4）该委员会在自受理之日起的120天之内做出结论。如果结论确认该补贴措施确实对其他成员方的国内产业造成了长期性严重损害，并核算出损害程度，应劝告实施补贴的成员方修改其补贴计划。

（5）如果该委员会的报告在60天之内未被接受或损害未被消除，则委员会可以授权受到补贴损害的成员方实施抵消补贴所造成的不利影响的反措施，但决不允许该反措施超过抵消不利影响所必需的程度。

二、反补贴措施的实施

所谓反补贴措施，是指进口方主管机构应国内相关产业的申请，对受补贴的进口产品进行反补贴调查，并采取征收反补贴税或价格承诺等方式，抵消进口产品所享受的补贴，维持公平的竞争秩序，保护受损的国内产业的措施。

根据《补贴与反补贴措施协议》的规定，反补贴措施实施包括反补贴调查、产业损害的确定及救济、征收反补贴税等步骤与内容。

（一）反补贴的调查

对某项进口产品进行正式的反补贴调查，应基于受到有关补贴措施损害的进口成员方或其他代表所提交的书面请求而发起；补贴与反补贴措施委员会在对申请书证据的准确性和充分性给予审核后，如果确认，即可开始调查。反补贴调查申请书的内容应该包括：申诉者的身份及其所代表的产业；申诉已得到有关产业普遍支持的证据（包括其从事产业的相同产品的国内产量与产值，如果代表国内产业提出申诉，还要提供相关厂商的名录）；列明有关补贴的存在、数量和性质的证据；有关产业受到损害的证据，以产量、生产能力利用率、销售量、销售价格、库存量、消费量、市场份额、利润率或亏损额、就业等方面的变化数据加以说明；受补贴产品与产业损害之间的因果关系说明。

（二）因补贴对产业造成损害的确定

判定进口成员方境内的相同产品的产业是否因受补贴产品的大量进口而受到了严重损害，应审核以下三方面情况：

（1）受补贴产品的进口数量是否大增，并对同类产品的市场价格造成的明显压制。

在衡量受补贴产品的进口量时，反补贴调查当局可以从绝对量上考虑，也可以从进口方的生产和消费量相比的相对量上考虑。在价格方面，应考虑与进口成员方同类产品的价格相比，受补贴进口产品是否存在大幅度削价竞争现象，或者是否压低或抑制了进口成员方同类产品的市场价格。

（2）进口成员方同类产品产业是否受到了严重或实质性损害威胁。

对于严重（实质性）损害威胁的认定，调查当局必须考虑下述因素：补贴的性质及其将会对交易的影响；受补贴产品进口国国内市场占有率是否大量增加；受补贴产品的出口商是否还有大量待出口的库存；受补贴产品进口后的价格对国内价格是否有重大压抑或抑制作用；进口成员方境内产业的库存积压是否在增长；等等。所谓产业损害是指进口成员方境内相同或相似产品的生产商普遍遭受到伤害，而绝不是指少数或个别生产商受损。

（3）补贴与产业损害之间是否存在因果关系。

在确定产业损害及损害程度时，反补贴调查当局必须充分考虑到补贴之外的其他因素可能在产业损害上造成的影响，其中特别要考虑有利害关系的当事人所提示的各种因素，决不能把其他因素对产业所造成的损害归咎于受补贴产品。

（三）反补贴措施的种类与实施

1. 临时措施

如果反补贴调查当局初步认定存在补贴，且对进口成员方的相关产业造成了严重损害或严重威胁，为防止损害继续扩大，可征收临时反补贴税。临时措施的实施不得早于自发起调查之日后的 60 天，其实施期间应限定在尽量短的时期内，最长不超过 4 个月。

2. 补救承诺

如果在反补贴调查期间，出口成员方政府承诺取消被诉补贴，或出口商承诺修正其出口价格，并且有关的承诺已为调查当局所接受，就视为达成了补救承诺。这时，反补贴调查应停止或中止。如果以后情况表明并不存在产业损害或损害威胁，补救措施应自动取消。

3. 反补贴税

反补贴税是进口国在本国关境内对享有补贴的外国进口商品征收的一种进口附加税，其作用即是抵消进口产品因补贴而获得的不公平优势。如果反补贴调查当局最终裁定存在补贴和产业损害，进口成员方当局便可决定对受补贴进口商品征收反补贴税。反补贴税的税率或税额按单位产品所实际得到的补贴来计算，但绝对不能高于补贴率；如果较低的税率已足以消除损害或损害威胁，则应适用较低的税率。反补贴税应在起征日起算的 5 年期限内停止，除非停止征收反补贴税可能造成补贴的继续或再度发生损害；在 5 年之内若产业损害已经消除，则应及时停止征收反补贴税。

（四）发展中成员方的补贴措施

《补贴与反补贴措施协议》规定，发展中成员方可以在补贴措施方面享受如下特殊待遇：

（1）发展中成员方可以在《补贴与反补贴措施协议》生效后的 8 年内（最长不超过 10 年），以渐进的方式逐步取消出口补贴，但不能提高现有的补贴水平。如在上述过渡期后仍需实施出口补贴，应提前一年与补贴与反补贴措施委员会磋商，在获得批准后方可施行。

（2）如果发展中成员方的某项受补贴产品连续两年在世界贸易中所占的比重超过 3.25%，该出口补贴应予取消。

（3）任何反补贴调查在确认发展中成员方的出口产品的补贴率不超过 2%，或在进口方进口比重不超过 4%时，调查均应终止。

（4）正在由计划经济向市场经济过渡的成员方，可以在《补贴与反补贴措施协议》生效后的 3 年内继续实施某些“被禁止使用的补贴措施”而不受反对。若有必要还可以向补贴与反补贴措施委员会要求对免责期作适当的延长。

第三节　保障措施

一、保障措施的含义、分类和条件

（一）保障措施的含义

保障措施是一种保护国内产业免受进口损害的贸易救济手段。即在进口增加，国内产业受到严重损害或严重损害威胁的情况下，为补救损害或便利产业调整而针对引起损害的进口产品采取的临时进口限制措施。

（二）保障措施的分类

根据实施的条件不同，保障措施可分为一般保障措施和特殊保障措施。

（1）一般保障措施针对所有相关成员方，《保障措施协议》规定，保障措施对进口产品适用不分来源。这就明确排除了仅针对个别国家实施保障措施的可能性。

（2）特殊保障措施是针对特定产品或特定国家的产品而采取实施的条件相对宽松的保障措施，包括：（1）针对特定产品的保障措施。这主要包括 WTO《农业协议》第 5 条规定的针对农产品的保障措施和 WTO《纺织品与服装协议》第 6 条规定的针对纺织品的保障措施。（2）针对特定国家的产品采取的保障措施。在当今的世界贸易格局中以对中国产品的保障措施最具有代表性。在我国“入世”的有关法律文件中有专门针对中国产品的“特定产品的过渡性保障机制”条款。这些针对中国的保障措施规定成为中国享受加入 WTO 后出口市场开放和扩大所带来的好处的最大障碍。

《中国加入世界贸易组织议定书》中针对中国产品的特殊保障条款已于 2013 年 12 月失效。

（三）实施保障措施的前提条件

1. 有关产品的进口大量增加

所谓大量增加是指与进口方国内生产相比而出现的“绝对增加”和“相对增加”两种情况。绝对增加是指进口产品的数量在绝对值上增加；而相对增加是指即使进口产品数量在绝对值上保持不变或有所下降，只要国内相同产品的生产量大幅度下降，就可以认定进口大量增加。

2. 对国内产业造成严重损害或严重损害威胁

“严重损害”应理解为对某一成员方国内工业“重大的全面损害”；而“严重损害威胁”则是指严重损害是“明显迫近”的，确定严重损害威胁必须基于事实，不能基于断言、推测或极小的可能性。

3. 客观证据表明，进口增加与国内工业损害有着因果关系

保障措施的实施还必须符合一定的程序要求。如未经进口方有关当局的调查，不得采取保障措施；调查要合理通告所有利害关系方；要举行听证会或采取适当方式使利害关系方能够提供证据或发表意见，尤其是对保障措施是否符合公共利益发表意见；一切有关事实与法律问题的结论都必须公布。同时，任何拟采取措施的成员方应提前与出口产品有实质关系的成员方进行磋商。

二、保障措施的实施

（一）实施的形式和期限

1. 形式

保障措施可以是关税措施（将关税提高至高于 GATT 规定的关税水平），也可以是进口数量限制（包括纯粹的数量限制和关税配额限制），但应仅在防止或救济严重损害所必要的限度内实施。

2. 期限

WTO 成员仅应在防止或补救严重损害和便利产业调整所必需的期限内实施保障措施。该期限一般不得超过 4 年，除非根据新的调查，防止或补救严重损害仍然有必要，且有证据表明该产业正在进行调整，则期限可予延长。但一项保障措施的全部实施期（包括临时保障措施）不得超过 8 年。

（二）临时保障措施

在延迟会造成难以弥补损害的紧急情况下，进口成员方可不经磋商而采取临时保障措施。主管机构只能在初步裁定进口激增已经或正在造成严重损害或损害威胁的情况下方可采取。实施期限不得超过 200 天，且此期限计入保障措施总的期限。

临时保障措施应采取增加关税形式。如随后的调查不能证实进口激增对国内有关产业已经造成损害或损害威胁，则增收的关税应迅速退还。成员方应在采取临时保障措施前通知保障措施委员会，在采取措施后应尽快与各利害关系方举行磋商。

案例 4－2

2001 年 4 月，日本政府决定，从当年 4 月 23 日起日本将对进口的大葱、椎茸香菇以及编织日本“榻榻米”草席用的特别稻草，启动临时保障措施限制进口，征收更高的关税，以消除上述进口产品的价格与日本国内产品批发价的差距，提高关税的措施将实施 200 天。同时日本也将这一决定通知了 WTO。日本的限制措施意味着，从即日起至 11 月 8 日的 200 天里，在规定的进口份额内，日本将对其征收与以往相同税率的进口关税，但当上述农产品的进口数量超过了规定的份额，就会对超出的数额征收较高的关税，即从 4 月 23 日起的 200 天内，如果从中国进口的这三种产品的数量分别不超过过去 200 天的平均进口量，即大葱 5 383 吨、鲜香菇 8 003 吨和蔺草席 7 949 吨，则按现行的 3%～6%征税，超过部分最高将课以 266%的关税。按照 WTO 规则，这项紧急措施实施期限为 200 天，如果将来再正式采取这一措施，生效将达 4 年。

这是日本自加入 WTO 后第一次施行保障措施。日本认为之所以采取保障措施，是因为进口激增对其国内农业造成严重损害，此举符合 WTO 规则。据日本发布的资料，2000 年日本的椎茸香菇的进口量为 42 057 吨，比 1996 年的 24 394 吨增加了 72.4%，在同一时期，大葱的进口也由 1 504 吨增加为 37 375 吨，增加近 25 倍，而草席材料的进口在同时期也倍增至可制成 2 030 万张榻榻米的历史最高水平。因此采取进口抑制存在着相应的道理。

问题：试评析此案例。

（三）禁止“灰色区域”措施

所谓“灰色区域”措施是指进出口国之间，在 GATT 之外，对某些产品达成双边或多边的限制出口的协定，由于此类协定是在私下达成的，它们的法律地位介于黑白之间，透明度很低，因此形象地称之为“灰色区域”。

鉴于“灰色区域”措施的危害性与违法性，《保障措施协定》明确要求成员方取消此类措施，各成员方应在 WTO 协定生效后的 180 天内向保障措施委员会呈交一份消除自愿出口限制、有秩序市场安排或其他类似的进口灰色区域措施的时间表，并在 4 年内逐步取消，即到 1999 年 1 月 1 日前消除。

（四）实施保障措施的若干限制

适用期限预计超过 1 年的保障措施，进口方应在适用期限内按固定时间间隔逐渐放宽该措施；如果实施期限超过 3 年，进口方须进行中期审议，并根据审查结果撤销或加快放宽该措施。延长期内的保障措施，不得比最初适用的措施严格，且应继续放宽。

对同一进口产品再次适用保障措施，应遵守以下规定：一般情况下，两次保障措施之间应有一段不适用的间隔期，间隔期应不短于第一次保障措施的实施期限，至少为 2 年；如保障措施适用期少于或等于 180 天，且在该措施实施之日前 5 年内，未对同种产品采取两次以上保障措施，则自该措施实施之日起 1 年后，可针对同种进口产品再次适用保障措施，实施期限至多为 180 天。

（五）补偿与报复

由于保障措施针对的是公平贸易条件下的产品进口，其实施必然影响到出口方的正当利益。因此，有关成员方可就保障措施对贸易产生的不利影响，协商贸易补偿的适当方式。补偿的形式一般为减少受措施影响的出口成员国所感兴趣的商品的关税。如在 30 天内未能达成补偿协议，则受影响的出口方可对进口方对等地中止 1994 年 GATT 项下实质相等的减让或其他义务，即实施对等报复。但实施对等报复应在进口方实施保障措施后 90 天内，并在货物贸易理事会收到出口方有关中止义务的书面通知 30 天后进行，且货物贸易理事会对此中止不持异议。

但如保障措施是由于进口绝对增长而采取的，且该措施符合《保障措施协议》规定，则出口方自保障措施实施之日 3 年内不得进行对等报复。

（六）发展中国家成员优惠待遇

《保障措施协议》对发展中成员做了特殊规定。对来自发展中成员的产品，只要其有关产品的进口份额在进口成员的该产品进口中不超过3%，且来自该发展中成员的进口份额总计不超过有关产品总进口的9%，则保障措施不得适用于来自该发展中成员的产品。

在保障措施的延长及再次实施方面，发展中成员同样享有特别待遇。发展中成员有权将保障措施的实施期在规定的最长期限基础上再延长2年（即可长达10年）。在保障措施再度适用方面，对发展中成员的规定也较宽松。

三、保障措施与反倾销、反补贴措施的区别

（一）措施针对的对象不同

反倾销和反补贴针对的是不公平的竞争行为，因此WTO《反倾销协议》和《补贴与反补贴措施协议》并未要求进口方一定对出口方进行补偿。而保障措施针对的主要是公平竞争行为，因此，《保障措施协议》要求采取保障措施或延长保障措施的成员方应努力维护双方之间权利义务的平衡，当事国限制进口以保障其国内生产者时，原则上必须给予一定的补偿。

（二）措施实施的条件严格程度不同

由于保障措施针对的是正常的国际贸易中公平的贸易做法，出口国既没有采取倾销也没有对出口产品进行补贴，进口国是从保护本国产业出发采取进口限制措施，因此该措施只有在特定的情况、严格的条件下才能被引用，其实施条件比反倾销、反补贴的实施条件要严格许多。保障措施只有在进口国国内工业遭到“严重损害或严重损害威胁”时才能实施。而“严重损害”与反倾销、反补贴协议中的“实质性损害”或对此类产业建立的“实质阻碍”相比，是一个要求更高的标准。

（三）措施实施的方式不同

反倾销和反补贴的最终措施通常都是一种抵消性的特别进口关税，而保障措施的结果是限制某种产品的进口量，或重新修改降低了的关税，或完全撤销最初做出的关税减让。另外，反倾销税和反补贴税的征收不受最惠国待遇原则的约束，因而都是对特定国家的产品征收的，而保障措施原则上必须是非歧视性的，不能针对某一特定国家的产品实施。反倾销、反补贴和保障措施在实施的期限、对发展中国家的待遇等问题上也有差别。

（四）三种措施的使用难度和频率不同

反倾销由于具有形式合法、易于实施、能够有效排斥外国产品的进口且不易招致报

复等特点，被许多国家视为保护本国民族产业部门利益的最佳方法而被频频使用。相比之下，由于补贴的形式多种多样，很多补贴的隐蔽性很强，很难收集到充分的证据和资料，加上补贴系政府行为，采取反补贴措施很容易招致他国的报复，故反补贴措施的使用频率要低得多。而保障措施的实施条件比前二者更为苛刻，尤其是它的非歧视要求和补偿要求，使它的使用频率相对较低，也导致了 WTO 成立前“灰色区域”措施的盛行。但是，由于保障措施的采取毕竟不需要出口国的不公平贸易做法，即使是实施条件严格最终被裁定违反 WTO 的规定，该措施的实施也已为进口国争取了时间，有利于进行产业调整和保护。所以，对于这种措施，虽不是进口国保护其国内产业的首选做法，却也是重要的选择之一。

本章小结

“贸易救济”是指当外国进口对一国国内产业造成负面影响时，该国政府所采取的减轻乃至消除该类负面影响的措施，包括三种形式：反倾销、反补贴和保障措施。其中反倾销、反补贴主要是针对国际贸易中进口产品的不公平竞争行为所采取的障制，保障措施则是针对某些产品在公平竞争情况下因进口数量猛增而采取的紧急限制。本章阐述了贸易救济三种形式的含义、分类及实施措施，如何降低不公平贸易救济措施对我国对外贸易的影响，如何运用反倾销、反补贴和保障措施等手段保护国内产业，是摆在我们面前的一个重大课题。

关键概念

倾销　　反倾销　　补贴　　反补贴　　保障措施　　贸易救济

思考题

1. 倾销确立的条件是什么？
2. 简述补贴的含义和种类。
3. 比较反倾销、反补贴和保障措施的区别。
4. 什么是保障措施？采取保障措施的条件是什么？

第五章

区域经济一体化与世界贸易组织

本章要点提示

- 区域经济一体化的实质和具体表现形式
- 关税同盟的理论
- 世界主要一体化组织的基本情况
- 世界贸易组织的宗旨、原则

引导案例

习近平总书记指出，不断扩大对外开放、提高对外开放水平，以开放促改革、促发展，是我国发展不断取得新成就的重要法宝。改革开放 40 多年来，我国在对外贸易领域不断开拓新格局，实现历史性跨越。1978 年到 2019 年，中国贸易伙伴从 40 多个发展到 200 多个国家和地区；进出口总额从 355 亿元人民币提高到 31.54 万亿元人民币，增长 888 倍；中国是 130 多个国家和地区的最大贸易伙伴；中国累计使用外商直接投资超过 2 万亿美元。

自 2003 年以来，我国自贸区建设从无到有，奠定了良好开局。2005 年 11 月，智利成为第一个同中国签署自由贸易协定的拉美国家；2008 年 4 月，中国与新西兰签署自贸协定，这是中国与发达国家签署的第一个自贸协定，也是中国签署的第一个涵盖货物贸易、服务贸易、投资等诸多领域的全面自由贸易协定；2010 年 1 月 1 日，中国-东盟自贸区全面建成，这是中国与其他国家和地区建成的最大自贸区。

截至 2019 年年底，中国已经与 25 个国家和地区达成 17 个自贸协定，自贸伙伴遍及欧洲、亚洲、大洋洲、南美洲和非洲。

问题：

1. 区域经济一体化的形式有哪些？特点是什么？
2. 根据中国自由贸易区的建设情况，分析其重要作用。

第一节　区域经济一体化概述

一、区域经济一体化的含义

区域经济一体化（Regional Economic Integration）是指区域内或区域之间的国家和政治实体通过书面文件，逐步实现彼此之间在货物、服务和要素的自由流动，进行各种要素的合理配置，促进相互间的经济与发展，取消关税和非关税壁垒，进而协调产业、财政和货币政策，并相应建立超国家的组织机构的过程。其表现形式是各种形式的经济贸易集团的建立。

二、区域经济一体化的形式

当代国际上各种经济一体化组织形式多样，按照参与各国对贸易壁垒取消程度不同，经济一体化大体上可以分为以下几种形式。

（一）优惠贸易安排（Preferential Trade Agreements）

优惠贸易安排是经济一体化形式中最为低级的一种。参与国间通过签订协定，规定对全部商品或一部分商品相互给予特别优惠的关税待遇。早期的东南亚国家的联盟就属于这种形式。

（二）自由贸易区（Free Trade Area）

自由贸易区是指签订自由贸易协定的国家组成的贸易区。参与国签订自由贸易协定，在彼此之间废除关税与数量限制，商品在区域范围内可完全自由流动，参与国各自仍保留对非参与国的贸易壁垒。自由贸易区往往被称为自由贸易联盟，是建立在经济主权基础上的贸易联合。

（三）关税同盟（Customs Union）

关税同盟是指各成员之间相互拆除贸易壁垒，并对非参与国建立统一的关税和其他壁垒。这种形式对内部市场充分体现了贸易自由，而一致对外的贸易壁垒有助于排除非参与国的商品竞争。

（四）共同市场（Common Market）

共同市场是指成员之间没有贸易壁垒，它们实行共同的对外贸易政策。但与关税同盟不同，在共同市场不仅在参与国内部实现贸易自由化和成员国构筑统一的关税壁垒，而且允许生产要素在参与国内部自由流动。

（五）经济同盟（Economic Union）

经济同盟参与国间不但商品与生产要素可以完全自由流动，建立对外共同关税，而且要求参与国制定和执行某些共同的经济政策和社会政策来逐步清除政策差异，使一体化程度从商品交换扩展到生产、分配乃至整个国民经济。经济同盟和以上一体化形式的主要差别在于各参与国把部分经济主权必须移交给新的超国家机构。目前欧盟已发展到这个时期。

（六）完全经济一体化（Complete Economic Integration）

完全经济一体化各参与国经济真正结合成一体，在金融、财政、贸易等政策方面均完全统一，完全实现了无人为障碍下彼此间商品、资本、劳动、服务等方面的自由流动。由于成员之间完全统一了所有的经济政策，各国经济发展的最终决策权已转移给超国家的权力机构，并且实现了货币的统一，这是经济一体化的最高形式。

除此之外，按照参与国经济发展水平，还可以分为水平一体化（Horizontal Integration）和垂直一体化（Vertical Integration）。其中，水平一体化是由经济发展水平相同或接近的国家组成的，如欧盟、东盟自由贸易区、中美洲共同市场。而垂直一体化是由经济发展水平不同的国家所组成的，如北美自由贸易区。

按照一体化的范围大小，分为全盘一体化（Overall Integration）和部门一体化（Sectional Integration）。其中，全盘一体化是参与国所有经济部门参与一体化，如欧盟；部门一体化是参与国只有一个或几个经济部门参与一体化，比如欧洲原子能共同体。

三、区域经济一体化发展

区域经济一体化是第二次世界大战后世界经济发展的一个重要现象。1949 年由苏联和东欧国家组织了“经互会”，以实行经济互助、技术交流来促进成员经济发展为目的，实行国际分工和生产专业化。

此后，西欧国家发起了一场欧洲统一计划并且相继建立了两个经济一体化组织：欧洲经济共同体和欧洲自由贸易联盟。欧洲地区的两个组织后来为建立一个范围更广泛的欧洲经济区打下了经济基础。在欧洲经济共同体的成立示范下，20 世纪 60 年代开始，世界上出现了一次区域性国际经济一体化浪潮。其中除了 1966 年建立的澳大利亚-新西兰自由贸易区属于发达国家的一体化组织外，其余都是由发展中国家组成的。如 1959 年成立的西非关税同盟，后改名为西非经济共同体（ECOWAS）；1960 年成立的拉丁美洲自由贸易联盟、中美洲共同市场（CACM），后者于 1990 年更名为拉丁美洲一体化联盟（LAIA）；1961 年建立的东南亚国家联盟，并于 20 世纪 90 年代发展为东盟自由贸易区；1968 年成立的加勒比自由贸易区，1973 年发展为加勒比共同体（CARICOM）；1969 年成立的安第斯共同市场（ANCOM）。一体化组织中除了欧洲的两个以外，其他组织的参与国间由于组织目标不明确或是在政治或经济政策方面的较大分歧等原因造成一体化进程减慢，甚至停滞不前。

20 世纪 70 年代中期至 80 年代中期，欧洲共同体以及欧洲自由贸易联盟、经济互助委员会等一体化组织进程缓慢；而发展中国家经济一体化大多遭受挫折，一些组织中断活动或解体。20 世纪 80 年代中期以后，区域经济一体化重新高涨，越来越引起人们的关注和重视。

四、区域经济一体化理论

第二次世界大战后，区域经济一体化理论引起日益广泛的关注，许多经济学家对这种现象进行了研究和探讨，形成了一些理论，其中最重要的理论是由美国经济学家维纳（J. Viner）和李普希（K. G. Lipsey）建立和发展的关税同盟理论。

（一）关税同盟形成后具有的静态效果

1. 贸易创造效果

贸易创造效果（Trade Greeting Effect）指关税同盟内部实行自由贸易后，国内成本高的产品为同盟国成本低的产品进口代替，这就使新的贸易得到“创造”。同时，由于区域内专业化分工，使资源得到更优化配置，增加了生产带来的利益。较低价格的产品扩大了社会需求，贸易量也有所增加，贸易创造效果使同盟国福利水平提高。

2. 贸易转移效果

贸易转移效果（Trade Diverting Effect）指关税同盟成立后，一国原来从世界上生产成本最低的国家进口商品，将会转而从同盟国中生产成本最低的国家进口，如这时的出口国不是世界上生产效率最高的国家，这时进口国的消费支出扩大，社会福利水平下降。

（二）关税同盟动态效果的主要表现

关税同盟动态效果表现在以下几方面：

（1）参与国的市场竞争加剧，专业化分工程度加深，使生产效率提高，生产要素得到更优化配置，从而增加了经济福利。

（2）参与国市场成为一体，扩大的市场可带来规模经济利益。厂商充分利用其生产能力，扩大生产规模，也降低了产品的单位成本。同时，企业的管理人员比例下降也减少了相关费用。

（3）吸引投资。投资环境的改善会吸引关税同盟内的外部投资。内部市场竞争的加剧促使参与国生产者更注重引进新技术，提高劳动生产率，降低生产成本，提高服务质量。另外，为了避免统一的关税壁垒歧视待遇，充分利用同盟内的大市场，外部资金也会由原来的产品转而直接在生产和销售领域投资。

（4）促进各种资源流动，加速各国经济发展。市场扩大后趋于统一，社会再生产所需要的各种生产要素比原来具有更大移动可能，从而促进了资源更优化配置。生产要素在移动中还会带来较多的潜在利益，如促进区域内新技术、新观念、新管理方式的传递，减少各国歧视性政策与措施等。

第二节 区域经济一体化的发展实例

第二次世界大战结束以后，世界上不同的地区都酝酿并成功建立了一些一体化组织，但其中最具有代表性的是：欧洲联盟、亚太经济合作组织、北美自由贸易区和东南亚国家联盟。

一、欧洲联盟

欧洲联盟简称欧盟（European Union，EU），是目前世界上经济一体化程度最高的区域经济组织。欧洲是世界上经济一体化产生最早发展最快，取得成绩也最显著的地区。从1951年《巴黎条约》签订成立欧洲煤钢共同体起，到欧共体与欧洲自由贸易联盟的并存及两者的融合，进而向整个西欧乃至东欧地区扩展，欧洲的经济一体化得到了空前发展。

（一）欧盟的发展历程

欧洲统一思潮存在已久，在第二次世界大战后进入高潮。1946年9月，英国首相丘吉尔曾提议建立“欧洲合众国”。1950年5月9日，法国外长罗伯特·舒曼提出欧洲煤钢共同体计划（即舒曼计划），旨在约束德国。1951年的欧洲煤钢共同体，最初成员包括比利时、法国、联邦德国、意大利、卢森堡和荷兰六国。1957年，《罗马条约》签订以后，上述六国建立了欧洲经济共同体和欧洲原子能共同体。1967年7月，六国决定将3个机构合并，统称为欧洲经济共同体。根据《罗马条约》第3条的要求，欧洲经济共同体要求成员国消除内部的贸易壁垒，创立统一的对外关税，同时要求各成员国消除阻碍生产要素在成员国之间自由流动的各种障碍，因此，欧洲经济共同体实际上是一个共同市场。20世纪80年代，欧洲经济共同体正式更名为欧洲共同体（European Community），1993年11月1日《马斯特里赫特条约》生效后，欧洲联盟正式诞生。这标志着欧共体从经济实体向经济政治实体过渡。1995年12月15日欧盟首脑马德里会议决定未来欧洲采用统一货币“欧元”，并于1999年在欧元区11国首先发行实施。

截至2020年1月31日，欧盟共有27个成员国，是集政治实体和经济实体于一身、在世界上具有重要影响的区域一体化组织，成为全球最大贸易集团和进口市场。

欧盟共有5个主要机构，即欧洲理事会、欧盟理事会、欧盟委员会、欧洲议会和欧洲法院。其他重要机构还有欧盟统计局、欧盟审计院、欧洲中央银行、欧洲投资银行等。

（二）欧盟的统一经济政策

欧盟经济一体化进程以关税同盟为起点，通过实施共同市场、统一大市场而最终向全面的经济货币联盟迈进。

1968年7月1日，欧盟实现关税同盟。1985年6月，欧委会正式提出了关于完成内部统一大市场的白皮书，提出在欧共体内建立“无国界”的统一大市场，真正实行人员、商品、资本、服务的自由流通。1985 年 12 月，委员会的“白皮书”得到理事会批准。1993 年 1 月 1 日，欧洲统一大市场正式启动，商品、资金、服务和人员开始在欧盟成员国内部自由流通。

为巩固工业品关税同盟及共同农业政策，避免汇率的过度波动，欧共体于 1979 年 3 月 13 日正式建立欧洲货币体系，为单一货币的出现奠定了基础。1989 年 6 月，欧共体马德里首脑会议通过《关于实现欧洲经济和货币联盟的报告》，明确提出自 1990 年 7 月 1 日分三阶段实施经济货币联盟的目标。1991 年 12 月欧共体马斯特里赫特首脑会议通过的《马约》对经济货币联盟的最终目标、实施途径及最后期限做了明确规定。2002 年 1 月 1 日，欧元纸币和硬币正式流通，3 月 1 日，欧元区各国原货币停止流通，欧元正式成为欧元区国家的唯一法定货币。

欧元的出现使欧洲各国的金融市场和股票交易更趋一体化，欧洲在国际金融货币体系中的地位和作用也得到加强，欧元作为国际清算、交易和储备货币的地位直接向美元的霸权地位发动了挑战，从而在经济上也有助于多极化世界的发展。

二、亚太经济合作组织

亚太经济合作组织（Asia Pacific Economic Cooperation，APEC）是由环太平洋的国家组成，参加的国家和地区包括北美自由贸易区三国、中国、澳大利亚、东盟各国及智利、中国香港、新西兰等共 21 个国家和地区，其中包括了两个区域性组织，是一个范围广泛的联合。亚太经合组织总人口达 26 亿，约占世界人口的 40%；国内生产总值之和超过 19 万亿美元，约占世界的 56%；贸易额约占世界总量的 48%。它在推动区域贸易投资自由化、加强成员间经济技术合作等方面发挥了不可替代的作用。

（一）亚太经济合作组织的历史沿革

亚太经济合作组织简称亚太经合组织，是亚太地区重要的经济合作论坛，也是亚太地区最高级别的政府间经济合作机制。截至 2019 年 12 月，亚太经济合作组织有 21 个成员，分别是澳大利亚、文莱、加拿大、智利、中国、中国香港、印度尼西亚、日本、韩国、墨西哥、马来西亚、新西兰、巴布亚新几内亚、秘鲁、菲律宾、俄罗斯、新加坡、中国台北、泰国、美国和越南。

亚太经济合作组织诞生于全球冷战结束的年代。20 世纪 80 年代末，随着冷战的结束，国际形势日趋缓和，经济全球化、贸易投资自由化和区域集团化的趋势渐成为潮流。同时，亚洲地区在世界经济中的比重也明显上升。该组织为推动区域贸易投资自由化，加强成员间经济技术合作等方面发挥了不可替代的作用。

1989 年 1 月，澳大利亚总理霍克访问韩国时在首尔倡议召开“亚洲及太平洋国家部长级会议”。1989 年 11 月 6 日至 7 日，12 个创始会员在澳大利亚堪培拉举行首届“亚洲太平洋经济合作部长级会议”。

1991 年 11 月 12 日至 14 日，第三届部长级会议在韩国首尔举行并通过《汉城宣言》，正式确定亚太经合组织的宗旨目标、工作范围、运作方式、参与形式、组织架构、亚太经合前景。这次会议也正式将中华人民共和国、香港（回归中国后以“中国香港”的名义参与）、台湾三个经济体同时纳入亚太经合会。

1992 年 9 月 10 日至 11 日，第四届部长级会议在泰国曼谷召开，确定将亚太经合秘书处设于新加坡，并确立亚太经合运作基金的预算规则。

1993 年 1 月，亚太经合秘书处在新加坡成立，负责该组织的日常事务性工作。1993 年 11 月 20 日，首届亚太经合经济领袖会议在美国西雅图布莱克岛（Blake Island）举行，并宣示亚太经合的目的是为亚太人民谋取稳定、安全、繁荣。

东盟秘书处、太平洋经济合作理事会和太平洋岛国论坛为该组织观察员，可参加亚太经合组织部长级及其以下各层次的会议和活动。

（二）组织机构

APEC 的组织机构分为五个层次。

1. 领导人非正式会议

领导人非正式会议自 1993 年以来每年下半年举行。

2. 部长级会议

部长级会议分为 APEC 部长级会议和 APEC 专业部长级会议。

部长级会议实际是“双部长”会，即各成员的外交部部长（中国香港和中国台北除外）和经济部部长（或者外贸部部长、商业部部长等）会议，于每年的领导人非正式会议前举行。

专业部长级会议，是指讨论中小企业、旅游、环保、教育、科技、通信等问题的部长会议。

3. 高官会

高官会是 APEC 的协调机构，每年举行 3～4 次会议，一般由各成员司局级或大使级官员组成，提出议题，相互交换意见，协调看法，归纳集中，然后提交部长级会议讨论。会议的主要任务是负责执行领导人和部长会议的决定，并为下次领导人和部长会议做准备。因此，有人把高官会称为部长会议的“实际工作部门”，高官会对上向部长级会议负责，对下总体协调 APEC 各委员会和工作组的工作，是 APEC 的核心机制。

4. 委员会和工作组

高官会下设四个委员会，即贸易和投资委员会（CTI）、经济委员会（EC）、经济技术合作高官指导委员会（SCE）和预算管理委员会（BMC）。CTI 负责贸易和投资自由化方面的工作，EC 负责研究本地区经济发展趋势和问题，SCE 负责指导和协调经济技术合作，BMC 负责预算、行政和管理方面的工作。

各委员会下设多个工作组、专家小组和分委会等机制，从事专业活动和合作。

5. 秘书处

秘书处为亚太经济合作组织各层次的活动提供支持与服务。秘书处负责人为执行主任，由 APEC 当年的东道主指派。

三、北美自由贸易区

北美自由贸易区（North American Free Trade Area，NAFTA）由美国、加拿大和墨西哥三国组成，三国于 1992 年 8 月 12 日就《北美自由贸易协定》达成一致意见，并于同年 12 月 17 日由三国领导人分别在各自国家正式签署。1994 年 1 月 1 日，协定正式生效，北美自由贸易区宣布成立。它是继欧盟之后世界上又一个颇具影响力的一体化组织。它的特别之处在于它是第一个由最发达国家与发展中国家共同组成的一体化组织。

（一）美加自由贸易协定

美加两国同属移民国家，文化风俗各方面都有相似性，这两个邻国早在 1854 年就曾签订了双边自由贸易协定，后被取消。第二次世界大战后，美加都成为关贸总协定成员国。随着经济贸易的发展，彼此的经济融合和渗透更加深入，为了保护和促进两国汽车业的发展，1965 年双方签订了《美加汽车贸易协定》。

20 世纪 80 年代以后，新贸易保护主义盛行，各国贸易摩擦加剧。而美国面对逐年递增的贸易逆差和欧洲加速筹建的统一大市场，意识到加速建立自由贸易区是一个可行之策。1985 年，加拿大总理马尔罗尼与美国总统里根会晤，首次提出建立自由贸易的主张，同年 5 月开始双边谈判。1988 年 11 月，两国政府正式签署《美加自由贸易协定》，1989 年 1 月 1 日生效。

（二）组建北美自由贸易区

《美加自由贸易协定》的顺利实施，使美墨两国产生了自由贸易的愿望。随后加拿大意识到不参与会带来诸多不利影响，于是 1991 年三边正式谈判开始，1992 年 8 月终于达成协议，1993 年 8 月三边就环保、就业等问题达成协议作为原协定补充文件。1994 年 1 月 1 日，《北美自由贸易协定》生效，内容主要包括关税、汽车、纺织品、开放金融市场、国民待遇、其他领域的自由化六个方面。

《北美自由贸易协定》的签署，使总人口超过 3.6 亿、国内生产总值 7.5 万亿美元的区域能够加强互补性和相互依存性。对美国来说，许多公司能够更好地调整生产规模和布局，提高劳动生产率，降低生产成本，同日、欧对手竞争地位改变；一些纺织品和其他劳动密集型产品的进口地由亚非国家转向墨西哥，降低了费用；另外，服务贸易得以更自由开展。加拿大是个对外资依赖严重的国家，美国加强了两国间投资的增长后，加拿大在美国的市场得到巩固和扩大，并且得以向墨西哥开发新的市场。墨西哥是该组织中经济发展水平较低的国家，它可以从美国和加拿大获得更多的技术和投资，在协定生效的六年间美加对墨西哥的投资分别增长了 256％和 73％；同时，墨西哥在发展中国家中开始处于对美加出口的有利竞争地位。协定生效后，美加对墨西哥的商品贸易分别提高了 200％和 80％，对墨西哥振兴国内经济、解决长期以来的债务问题都有很大帮助。

《北美自由贸易协定》对各成员国产生的积极影响是有目共睹的，但远没有达到如欧盟那样的效应，主要原因在于以下几方面：

（1）三国经济发展水平不同，协调中的矛盾难以消除。

（2）美国虽然在制造业和服务业方面受益不少，但原本的一些夕阳产业却遭到冲击。

（3）加拿大与墨西哥的相似产业在美国市场竞争激烈，而且在汽车和服务贸易中同美国实力差距较大。

（4）墨西哥的市场开放牺牲较大，一批企业不得不倒闭，外资大量涌入也给环保、金融产业带来新的问题。

（三）北美自由贸易区向美洲自由贸易区发展

巴西、阿根廷、乌拉圭、巴拉圭组成的南方共同市场于1995年正式运行，成员国间82%的关税已经免除。美国是北美三国中最具实力的一员，它不满足于与北美区域的组合，目前北美自由贸易区正积极向外扩张。在寻求美洲经济一体化之路上，南北美洲利益与共，一拍即合。

1994年年末，美国正式邀请古巴以外的美洲各国首脑在迈阿密开会讨论建立美洲自由贸易区，有34国首脑出席会议。会议签署了建立美洲自由贸易区的《美洲国家首脑会议原则宣言》，并要求于2005年前结束有关谈判。

2003年11月19日至21日，美洲自由贸易区第八次部长级会议举行，与会34个国家的贸易代表一致通过了美洲自由贸易区框架协议。由于这一协议允许各国根据自己的意愿，退出协议的部分条款，因而被一些媒体称为“自助餐”协议。

四、东南亚国家联盟

（一）东南亚国家联盟的建立

东南亚国家联盟（Association of South-EAST Asia Nations，ASEAN），简称东盟，其前身是马来亚（现马来西亚）、菲律宾和泰国于1961年7月31日在曼谷成立的东南亚联盟。1967年8月7日至8日，印度尼西亚、新加坡、泰国、菲律宾四国外长和马来西亚副总理在泰国首都曼谷举行会议，发表了《东南亚国家联盟成立宣言》，即《曼谷宣言》，正式宣布了东南亚国家联盟的建立。

东盟共有10个成员国：文莱、柬埔寨、印度尼西亚、老挝、马来西亚、缅甸、菲律宾、新加坡、泰国、越南。秘书处设在印度尼西亚首都雅加达。

除了印度尼西亚、马来西亚、菲律宾、新加坡和泰国五个创始国外，文莱在1984年独立后加入东盟，越南于1995年加入东盟，1997年缅甸和老挝加入东盟，1999年4月，柬埔寨成为东南亚地区最后一个加入东盟的国家。观察员国家为巴布亚新几内亚。东盟10个对话伙伴是澳大利亚、加拿大、中国、欧盟、印度、日本、新西兰、俄罗斯、韩国和美国。

东盟成立五十多年来，已成为东南亚地区以经济合作为基础的政治、经济、安全一体化合作组织，并建立起了一系列合作机制。

（二）组织机构

东盟主要机构有首脑会议、外长会议、常务委员会、经济部长会议、其他部长会议、秘书处、专门委员会以及民间和半官方机构。

（1）首脑会议是东盟最高决策机构，会议每年举行两次，已成为东盟国家商讨区域合作大计的最主要机制，主席由成员国轮流担任。

（2）外长会议是制定东盟基本政策的机构，每年轮流在成员国举行。

（3）常务委员会每两个月举行一次会议，主要讨论东盟外交政策，并落实具体合作项目。

（4）东盟峰会是东盟最高决策机构，由各成员国国家元首或政府首脑组成，东盟各国轮流担任主席国。

（5）东盟秘书长是东盟首席行政官，向东盟峰会负责，由东盟各国轮流推荐资深人士担任，任期 5 年。东盟秘书处设在印度尼西亚首都雅加达。

第三节　世界贸易组织概述

一、世界贸易组织的前身——关贸总协定

（一）关贸总协定的产生

关税与贸易总协定（General Agreement on Tariffs and Trade，GATT），简称关贸总协定，是关于关税和贸易准则的多边国际贸易协定和组织。在世界贸易组织正式运行之前，关贸总协定是协调和规范缔约方之间关税和贸易政策方面相互权利和义务的主要多边协定。

1947 年 4 月至 10 月，美、英、中、法等 23 个国家参加了在日内瓦举行的世界贸易和就业筹备委员会第二届会议。会议谈判草拟了国际贸易组织宪章，同时会议期间还进行了首轮关税减让谈判，各参加国共达成了 123 项有关关税减让的多边协议，共计减让关税 45 000 项。为了使关税减让的成果尽快实施，参加国将拟议中的国际贸易组织宪章中的一些有关贸易政策的条款摘出，连同各国已达成的关税减让协议一起汇成一个单一的协定，即《关税与贸易总协定》。1947 年 10 月，联合国贸易和就业会议在古巴哈瓦那举行，审议并通过了《国际贸易组织宪章》（即哈瓦那宪章），送由各国批准。为在《国际贸易组织宪章》生效之前对各国的关税与贸易保护措施有所约束，美、英、中、法等 23 国达成了协议，决定临时适用《关税与贸易总协定》。后来，因美国国会认为《国际贸易组织宪章》与本国国内法律存在矛盾而未予批准，导致拟议中的国际贸易组织夭折。而当时决定作为临时适用的《关税与贸易总协定》却于 1948 年 1 月 1 日起正式生效。

（二）关贸总协定的性质和特征

关贸总协定既是一项含有一整套多边贸易原则和规则的契约，又是缔约方进行贸易谈判的场所。其宗旨是：通过多边贸易谈判，大幅度地削减关税和其他贸易障碍，取消国际贸易中的歧视待遇，从而实现提高生活水平，保证充分就业，保障实际收入和有效需求的持续增长，扩大世界资源的充分利用和商品的生产和交换。

关贸总协定作为一项多边贸易协定，以三种方式运转和存在：一是作为一套一致同意的管理政府贸易行为的多边规则，实质上是进行国际贸易的“交通规则”；二是作为国际贸易的一个谈判场所；三是政府借以解决与其他缔约方之间争端的协调与监督机构。

（三）关贸总协定的多边贸易谈判

关贸总协定从 1947 年至 1994 年共举行了八轮多边贸易谈判。

第一轮多边贸易谈判于 1947 年 4 月至 10 月在日内瓦举行，中国、美国、日本等 23 个国家参加了谈判，达成双边减税协定 123 项，涉及商品关税 45 000 项。GATT 本身就是这次谈判的产物。

第二轮多边贸易谈判于 1949 年 4 月至 10 月在法国的安纳西举行，有 33 个国家参加，达成双边协议 147 项，增加关税减让 5 000 项。

第三轮多边贸易谈判于 1950 年 9 月至 1951 年 4 月在英国的托奎举行，有 39 个国家参加，谈判中达成双边协议 150 项，增加关税减让 8 700 项，参加谈判国家的贸易占当时世界进口额的 80%和出口额的 85%以上。

第四轮多边贸易谈判于 1956 年 1 月至 5 月在日内瓦举行，有 28 个国家参加，所达成的关税减让涉及 25 亿美元的贸易额。

第五轮多边贸易谈判（亦称“狄龙回合”）于 1960 年 9 月至 1962 年 7 月在日内瓦举行，有 45 个国家参加，减让所影响的贸易额约为 49 亿美元。

第六轮多边贸易谈判（亦称“肯尼迪回合”）于 1964 年 5 月至 1967 年 6 月在日内瓦举行，有 54 个国家参加，谈判结果使工业国的进口关税下降了 35%，影响贸易额 400 亿美元。

第七轮多边贸易谈判（亦称“东京回合”）于 1973 年 9 月至 1979 年 4 月在日内瓦举行，有 99 个国家参加（包括 29 个非缔约国）。这次减免税采取一揽子办法，各国的减税幅度在 25%～93%。在“东京回合”中共达成九项关于非关税壁垒协议和允许发展中国家享有优惠待遇的“授权条款”。

第八轮多边贸易谈判（亦称“乌拉圭回合”）从 1986 年 9 月开始启动，到 1994 年 4 月签署最终协议，共历时 8 年。这是关税与贸易总协定的最后一轮谈判。因发动这轮谈判的贸易部长会议在乌拉圭埃斯特角城举行，故称“乌拉圭回合”。参加这轮谈判的国家最初为 103 个，到 1993 年年底谈判结束时有 117 个。“乌拉圭回合”经过 8 年谈判，取得了一系列重大成果：多边贸易体制的法律框架更加明确，争端解决机制更加有效与可靠；进一步降低关税，达成内容更广泛的货物贸易市场开放协议，改善了市场准入条件；

就服务贸易和贸易有关的知识产权达成协议；在农产品和纺织品服装贸易方面，加强了多边纪律约束；等等。它是时间最长、内容最多的一次谈判，为 WTO 的建立奠定了法律体系，为主要双边协议和运行机制奠定了基础。

二、世界贸易组织的产生

1986 年“乌拉圭回合”启动时，谈判议题没有涉及建立世贸组织问题，只设立了一个完善关税和贸易总协定体制职能的谈判小组。在新议题的谈判过程中，涉及服务贸易及与贸易有关的知识产权等非货物贸易问题。这些重大问题的谈判成果，很难在关税与贸易总协定的框架内付诸实施，创立一个世界性的贸易组织的必要性由此被提了出来。欧洲共同体于 1990 年年初首先提出了建立一个多边贸易组织的倡议，这个倡议后来得到了美国、加拿大等国的支持。

1990 年 12 月，布鲁塞尔贸易部长会议同意就建立多边贸易组织进行协商。经过一年的紧张谈判，1991 年 12 月形成了一份关于建立多边贸易组织协定的草案。时任关税与贸易总协定总干事的阿瑟·邓克尔将该草案和其他议题的案文汇总，形成了“邓克尔最后案文（草案）”。这一案文成为进一步谈判的基础。1993 年 11 月 15 日，111 个国家和地区在日内瓦达成了一个关于建立世界贸易组织的协议（草案）（最初曾定名为多边贸易组织）。1993 年 12 月，根据美国的提议，把“多边贸易组织”改为“世界贸易组织”。

1994 年 4 月 15 日，“乌拉圭回合”参加方在摩洛哥的马拉喀什通过了《马拉喀什建立世界贸易组织协定》，在 109 个政府签署乌拉圭回合贸易谈判最后文件的同时，97 个国家的部长们签署一份附加文件，宣布成立世界贸易组织，该文本经各国立法机构批准后，于 1995 年 1 月 1 日正式生效。世界贸易组织宣告成立，从而结束了 40 多年关贸总协定临时适用的历史。

截至 2020 年 5 月，世界贸易组织有 164 个成员、24 个观察员。

三、世界贸易组织的宗旨、职能和组织机构

（一）宗旨

世贸组织的宗旨，简单地说，就是创造自由开放的全球贸易环境，积极推动世界经济贸易自由化。

其宗旨体现在以下几方面：

（1）提高人民生活水平，保证充分就业，保证实际收入和有效需求的大幅度稳定增长。

（2）扩大货物、服务的生产和贸易。

（3）坚定地走可持续发展之路。各成员应促进对世界资源的最佳利用，保护和维护环境。

（4）积极努力确保发展中国家，尤其是最不发达国家，在国际贸易增长中获得与其经济发展需要相当的份额和利益。

（5）通过达成互惠互利安排，实质性削减关税和其他贸易壁垒，消除国际贸易关系中的歧视待遇。

（二）职能

世贸组织继承关贸总协定的宗旨，并增加了服务的生产与贸易以及可持续发展的目标等内容。世贸组织的主要职能包括：

（1）负责多边贸易协议的实施、管理和运作，促进世贸组织目标的实现。世贸组织负责组织各成员通过谈判签署协议，为国际经贸活动提供基本的法律规则。同时，世贸组织要为多边贸易协议的实施、管理和运作提供框架。

（2）各成员就多边贸易关系进行谈判和贸易部长级会议提供场所，并提供实施谈判结果的框架。

（3）通过争端解决机制，解决成员之间可能发生的贸易争端。

（4）用贸易政策审议机制，定期审议成员的贸易政策及其对多边贸易体制运行产生的影响。对最大的成员每两年审议一次，对世贸排行前5～20位的成员每4年审议一次，对其余的成员每6年或8年审议一次。

（5）通过与其他国际经济组织（国际货币基金组织、世界银行及其附属机构等）的合作和政策协调，实现全球经济决策更大的一致性。

（6）对发展中国家和最不发达国家提供技术援助及培训。

上述六项职能中，前三项是世贸组织的主要职能。

（三）组织机构

世贸组织具有法人资格，在行使有关职责时享有必要的特权和豁免权。世贸组织与世界银行和国际货币基金组织不同，它不是联合国专门机构，其成员不仅包括主权国家，也包括单独关税区。

世贸组织作为一个永久性经济组织，它设立了各种总体的或专业的组织机构。

1. 部长会议

部长会议是世贸组织的最高权力机构，至少应每两年举行一次。部长会议应履行世贸组织的职能，并为此采取必要的措施，部长会议有权对多边贸易协议中的任何事项做出决定。

2. 总理事会

总理事会是一个包括所有成员代表的机构。在部长会议休会期间，总理事会执行部长会议的各项职能。此外，总理事会还执行世贸组织协议的各项职能，制定自己的程序规则。总理事会下设货物贸易理事会、服务贸易理事会和与贸易有关的知识产权理事会。

3. 专门委员会

部长会议下设贸易与发展委员会、贸易与环境委员会、国际收支限制委员会、财务和行政管理委员会，以及预算、财政和行政委员会等各种专门委员会，负责相应的事务。

4. 贸易政策审议、争端解决和上诉机构

贸易政策审议机构是常设机构，负责审查各成员的贸易政策，评价其对世贸组织各项协议的影响。争端解决机构也是常设机构，负责成员间的贸易争端解决。争端解决机构可以通过争端解决程序设立争端解决专家小组。争端解决机构具有司法裁决权。上诉机构也是一个常设机构，负责审理上诉方对专家小组报告中有关内容的异议。

5. 秘书处和总干事

世贸组织成立秘书处，由总干事领导，负责处理世贸组织的日常事务。秘书处工作人员由总干事指派，并按照部长会议通过的规则决定他们的职责和服务条件。

四、世界贸易组织的基本原则

世界贸易组织的基本原则主要包括以下六个方面。

（一）非歧视原则

非歧视原则是指一成员方在实施一种优惠和限制措施时，不得对其他成员方采取歧视性的待遇。非歧视原则是世贸组织的基本原则，又可称为无差别待遇原则，是与歧视待遇原则相对应的一项基本原则。它要求成员双方在实施某种优惠和限制措施时，不能对成员对方实施歧视待遇。非歧视原则是世贸组织的基石和核心，它体现在世贸组织的所有文件和协议中。

非歧视原则是以最惠国待遇原则和国民待遇原则来体现的。

（1）最惠国待遇原则指成员方现在和将来给予另一方的优惠、特权和豁免，都不应低于该成员方给予任何第三方的优惠、特权和豁免，否则就有差别待遇或者歧视。可见最惠国待遇原则的本质要求，是作为当事方的成员方处理同其他成员方关系与处理同另一其他成员方关系时，不能有歧视。贯彻该原则时要求某成员方现在和将来给予另外一方的优惠和豁免，应当立即给予任何第三个成员方。也就是说，最惠国待遇要求在世贸组织成员间进行贸易时，彼此不能实施歧视待遇，大小成员要一律平等，只要其进出口产品是相同的，那么享受的待遇也应该是相同的。世贸组织的成员方之间签订最惠国待遇的目的是消除成员方之间在贸易、关税、航运、公民法律地位等方面的歧视，即消除特惠和差别待遇，使所有的成员方获得同等的贸易机会和条件，促进成员方之间的贸易往来和经济发展，推动自由贸易的发展。

案例 5-1

1993 年，欧盟开始实施香蕉进口制度，通过许可证制度、配额制度等对香蕉进口进行限制。但是，给予欧盟国家原来在非洲、加勒比和太平洋地区的殖民地国家以特殊优惠待遇。这引起了美国的强烈反对，并最终向世贸组织（WTO）申诉。

据统计，欧盟是世界上最大的香蕉消费市场。年均进口香蕉 400 万吨，零售总价值达 50 亿美元，利润约为 10 亿美元，如此巨大的市场当然是商家必争之地。尽管美国并非是盛产香蕉的国家，但是却在与欧盟的香蕉贸易中有着巨大的利害关系。因为欧盟香蕉市场上70%以上的香蕉来自拉美国家，而拉美国家香蕉的出口，主要由两家美国的跨国果品公司，即奇迹达（Chiquita）和都乐（Dole）公司来控制。可见，欧盟香蕉贸易政策的改变，对美国公司利益攸关。以奇迹达公司为例，在1992年年末，其占欧盟进口香蕉市场份额的40%，而在新的制度实行后下降到不足20%。

自1996年，美国和拉美的一些香蕉生产国一起向世贸组织状告欧盟以来，欧盟已经连输三次官司。

问题： 请问欧盟违反了世贸组织的哪些原则？

（2）国民待遇原则指的是缔约国一方保证缔约国另一方的公民、企业和船舶在本国境内享受与本国公民、企业和船舶同等程度的待遇。国民待遇条款的适用对象是外国公民或企业。如外国产品应该缴纳的国内税捐，利用铁路运输和转口过境的条件，船舶在港口的待遇，商标注册、著作权以及发明专利权的保护等。但是与最惠国待遇要求处理不同的外国公民、商品、企业法人关系时一视同仁没有歧视的要求不同，国民待遇要求在处理本国与外国的公民、商品、企业法人关系时一视同仁没有歧视。说得通俗些，最惠国待遇讲的是外外关系，国民待遇讲的是内外关系。但是国民待遇只有在一种产品、服务、知识产权的产品进入本国市场以后才可以适用。在实现所有的世贸组织成员平等待遇的基础上，世贸组织成员的商品或服务进入另一成员方领土以后，也应该享受后者自己商品或服务同样的待遇。

（二）贸易自由化原则

所谓贸易自由化原则，从本质上来说，就是限制和取消一切妨碍和阻碍国际间贸易开展与进行的障碍，包括法律、法规、政策和措施等。而世界贸易自由化从根本上来说，是通过削减关税、弱化关税壁垒以及取消和限制形形色色的非关税壁垒措施来实现的。因此，这一原则又是通过关税减让原则和一般取消数量限制原则等来实现的。

（三）透明度原则

透明度原则继承了关贸总协定的贸易政策法规在全国统一实施和透明原则，是世贸组织成员在货物和服务贸易中必须遵守的基本原则之一。它要求有关成员方政府实施与贸易有关的法律和规章时，必须予以公布，接受其他成员对其政策法规进行检查、监督和纠正，以保证成员方有关法规真正符合世贸组织的规定。但世贸组织允许其成员对某些机密不予公开。

（四）市场准入原则

市场准入是指一国允许外国的货物、劳务与资本参与本国市场的程度。市场准入原则旨在通过增强各国对外贸易体制的透明度，减少和取消关税、数量限制和其他各种强制性限制市场进入的非关税壁垒，以及通过各国对开放本国特定市场所做出的具体承诺，切实改善各缔约国市场准入的条件，使各国在一定的期限内逐步放宽市场开放的领域，加深开放市场的程度，从而达到促进世界贸易的增长，保证各国的商品、资本和服务可以在世界市场上公平自由竞争的目的。

案例 5-2

1998 年 10 月以来，欧盟以转基因产品的安全性不能得到科学证明为由，冻结了新转基因产品的上市，而美国等转基因产品生产大国认为，欧盟对转基因产品的排斥“没有科学依据”，违反了自由贸易的原则。2003 年 5 月，这一争端被提交到 WTO 争端解决机构。

问题：你认为欧盟的做法是否违背了 WTO 的贸易原则？

（五）公正、平等处理贸易争端原则

国际贸易争端是伴随着国家间经济交往的开始与发展而产生的不可避免的一种现象。在关贸总协定所规定的争端解决程序和对其的修改、补充基础上形成的世贸组织争端解决机制，体现了贸易争端处理的公正、平等原则。具体体现在以下几方面：实行调解制度、建立上诉机构、从全体一致通过机制到全体一致否决机制的转变、对发展中国家及最不发达国家的特殊规定及世界贸易组织的道义压力。

（六）给予发展中国家和最不发达国家优惠待遇原则

给予发展中国家和最不发达国家优惠待遇原则是对关贸总协定该原则的进一步加强。世贸组织除了继续对发展中国家的贸易和经济发展方面实行关税和其他特殊优待之外，还在以下几方面给予发展中国家一定的优惠待遇：第一，允许发展中国家用较长时间履行义务，或有较长的过渡期；第二，允许发展中同家在履行义务时有较大的灵活性；第三，规定发达国家向发展中国家提供技术援助，以便发展中国家更好地履行义务。

第四节 中国与世界贸易组织

我国是关贸总协定的创始缔约国之一，但新中国成立后，台湾当局非法退出总协定，使中国与总协定的关系长期中断。为扩大开放、深化改革，中国政府于 1986 年 7 月向总协定正式提出“复关”申请，从此踏上“复关”的征途，直至 1995 年世贸组织建立，我国“复关”一直未果。1996 年世贸组织事实取代关贸总协定后，中国“复关”谈判成了“入世”谈判。2001 年 12 月 11 日，中国经过 15 年的艰苦努力，终于正式加入世贸组织，成为该组织的第 143 个成员。2001 年中国加入世界贸易组织，是中国深度参与经济全球化的里程碑，标志着中国改革开放进入历史新阶段。加入世贸组织以来，中国积极践行自由贸易理念，全面履行加入承诺，大幅开放市场，实现更广互利共赢，在对外开放中展现了大国担当。

一、中国“复关”与“入世”

（一）中国与关贸总协定的历史渊源

中国是关贸总协定 23 个创始缔约国之一，并参加了总协定第一轮和第二轮关税减让谈判。新中国成立后，台湾当局因不甘心让中国大陆享受到从总协定谈判中获得的关税减让，1950 年以“中华民国”的名义非法退出总协定，1965 年，又非法取得关贸总协定的观察员资格，直到 1971 年联合国恢复中国的合法席位，台湾的总协定观察员身份才被取消。

改革开放之前，由于中国政府对总协定的情况不够了解以及国内实行高度集中的计划经济，加之对外贸易在中国国民经济发展中的作用不大，因此，中国政府未在总协定问题上作过任何表态，与总协定的关系长期中断。

1978 年党的十一届三中全会把改革开放作为基本国策，从此，我国参加了总协定主持下的一系列活动：1980 年 8 月，中国代表出席了国际贸易组织临时委员会执委会会议，参加了时任总干事邓克尔的选举；1981 年，中国代表列席了关贸总协定纺织品委员会主持的第二个国际纺织品贸易协议的谈判；1983 年，中国政府签署了纺织品贸易协议，并成为关贸总协定纺织品委员会的正式成员；1982 年，中国获准以观察员身份参加总协定活动；1984 年中国被授予总协定“特殊观察员”身份，并被允许参加总协定理事会及其下属机构的会议。

（二）中国申请“复关”

1. 中国政府提出“复关”必须坚持的三项原则

（1）中国申请恢复在关贸总协定缔约国的席位，而不是加入和重新加入关贸总协定。

（2）中国政府不是以承诺承担具体进口义务为条件，而是以关税减让为“复关”基础。

（3）作为发展中国家，中国必须以发展中国家身份恢复缔约国的地位。

2. 中国政府在谈判中提出的三条具体要求

（1）按照关贸总协定原则，美国应给予中国多边无条件最惠国待遇。

（2）根据关贸总协定和“授权条款”，中国应在缔约国中享受发达国家给予的普惠制待遇。

（3）按照关贸总协定有关规定，欧共体应取消对中国的歧视待遇。

中国政府是遵循权利与义务平衡的原则提出三项原则和三条要求的，是完全符合关贸总协定的原则和宗旨的。按照上述原则和条件恢复中国在关贸总协定中的缔约国地位，有利于维护和发展国际多边贸易体制，有利于维护和发展关贸总协定的原则和宗旨。

3. 中国“复关”谈判进程的三个阶段

（1）从 1986 年 7 月至 1989 年 5 月为第一阶段。这一阶段的谈判工作进行得比较顺利，取得了一定成效。1987 年 3 月关贸总协定理事会主席三次主持非正式磋商，邀请主要缔约国和中国代表参加，正式宣布成立中国问题工作组。工作组的职权范围是：审议中国的外贸制度；起草确定相应的权利与义务的议定书；提供进行关税减让的谈判场所；讨论中国与关贸总协定的其他问题。

（2）从1989年6月至1992年9月为第二阶段。这一阶段由于国内外发生了一些风波，“复关”谈判工作一度受挫，处于停滞状态。

（3）从1992年10月至1995年1月为第三阶段。这一阶段的谈判取得了实质性进展。谈判开始涉及权利与义务的确定和关税减让等实质性问题。1992年10月中美达成《市场准入备忘录》，美国承诺“坚定地支持中国取得关贸总协定缔约方地位”。1994年4月，中国代表团出席了在马拉喀什召开的关贸总协定部长级会议，签署了《最后文件》。同年8月，中国提出了农产品、非农产品和服务贸易关税减让表，并与缔约方举行了谈判。同年11月，中国代表团就市场准入和议定书与缔约方举行谈判。上述谈判由于多种原因，主要是西方国家的阻挠未能达成协议，中国“复关”的愿望未能实现。

（三）中国加入世界贸易组织

1996年，中国从“复关”谈判变成“入世”谈判。1999年11月15日，中美就中国加入世界贸易组织的进程取得了关键性的突破。在此之后，中国先后与加拿大、欧盟、巴西、印度等成员达成了双边贸易协议。2001年9月17日，第18次入世多边谈判顺利结束，11月10日，在卡塔尔多哈召开的世贸组织部长会议上，142个世贸组织成员以鼓掌方式一致同意中国入世，11日，中国与世贸组织正式签署了中国入世协议。2001年12月11日，中国正式成为世贸组织成员。

（四）“一国四席”

一国四席是指包括中国内地、中国台湾、中国香港、中国澳门都是“中国”的一部分，中国“入世”是在“一个中国”的原则下，只有这四个“单独关税区”都加入世贸组织，才能说中国完整加入了世贸组织。

1995年1月1日香港成为第一批世贸组织成员，但自1997年7月1日，中国政府对香港恢复行使主权后，香港则必须以“中国香港”的名义参加世贸组织的活动。中国澳门与中国香港情况相似，它在1991年1月11日成为关贸总协定缔约方，后以“中国澳门”的名称成为世界贸易组织的一个创始成员。中国台湾于1990年以“台湾、澎湖、金门、马祖单独关税地区”的名义，向关贸总协定提出加入申请，试图加入关贸总协定。但中国坚持中国台湾是中国的一个单独关税区，中国台湾加入关贸总协定必须以“先中后台”为前提。这样，形成了“一国四席”的局面，但由于各部分都享有充分的自由权，不至于在世贸组织中造成混乱的局面。

在从“复关”到“入世”的谈判进程中，中国政府一贯持积极态度，并明确表示愿意在乌拉圭回合协议的基础上，根据中国的经济发展水平和按照权利与义务平衡的原则，本着灵活务实的态度，与各成员方进行认真的谈判，以早日加入世贸组织。因为“入世”不仅是中国对外开放的需要，也是中国进行经济体制改革和建设社会主义市场经济体制的需要。中国需要世贸组织，世贸组织同样需要中国。占有世界人口1/4的中国是世界上最大的发展中国家，是世界十大贸易大国之一，也是世界上经济发展速度最快、最具潜力的国家之一，是当今世界多极格局中不可忽视的一极。中国正进行的改革开放将使其在世界经济中扮演更加重要的角色。世界贸易组织只有接受中国，才称得上完整的世界性多边贸易体系，才能真正实现其“拓展贸易”的目标。

二、中国加入世贸组织的权利和义务

2018 年 6 月，国务院新闻办公室发布《中国与世界贸易组织》白皮书，全面介绍了中国履行加入世贸组织承诺的实践，阐释了中国参与多边贸易体制建设的原则立场和政策主张，阐明了中国推进更高水平对外开放的愿景与行动。

（一）中国切实履行加入世贸组织承诺

1. 完善社会主义市场经济体制和法律体系

理顺政府和市场关系，使市场在资源配置中起决定性作用，更好发挥政府作用。广泛开展世贸组织规则宣传教育，市场意识、竞争意识、规则意识、法治观念深入人心。加入世贸组织后，大规模开展法律法规清理修订工作，中央政府清理法律法规和部门规章 2 300 多件，地方政府清理地方性政策法规 19 万多件，覆盖贸易、投资和知识产权保护等各个方面。

2. 履行货物贸易领域开放承诺

一是大幅降低进口关税。截至 2010 年，中国货物降税承诺全部履行完毕，关税总水平由 2001 年的 15.3%降至 9.8%。其中，工业品平均税率由 14.8%降至 8.9%；农产品平均税率由 23.2%降至 15.2%，约为世界农产品平均关税水平的四分之一，远低于发展中成员 56%和发达成员 39%的平均关税水平。农产品的最高约束关税为 65%，而美国、欧盟、日本分别为 440%、408%、1 706%。

二是显著削减非关税壁垒。截至 2005 年 1 月，中国已按加入承诺全部取消了进口配额、进口许可证和特定招标等非关税措施，涉及汽车、机电产品、天然橡胶等 424 个税号产品；对小麦、玉米、大米、食糖、棉花、羊毛、毛条和化肥等关系国计民生的大宗商品实行关税配额管理。

三是全面放开外贸经营权。自 2004 年 7 月起，中国对企业的外贸经营权由审批制改为备案登记制，极大地释放了民营企业的外贸活力。民营企业和外商投资企业进出口占全国进出口总额的比重由 2001 年的 57.5%上升到 2017 年的 83.7%。2017 年，作为第一大出口经营主体的民营企业出口占比达 46.6%。

3. 履行服务贸易领域开放承诺

在世贸组织分类的 12 大类服务部门的 160 个分部门中，中国承诺开放 9 大类的 100 个分部门，接近发达成员平均承诺开放 108 个分部门的水平。截至 2007 年，中国服务贸易领域开放承诺已全部履行完毕，并逐步降低服务领域外资准入门槛，按期取消服务领域的地域和数量限制，不断扩大允许外资从事服务领域的业务范围。其中，在快递、银行、财产保险等 54 个服务分部门允许设立外商独资企业，在计算机、环境等 23 个分部门允许外资控股，在电信、铁路运输、旅游等 80 个分部门给予外资国民待遇。2010 年，中国服务业吸引外商直接投资额首次超过制造业，2017 年吸引外商直接投资额占比达到 73%。

4. 履行知识产权保护承诺

加入世贸组织后，中国建立健全知识产权法律法规，构建起符合世贸组织规则和中国国情的知识产权法律体系。修订了《商标法》《反不正当竞争法》《著作权法》《专利法》等法律，重新组建国家知识产权局，在北京、上海、广州设立三家知识产权法院，在南京、苏州、武汉、西安等 15 个中级人民法院内设立专门审判机构，开展“护航”“剑网”“扫黄打非”“秋风”“网剑行动”“质检利剑”等专项行动。数据显示，2019 年中国对外支付的知识产权使用费已超过 340 亿美元。2019 年，中国发明专利申请量达到 140.1 万件，国外来华发明专利申请量达到 15.7 万件，较 2001 年 3.3 万件的申请量增长了近 4 倍。2019 年，中国通过世界知识产权组织《专利合作条约》（PCT）途径提交了 5.899 万件专利申请，首次超过美国（5.784 万件）跃升至第一位，成为提交国际专利申请量最多的国家。

5. 履行透明度义务

中国按照要求定期向世贸组织通报国内相关法律、法规和具体措施的修订调整和实施情况。截至 2018 年 1 月，中国提交的通报已达上千份，涉及中央和地方补贴政策、农业、技术法规、标准、合格评定程序、国营贸易、服务贸易、知识产权法律法规等诸多领域。

6. 为履行承诺付出巨大努力

中国在加入世贸组织时做出广泛而深入的开放承诺，国内企业直接面对国际竞争，多数产业面临较大困难。中国企业主动应对挑战，大力推进产业结构调整，积极参与全球价值链，国际竞争力明显提升。

（二）中国坚定支持多边贸易体制

1. 积极推进贸易投资自由化便利化

全面参与多哈回合各项议题谈判。2015 年，中国成为接受《贸易便利化协定》议定书的第 16 个世贸组织成员。2016 年中国担任二十国集团主席国期间，推动多国完成《贸易便利化协定》的国内批准程序，为协定早日生效做出了积极贡献。中国推动世贸组织积极回应投资便利化、中小微企业、电子商务等世贸组织成员普遍关注的新议题并开展相关讨论。发起成立“投资便利化之友”，引导 70 多个成员达成《关于投资便利化的部长联合声明》。切实履行《贸易便利化协定》，截至 2017 年，各省（自治区、直辖市）已经建立了贸易便利化工作联席会议制度，在履行该协定方面，中国的 A 类措施（协定生效后立即实施）所占比重达到 94.5%，目前仅保留 4 项 B 类措施（协定生效后经过 3 年过渡期后实施）。

2. 有效维护争端解决机制法律地位

中国积极参与改进争端解决程序的谈判，支持世贸组织上诉机构独立公正开展上诉审议工作。针对当前个别世贸组织成员阻挠上诉机构成员遴选，中国与 60 多个成员联署提案，努力推动尽快启动遴选程序。按照事项统计，截至2018年4月，中国在世贸组织起诉案件17项，已结案8项；被诉案件27项，已结案23项。中国通过主动起诉，遏制了少数世贸组织成员的不公正做法，维护了自身贸易利益和世贸规则权威。

3. 深度参与贸易政策审议

中国始终以开放坦诚的姿态，介绍宏观经济和贸易投资政策发展情况，听取其他成员对中国改革开放的意见和建议。世贸组织成员赞赏中国参与审议的态度，认为中国履约、合规、开放的良好形象为发挥审议机制作用树立了典范。加入世贸组织以来，中国参与世贸组织对其他成员审议近300次，向被审议成员提交书面问题和贸易关注数千项，敦促其他成员遵守世贸组织规则和有关承诺，为维护和强化审议机制功能发挥了积极作用。

4. 全力支持发展中国家融入多边贸易体制

作为世界上最大的发展中国家，中国对发展中成员在参与全球价值链分工、参与国际经贸治理等方面面临的困难表示关切，努力推动贸易为实现2030年可持续发展议程做出积极贡献。加大对发展中成员特别是最不发达国家成员援助力度，促进缩小南北发展差距。截至2018年3月，已对36个建交且已完成换文手续的最不发达国家97%税目产品实施零关税。向世贸组织"贸易便利化协定基金"捐款100万美元，协助落实《贸易便利化协定》。2011年，中国设立"最不发达国家及加入世贸组织中国项目"，已帮助6个最不发达国家加入世贸组织。2017年起，中国在南南合作援助基金项下与世贸组织等国际组织加强合作，在"促贸援助"领域实施合作项目，帮助其他发展中成员提高从全球价值链中获益的能力。

5. 坚决反对单边主义和保护主义

中国旗帜鲜明反对单边主义和保护主义，倡导通过加强合作、平等对话和协商谈判来解决国际贸易中的问题。中国主办亚太经合组织第二十二次领导人非正式会议、二十国集团领导人杭州峰会、金砖国家领导人第九次会晤期间，加强与各方协调，推动将反对贸易保护主义写入会议成果文件。中国领导人出席"一带一路"国际合作高峰论坛、博鳌亚洲论坛、世界经济论坛等多边会议期间，多次阐明支持多边贸易体制、推动建设开放型世界经济的坚定立场。在世贸组织内中国积极倡议，与多数成员发出反对单边主义和保护主义的共同声音。

（三）中国加入世贸组织后对世界做出重要贡献

1. 拉动世界经济复苏和增长

加入世贸组织后，中国改革开放和经济发展进入加速期，中国的发展有力促进了世界经济发展。

2016年，按照汇率法计算，中国国内生产总值占世界的比重达到14.8%，较2001年提高10.7个百分点。自2002年以来，中国对世界经济增长的平均贡献率接近30%，是拉动世界经济复苏和增长的重要引擎。根据国际劳工组织发布的首份《中国与拉美和加勒比地区经贸关系报告》，1990—2016年，中国为拉美和加勒比地区创造了180万个就业岗位。改革开放40多年来，中国人民生活从短缺走向充裕、从贫困走向小康，现行联合国标准下的7亿多贫困人口成功脱贫，占同期全球减贫人口总数70%以上，为世界提供了最高的减贫贡献率。

2. 对外贸易发展惠及全球

世贸组织数据显示，2017年，中国在全球货物贸易进口和出口总额中所占比重分别达到10.2%和12.8%，是120多个国家和地区的主要贸易伙伴。中国货物贸易出口为全球企业和民众提供了物美价廉的商品；2001—2017年，中国货物贸易进口额年均增长13.5%，高出全球平均水平6.9个百分点，已成为全球第二大进口国。自2009年以来，中国一直是最不发达国家第一大出口市场，吸收了最不发达国家五分之一的出口。2001—2017年，中国服务贸易进口从393亿美元增至4 676亿美元，年均增长16.7%，占全球服务贸易进口总额的比重接近10%。自2013年起，中国成为全球第二大服务贸易进口国，为带动出口国当地消费、增加就业、促进经济增长做出了重要贡献。以旅游服务为例，中国连续多年保持世界第一大出境旅游客源国地位。2017年，中国公民出境旅游突破1.3亿人次，境外旅游消费达1 152.9亿美元。跨境电商等对外贸易新业态新模式快速发展，为贸易伙伴提供了更加广阔的市场。2017年中国海关验放的跨境电子商务进出口商品总额为902.4亿元人民币，同比增长80.6%，其中进口为565.9亿元人民币，同比增长高达120%。

3. 双向投资造福世界各国

中国积极吸引外国机构和个人来华投资兴业，外商直接投资规模从1992年起连续26年居发展中国家首位。加入世贸组织后，外商直接投资规模从2001年的468.8亿美元增加到2017年的1 363.2亿美元，年均增长6.9%。2017年全国新设立外商投资企业35 652家，同比增长27.8%。中国对外投资合作持续健康规范发展，对外直接投资年度流量全球排名从加入世贸组织之初的第26位上升至2017年的第3位。中国对外投资合作加快了东道国当地技术进步步伐，促进其经济发展和民生改善，创造了大量就业机会。

4. 为全球提供公共产品

“一带一路”倡议提出以来，已有80多个国家和国际组织同中国签署了合作协议。中国与相关国家深化务实合作，取得了丰硕成果。2013—2017年，中国同沿线国家贸易总额超过5万亿美元，中国企业在这些国家累计投资超过700亿美元。截至2017年年底，中国企业在有关国家建设75个境外经贸合作区，上缴东道国税费超过16亿美元，为当地创造了22万个就业岗位。自2018年起，中国在3年内向参与“一带一路”建设的发展中国家和国际组织提供600亿元人民币援助，建设更多民生项目。并举办中国国际进口博览会，为各国出口提供新机遇，未来15年中国预计将进口24万亿美元商品。

（四）中国积极推动更高水平对外开放

1. 促进贸易平衡发展

在全面履行加入承诺的基础上，中国近年来又多次以暂定税率方式大幅自主降低进口关税税率。根据世贸组织统计，2015年中国的贸易加权平均关税已降至4.4%，与美国、欧盟等发达经济体相差1.5～2个百分点。截至2017年年底，已调减900多个税目产品的税率。

2. **提高贸易便利化水平**

目前，中国海关进口货物平均通关时间缩短至20小时以内，出口货物平均通关时间不到2小时。中国加快推进国际贸易“单一窗口”建设和推广。截至2017年年底，中国国际贸易“单一窗口”已与11个口岸管理相关部门对接，基本覆盖大通关主要流程，实现企业一点接入、一次提交、一次查验、一键跟踪、一站办理，加速了口岸治理体系现代化建设进程。

3. **大幅放宽外商投资准入**

修订《外资企业法》等4部法律，将不涉及国家规定实施准入特别管理措施的外商投资企业设立及变更事项，由审批改为备案管理。完成修订外商投资负面清单工作，出台《国务院关于积极有效利用外资推动经济高质量发展若干措施的通知》，进一步大幅度放宽市场准入，包括稳步扩大金融业开放，持续推进服务业开放，深化农业、采矿业、制造业开放。

4. **创造更有吸引力的投资环境**

截至2018年3月，中国全面取消非行政许可审批，与2013年3月相比，削减行政审批事项的比例为44%。中央政府层面核准的企业投资项目数量累计减少90%。全面改革工商登记、注册资本等商事制度，全面推行注册资本认缴登记制，工商登记前置审批事项压缩了87%，企业开办时间缩短三分之一以上。推进市场准入负面清单制度改革，推行“法无禁止即可为”，切实增强执法公正性，减轻企业负担。

5. **规范引导企业对外投资**

中国政府积极引导企业在海外守法经营、履行企业社会责任，支持企业按照商业原则和国际惯例开展对外投资合作。中国将继续积极推动境外投资持续合理有序健康发展，有效防范各类风险，同时，中国呼吁东道国避免滥用安全审查等限制性做法对投资进行过度限制，营造更加公平、透明、可预期的投资环境。

6. **加快实施自贸区战略**

截至2018年5月，中国已与24个国家和地区签署16个自贸协定。2017年，与自贸伙伴的贸易额（不含港澳台）占中国对外贸易总额的25.9%。已签署的自贸协定中，零关税覆盖的产品范围基本超过90%，承诺开放的服务部门已从加入世贸组织时的100个增至近120个。中国坚定不移地推进经济全球化、维护自由贸易，于2020年11月签署了《区域全面经济伙伴关系协定》，这有利于加快亚太自贸区和东亚经济共同体建设，构建立足周边、辐射“一带一路”、面向全球的高标准自由贸易区网络。

本章小结

区域经济一体化是指在地理上互相毗邻或同属一个区域的国家和地区在经济领域的合作，从而在某种程度上融为一体。区域经济一体化的形式按一体化的程度分有优惠贸易安排、自由贸易区、关税同盟、共同市场、经济同盟和完全经济一体化；世界各国应达成共识，以全球贸易自由化为目标制定贸易政策，并通过世界贸易组织采取有效措施，充分发挥其积极作用，努力将区域经济一体化汇入全球贸易自由化的潮流之中。

世界贸易组织是国际贸易领域最大的政府间国际组织，统辖当今国际贸易中货物、服务、知识产权、投资措施等领域的规则。它的前身是关税与贸易总协定，是对关税与贸易总协定的继承和发展。本章介绍了关贸总协定的产生及其主持的多边贸易谈判，以及世界贸易组织的建立、世界贸易组织协议的主要内容、世贸组织的运作机制。改革开放后，我国政府要求恢复关贸总协定的缔约国席位，并为此经历了长达 15 年的漫长谈判，终于在 2001 年加入了世贸组织。加入世贸组织以来，中国积极践行自由贸易理念，全面履行加入承诺，大幅开放市场，实现更广互利共赢，在对外开放中展现了大国担当。

关键概念

区域经济一体化　　关税同盟　　贸易转移　　贸易创造　　关贸总协定
世界贸易组织　　最惠国待遇　　国民待遇

思考题

1. 经济一体化有哪几种主要形式？各自的特点是什么？
2. 关税同盟理论的主要内容是什么？
3. 世界贸易组织的宗旨和基本原则是什么？
4. 中国加入世贸组织的权利和义务有哪些？
5. 试述入世后中国经济的发展与变化。

第六章

国际服务贸易和国际技术贸易

本章要点提示

- 国际服务贸易的含义与特点
- 《服务贸易总协定》的基本原则
- 国际技术贸易的含义、特点和内容
- 国际技术贸易的基本方式

引导案例

目前，服务贸易已经成为各个国家，尤其是大国竞争的焦点，同时也是我国经济发展的重点，我国政府高度重视发展服务贸易。改革开放以来，我国的服务贸易发展很快。1982—2019 年，我国服务贸易进出口总额从 43.4 亿美元增长到 7 434 亿美元，37 年间增长了 170 多倍。

中国传统的服务贸易规模有所收缩，电信、计算机和信息服务领域向价值链高端环节迈进，知识产权使用费出口大幅增长，全融保险服务出口稳定增长。2019 年我国与制造业密切相关的服务贸易（包括维护和维修服务、加工服务等）总额为 2 325.5 亿元，增长 28.2%，其中出口、进口同比分别增长 26%、47.9%。得益于全国综合保税区全球维修业务试点发展，企业“快进快出”入境维修业务大幅扩张，全年维护和维修服务进出口总额为 954.7 亿元，增长 48.5%，增速显著高于其他领域。

2020 年以来，全球新冠肺炎疫情对中国服务贸易造成较大影响。各国采取停飞国际航线、限制人员出入境等不同程度人员管控措施，既对服务领域消费需求造成严重冲击，也削弱了服务的跨国供给能力，以旅行服务为代表的传统服务领域进出口受疫情影响最为严重，知识密集型服务贸易领域受到的影响则相对较小。

问题： 分析中国服务贸易发展中存在的问题、成因以及如何解决服务贸易存在的问题。

第一节　国际服务贸易

一、国际服务贸易的含义与特点

（一）国际服务贸易的含义

国际服务贸易是相对于国际货物贸易的范畴而言的，因此可以依循国际货物贸易的定义简单地把国际服务贸易定义为跨越国界进行的服务交易的行为。

《服务贸易总协定》将国际服务贸易定义为过境提供、境外消费、商业存在和自然人流动四类。这是目前被各国普遍接受的、较权威的定义。

1. **过境提供** (Cross-border Supply)

过境提供指由某一成员方境内的服务提供者从其国境内向任何其他成员方境内的服务消费者提供服务。其中的“过境”是指“服务”的过境，一般是以中间媒介方式提供，至于人员、资本或物资在现代科技环境下则一般无须过境，如国际电讯服务、信息咨询服务或卫星电视服务等。

2. **境外消费** (Consumption Abroad)

境外消费也称“消费者流动”，是指一国消费者到其他国家境内购买服务，其中最典型的是旅游服务。旅游者到境外旅游，购买境外的旅游服务，由此便发生了旅游服务贸易。此外，去境外接受教育培训（留学）、到国外就医等也属于此类服务贸易。

3. **商业存在** (Commercial Presence)

商业存在指一成员方在其他任何成员方境内通过提供服务的商业机构或其他专业机构而提供服务。其存在形式可以采取独立的法人形式，也可以仅仅是一个分支机构或代表处。它主要涉及市场准入和直接投资，即一成员方的服务提供商在另一成员方境内投资设立机构并提供服务，如外国银行分行和保险公司分公司提供的金融服务等。该机构的服务人员既可以从服务提供商的母国带来，也可以从东道国雇用。

4. **自然人流动** (Movement of Natural Persons)

自然人流动指一成员方的自然人在其他任何成员方境内提供服务。其中最传统、最典型的便是跨国专业人员和普通劳务输出。

为进一步理解国际服务贸易的含义，有必要将其与若干近似概念相区分：

（1）服务贸易与无形贸易。国际服务贸易与国际无形贸易大致可以等同，但严格来说，无形贸易比服务贸易范围更广。无形贸易除包括服务贸易项目中的所有项目外，还包括国际直接投资收支以及捐赠、侨汇、赔款等无偿转移。

（2）服务贸易与服务业。按经济用途（服务对象）和性质划分，服务业包括四类：

消费者服务业、生产者服务业、分配服务业和政府服务业。这四类服务业中，政府服务业是由国内提供的，较少涉及贸易，另外三类则大多涉及国际服务贸易的主体。

（二）国际服务贸易的特点

与国际商品贸易相比，国际服务贸易有以下特点：

（1）服务贸易属于无形贸易。与货物贸易不同，服务贸易一般不是货物的交换，而是没有具体形态、看不见摸不着的服务的提供与接受。

（2）服务具有不可储存的特性，生产和消费通常是同时发生的。当生产者完成生产活动时，消费者一般也同时完成了消费过程，即服务活动是需要生产者和消费者同时参与才能得到实现的。因此，服务一般是不可能储存起来的。当然，随着科学技术的发展，在物化服务的情况下，有些服务的生产和消费可以不同时发生，无形的服务也变得可以储存了。

（3）服务贸易市场高度垄断。由于国际服务贸易在发达国家和发展中国家的发展极不平衡，服务市场的开放会涉及一些直接关系到输入国主权、安全、伦理道德等极具敏感性的领域和问题，因此国际服务贸易市场的垄断性很强，主要表现为全球服务贸易壁垒森严。据统计，全球服务贸易壁垒达 2 000 多种。

（4）贸易保护方式更具刚性和隐蔽性。因为服务贸易的无形性，各国政府对本国服务业的保护常常无法采取关税壁垒的形式，而只能采取在市场准入方面予以限制或进入市场后不给予国民待遇等非关税壁垒的形式，这种保护常以国内立法的形式实施。这就使国际服务贸易受到的限制和障碍更具刚性和隐蔽性。

（5）服务贸易不经过海关，不反映在海关统计上，只反映在国际收支平衡表上；而货物贸易需经过海关监督，有关数据记录在海关的贸易统计上。

二、国际服务贸易的范围

根据 1995 年 7 月世界贸易组织统计和信息局公布的分类，《服务贸易总协定》将服务贸易分为 12 大类 142 个服务项目。

（1）商业性服务。主要指在商业活动中涉及的服务交换活动，服务贸易谈判小组列出的这种服务中既包括个人消费的服务，也包括企业和政府消费的服务。

（2）通信服务。主要指所有有关信息产品的操作、储存设备和软件功能等服务。通信服务由公共通信部门、信息服务部门、关系密切的企业集团和私人企业间进行信息转接和服务提供。主要包括：邮电服务；信使服务；电信服务，其中包含电话、电报、数据传输、电传、传真；视听服务，包括收音机及电视广播服务。

（3）建筑服务。主要指工程建筑从设计、选址到施工的整个服务过程。

（4）销售服务。主要指产品销售过程中的服务交换。

（5）教育服务。主要指各国间在高等教育、中等教育、初等教育、学前教育、继续教育、特殊教育和其他教育中的服务交往。

（6）环境服务。主要指污水处理服务、废物处理服务、卫生及相似服务等。

（7）金融服务。主要指银行和保险业及相关的金融服务活动。

（8）健康及社会服务。主要指医疗服务、与人类健康相关的服务、社会服务等。

（9）旅游及相关服务。主要指旅馆、饭店提供的住宿和餐饮服务、膳食服务及相关的服务，以及旅行社及导游服务。

（10）文化、娱乐及体育服务。主要指不包括广播、电影、电视在内的一切文化、娱乐、新闻、图书馆、体育服务，如文化交流、文艺演出等。

（11）交通运输服务。主要包括：货物运输服务，如航空运输、海洋运输、铁路运输、管道运输、内河和沿海运输、公路运输服务、航天发射以及运输服务（如卫星发射）；客运服务；船舶服务（包括船员雇用）；附属于交通运输的服务，主要指货物装卸、仓储、港口服务、起航前查验服务等。

（12）其他服务。

从上述各服务贸易的内容分类可以看出，服务贸易的范围是相当广泛的。

三、国际服务贸易的发展状况

早在17世纪，英国古典经济学家威廉·配第就发现，随着经济的不断发展，产业重心逐渐由有形商品生产转移到无形服务生产。1940年，英国的经济学家克拉克在其著作《经济进步的条件》中，对产业进行分类时发现，就业结构的中心将由第一产业向第二产业再到第三产业依次转移。这就是所谓的“配第-克拉克定理”。这一定理一方面说明了服务贸易迅猛发展的必然趋势，另一方面也说明了服务和服务贸易早已有之，而且经济学家也早已对它加以关注。但是，服务业和服务贸易作为一个产业整体迅猛发展，还是在20世纪才发生的。

根据国际服务贸易的发展状况，可将其发展过程分成三个时期。

（一）服务贸易附属于货物贸易时期（20世纪70年代之前）

1970年以前，服务贸易还没有发展成为一个独立的产业，在实际经济生活中，基本上是作为货物贸易的附属形式存在的，而且人们对服务贸易也不够重视。尽管有一些服务贸易形式，如仓储、运输、保险等，但对之缺乏具体的数量统计。

（二）服务贸易快速增长时期（1970—1993年）

把服务贸易作为一个独立的产业来看待并加以确认，始于20世纪70年代。1972年10月，经合组织在一份报告中第一次正式使用服务贸易这一概念。1974年美国贸易法第301条款中第一次提出世界服务贸易的概念。正是由于人们对服务贸易越来越重视，使得服务贸易在这一阶段得到迅速的发展。

（三）服务贸易在规范中向自由化发展时期（1994—2004年）

1994年4月，规范服务贸易的多边框架体系《服务贸易总协定》（GATS）签署，服务贸易的发展进入一个新的阶段。1994—1995年，服务贸易的增长速度分别为8.03%

和 13.76%，比同期货物贸易速度分别低 4.85 个百分点和 5.88 个百分点。但从 1996 年以后，服务贸易和货物贸易几乎处于同步增长状态并略高于货物贸易的增长速度。随着科学技术的进步，经济服务化程度的提高和全球一体化的进一步发展，使服务贸易的发展前景一片光明。

（四）服务贸易成熟发展期（2005 年以后）

2005 年以来，世界服务贸易快速增长，成为贸易增值的主要来源，且增长速度快于商品贸易。2017 年服务贸易总价值为 13.3 万亿美元。2005 年至 2017 年间，服务贸易平均年增长率为 5.4%，增长速度快于商品贸易。分销和金融服务是全球交易量最大的服务种类，占服务贸易的近五分之一；2005 年至 2017 年计算机服务和研发服务贸易平均增长率最高（超过 10%）；其他服务如教育、保健或环境服务，在服务贸易中占比极少，但也在迅速增长。商业存在是全球服务贸易的主要模式，商业存在模式在金融和分销部门贸易中也占有更为重要的份额。发展中经济体在服务贸易中所占份额有所增长但发展不够均衡，2005 年以来发展中经济体在世界服务贸易中所占份额增长超 10 个百分点，2017 年占世界服务出口贸易的 25%，占服务进口贸易的 34.4%。但是服务贸易集中性极强，五个发展中经济体同时成为领先的服务贸易出口国和进口国，2017 年合计占发展中经济体服务贸易总额的 50%以上。同时期，不发达国家分别占世界服务贸易出口和进口的 0.3%和 0.9%，尽管贸易份额较小，但相比 2005 年已经取得了大幅增长。技术进步和互联网的普及对服务型中小微企业更快地进入国际市场发挥了关键作用。数字化服务是中小微型企业最常参与的服务贸易类型。

四、国际服务贸易的作用

国际服务贸易的作用表现在以下几方面。

（1）国际服务贸易是世界经济发展的结果，同时也是世界经济进一步发展的需要。

资本主义生产方式是商品经济高度发达的生产方式，它的确立与发展过程是使世界市场不断统一的过程。资本主义在创立统一的世界市场过程中的第一步是用商品来征服一切产品生产，把产品变为世界市场上买卖的商品；第二步是通过资本国际化和生产国际化把世界经济连成一体；第三步是通过越来越多的服务领域和科学知识领域，把它们变成世界市场上进行交易的对象。因此，正如物质商品国际化、资本国际化和生产国际化一样，服务也已实现国际化。服务在世界范围内正经历着国际化和相互渗透、相互依赖的过程。在第三次科学技术革命的影响下，传统商品市场进一步发展，新的产品不断涌现，使各种服务市场不断形成。服务业已成为各国经济发展中的重要组成部分，是各国进行商品生产、销售，实现商品价值，进行扩大再生产的不可缺少的环节，是世界市场存在发展的枢纽。

发展服务业，扩大国际贸易已成为发展中国家提高经济效益、获取外汇收入、扩大就业的重要途径。

（2）国际服务贸易与商品贸易的发展相辅相成。

商品贸易的发展促进了与商品贸易相关的传统服务项目，如货物运输、港口服务、金融、保险等行业的发展，传统服务项目的兴起和发展反过来又促进了商品贸易。第二次世界大战后，国际商品贸易的巨大发展刺激了对船舶、飞机、卡车、铁路、管道的需要。商品向世界的推销与分工生产、资料加工、电讯服务，也刺激了对个人计算机、电话设备、卫星和相关设备、电视影像和娱乐文化设备的需求。服务贸易可以带动商品贸易，如在对外承包工程时一般都同时提供建筑材料和设备，技术服务可以同时供应成套设备或专用设备。

(3) 国际服务贸易是进行竞争以获取高额利润的决定性因素。

现代科技的发展，完全改变了传统的竞争条件。由于先进科技应用于生产，生产自动化程度提高，生产流水线上作业工人减少，使劳动力费用和原材料费用在产品成本中所占比重越来越小，而科技、信息和其他服务费用所占的比重越来越大。国际竞争越来越取决于取得技术和信息。

案例 6-1

2000 年，印度全国只有 124 万台个人电脑，人均拥有量居世界最低国家之列；每千人电话线拥有量只有 8 条，远远低于发达国家，甚至低于发展中国家的平均水平。国内难以消化的软件供给，只能寻求国外市场。而此时的美国经济连续出现强势增长，需要大量的软件供给，部分企业开始将非核心的软件研发业务外包出去，以降低成本、提高核心竞争力。印度软件业正是把握住了这一机遇，大力发展对美国的软件外包。以软件外包为切入点，印度国内软件业供过于求的压力找到了释放的途径，从而形成了“研发促成软件外包、软件外包带动研发”的良性循环。因此，要在国际竞争中取得优势地位，就必须有先进的科技和健全的服务业。

问题：评析此案例。

第二节 《服务贸易总协定》

早在 20 世纪 40 年代筹备国际贸易组织之初，就有代表提出服务贸易是国际贸易的重要组成部分，建议禁止任何对外国服务进入的限制性商业做法，并明文列入《哈瓦那宪章》。当时的服务贸易主要是指运输、保险、银行和通信，但未能实现。1948 年生效的《关贸总协定》只是就货物贸易的自由化问题达成了协议，没有将服务贸易列入规范的范围之内。以后的历次多边贸易谈判也再未涉及服务贸易问题。

关贸总协定乌拉圭回合服务贸易自由化谈判于 1990 年 7 月取得富有实质性的成效。经各方磋商，在广泛吸纳不同意见的基础上拟定了《服务贸易多边框架协议草案》。

1990 年 12 月，在布鲁塞尔召开的关贸总协定部长级会议上，将“草案”更名为《服务贸易总协定》(General Agreement on Trade in Service，GATS)。在此基础上各方就部门承诺展开深入谈判，并将具体条款加以调整，与乌拉圭回合的其他领域谈判协调一致。1993 年 12 月 15 日，成功地结束了长达整整 7 年的乌拉圭回合多边贸易谈判，并于 1994 年 4 月 15 日在马拉喀什由 111 个国家和地区签署了乌拉圭回合谈判最终协定，《服务贸易总协定》成为其中最为重要的贸易协定之一。

在各经贸集团内部，服务贸易也不断自由化。如欧盟成立的基本条约即《罗马条约》的第三部分“共同体政策”中，专门有一章“服务”，规定了要逐步废止对成员国国民在共同体内自由提供服务的限制，要求自条约生效起，各成员国一般不得在提供服务方面对已实现的自由化采取新的限制，并规定理事会制定一个服务贸易自由化的总计划。此后，欧盟在银行业、保险业、证券业、运输业等推行了自由化。

北美自由贸易区《北美自由贸易协定》第一章“目标”就将“消除贸易壁垒，促进成员间商品和服务的流动”作为协定的第一项的一般目标，以后又有数个章节涉及三国之间服务贸易自由化安排问题。

一、《服务贸易总协定》的基本框架

《服务贸易总协定》首次确立了有关服务贸易规则和原则的多边框架，以便在透明和渐进自由化的条件下扩展国际服务贸易。《服务贸易总协定》在尊重国家政策目标的前提下，通过在促进所有参与国的互惠利益和确保权利与义务总体平衡的基础上，为服务贸易逐步达到更高水平的自由化奠定基础。“服务贸易”的定义和列表的承诺有效地扩大了多边贸易权利和义务的范围，使其扩大到与投资和人员及电子数据跨境流动有关的各类措施。

《服务贸易总协定》是世界贸易组织的一大支柱，它修订了综合解决争端的机制。《服务贸易总协定》由序言和六个部分（29 个条款）以及八个附录组成。

序言部分阐明了发展服务贸易的重要性、发展服务贸易的目的、实现服务贸易的途径，以及对不发达国家的特殊考虑。

全文共分为六个部分：第一部分为范围和定义，主要是第 1 条款；第二部分为一般责任和纪律，有 14 个条款，包括最惠国待遇、透明度、发展中国家的进一步参与、经济一体化、国内规定、对服务提供者资格的承认、垄断与专营服务、商业惯例、保障措施、支付与转移、政府采购、协定一般纪律与责任的例外、补贴垄断等条目；第三部分为承担特定义务，有 3 个条款，包括市场准入、国民待遇、附加承担义务等内容；第四部分为逐步自由化，有 3 个条款，主要阐述服务贸易逐步实现自由化；第五部分为制度条款，有 5 个条款，主要阐述争端解决程序；第六部分为最后条款，有 3 个条款，主要规定了加入和接受规则，并指出了协定的不适用状况及利益的否定和协定的推出。

二、《服务贸易总协定》的基本原则

（一）最惠国待遇原则

《服务贸易总协定》第 2 条规定，各成员方应立即和无条件地给予他方服务和服务提供者不低于其他国家相似的服务和服务提供者的待遇，除非各国根据各自部门的特殊情况申请对这一原则豁免。

（二）透明性原则

《服务贸易总协定》第 3 条规定，除非在紧急情况下，各成员方应迅速公布（最晚在生效之前）涉及或影响服务贸易总协定实施的法律、条例、规章制度和所有其他协议规则和措施。若成员方现行法律发生变化或有新的立法，应立即或至少每年向服务贸易理事会提出报告。

（三）发展中国家更多地参与原则

《服务贸易总协定》第 4 条规定，各成员方通过对承担特定义务的磋商，促使发展中国家更多地参与世界服务贸易。主要通过以下方式来实现：第一，增强发展中国家提供服务的能力，提高其效力和竞争力；第二，提高发展中国家进入销售渠道的能力，改善其信息网络；第三，实现服务部门进入自由化以及有利于发展中国家的服务出口和供应方式自由化。此外还要求发达国家向发展中国家提供市场进入的商业信息和协助。

（四）市场准入原则

《服务贸易总协定》第 36 条规定，每一成员方给予其他成员方的服务提供者的待遇，应不低于根据其承诺者所同意和规定的期限、限制和条件。并且列出各成员方不得采用的六项准入限制：第一，限制服务提供者的数量；第二，限制服务交易或资产总金额；第三，限制服务总量或用数量单位表示的服务提供的总产出量；第四，限制某一服务部门或服务提供者为提供特定服务所需要雇用自然人的总数；第五，限定服务提供者需通过法定的法人实体或合营企业才可提供服务；第六，限定外国资本参加的最高股权或限制个人的或累计的外国资本投资额。

（五）国民待遇原则

《服务贸易总协定》第 16 条规定，各成员以其承诺者所列服务部门和分部门以及所列条件和限制为准，故其他成员的服务和服务提供者的待遇应不低于给予其本国相同服务和服务提供者。

案例 6-2

1997 年之前，墨西哥的国内长途和国际电信服务一直由 Telmex 公司垄断；1997 年之后，墨西哥政府授权多个电信运营商可以提供国际电信服务，但根据墨西哥国内法，在国际电信市场上对外呼叫业务最多的运营商有权利与境外运营商谈判线路对接条件，而 Telmex 公司作为墨西哥对外呼叫业务最多的运营商，自然就享有了该项谈判权利，事实上就拥有了排除外部竞争者的权力，从而引发了希望大举进入墨西哥市场的美国电信业巨头的不满。

2000 年 8 月 17 日，美国以墨西哥的基础电信规则和增值电信规则违背了墨西哥在 GATS 中的承诺为由，向墨西哥提出磋商请求，之后，美墨双方进行了两次磋商，但未能达成共识。2002 年 4 月 17 日，根据 DSU 第 6 款，成立了专家组，因双方未能在规定期限内就专家组的组成达成一致，2002 年 8 月 26 日，WTO 总干事最终任命了以 Ernst-Ulrich Petersman 为首的三人专家组。另有澳大利亚、巴西、加拿大、欧共体、古巴、日本、印度、危地马拉、洪都拉斯和尼加拉瓜等十国提交了书面意见。专家组分别于 2003 年 11 月 21 日和 2004 年 4 月 2 日提交了中期报告和最终报告。2004 年 6 月 1 日，经过再次磋商，墨西哥放弃了上诉，正式接受了专家组的最终报告，并最终就此电信服务争端与美国达成协议。协议中，墨西哥同意废除本国法律中引起争议的条款，并同意在 2005 年引进用于转售的国际电信服务；美国同意墨西哥继续对国际简式电信服务进行严格限制。

问题：评析此案例。

三、《服务贸易总协定》的意义

《服务贸易总协定》的签署是从关贸总协定签署以来，推动世界贸易自由化发展道路上的又一个里程碑。它对形形色色的服务贸易进行多边贸易规范，将服务贸易纳入多边体制，标志着多边贸易体制进一步完善。《服务贸易总协定》的制定对全球服务贸易的发展将产生重要的促进作用。

《服务贸易总协定》的意义有以下几方面：

（1）《服务贸易总协定》为服务贸易的逐步自由化第一次提供了体制上的安排与保障。它确立了通过各成员方持续的多边谈判，促进各国服务市场开放和发展中国家服务贸易增长的宗旨，使服务贸易自由化不断向前发展。服务市场的逐步开放将会带来更多的贸易机会，有助于服务贸易的持续发展。

（2）《服务贸易总协定》对发展中国家给予了更加优惠的照顾。鉴于发展中国家在世界服务贸易中的劣势地位，总协定中有不少条款为发展中国家提高对国际服务贸易的参与程度、加强本国服务业的竞争力、扩大服务贸易出口提供了较大的优惠，特别是在国民待遇、最惠国待遇、透明度、市场准入、经济技术援助等方面，都做出了对发展中国家特殊照顾的规定。与 GATT 中给予发展中国家的优惠条件相比，这些规定程度更深。发展中国家利用这些优惠措施，发挥自身比较优势，将会更快地促进服务贸易的增长。

（3）《服务贸易总协定》的制定有利于促进各国的服务贸易的交流与合作，促进各国逐步开放国内服务市场，促进国际服务行业或服务产品的进入，改变各国服务行业的自然垄断局面，行业竞争将更加激烈，服务产品的质量也会因此而提高。

第三节 国际技术贸易

一、国际技术贸易的含义和特点

（一）国际技术贸易的含义

国际技术贸易是指不同国家的法人和自然人之间，按照一般商业条件，向对方出售或从对方购买技术使用权的一种国际贸易行为。它由技术出口和技术引进这两方面组成。简言之，国际技术贸易是一种国际间的以纯技术的使用权为主要交易标的的商业行为。

（二）国际技术贸易的特点

国际技术贸易与一般商品贸易相比，具有如下几个方面的特点。

1. 技术贸易的标的是无形技术知识

商品贸易的标的是有形商品，而技术贸易的标的是无形的技术知识，是以无形的技术知识进入国际市场并进行转让，例如，商标、专利和专有技术等。商标贸易是指商标所有人通过商标许可协议或商标转让合同将商标出让给另一方使用。专利贸易是指拥有专利权的一方将其专利技术通过签订专利许可协议或合同转让给另一方使用。专有技术通常是生产某种商品所需的不公开的技术秘密和经验。专有技术贸易是指拥有专有技术的一方将其专有技术通过签订技术许可协议或合同转让给另一方使用。在技术贸易中，常常把无形的技术知识同有形的机器设备结合起来，无形的技术知识称为软件，有形的机器称为硬件。

2. 技术贸易转让的是技术标的使用权

技术贸易是技术出口方有条件地将技术贸易的标的使用权转让给技术进口方使用，转让的是技术标的使用权，而不是技术标的所有权。也就是说，技术进口方能取得技术标的使用权，而不能取得技术标的所有权。因此，技术贸易原则上是一种技术标的的所有权和使用权相分离的贸易。而有形贸易中，商品的使用权和所有权是同时转让的。也就是说，卖方一旦失去对商品的所有权和使用权，卖方将无权继续支配和使用该商品。

3. 技术贸易的合同履约期限较长

技术贸易合同中，双方履行的期限一般为 5～10 年。在合同有效期内，双方当事人在传授和使用技术方面，构成长期的技术合作和技术限制、反限制关系。而商品贸易合同的履行期限较短，从三四个月到一年，有的是即期货物交割。同时，商品贸易合同中，双方当事人不存在上述技术贸易合同中的这种关系。由于技术贸易履约时间较长，而其所有权在出口方，可见，使用权可以多次转让，所以技术贸易出口方的经济效益也较好。

4. 技术贸易作价原则特殊

商品贸易标的的作价原则通常是商品成本加上一定的利润和税金，而技术贸易接受方通常采用一种利润分成原则作为技术标的作价原则，即技术接受方在使用该技术后的经济效益高、利润大，则技术标的的价格（技术使用费）也高。但如果使用该技术后的经济效益低、利润少，则技术标的价格（技术使用费）也低。

5. 技术贸易合同受到多种法律的制约

技术贸易合同所涉及的法律，除了国外货物买卖法与合同法外，还受到工业产权法、专利权法、商标法等知识产权保护法以及托拉斯法、公平贸易法等法律规范的制约。而商品贸易合同主要由国内外商品买卖法与合同法调整。所以技术贸易合同所涉及的法律更为广泛，更为复杂。

二、国际技术贸易的内容

国际技术贸易的最主要内容是围绕知识产权的转让展开的贸易活动。知识产权指法律赋予人们对其智力成果，在一定期限和地域内享有的一种专有权。TRIPS（Agreement on Trade-related Aspects of Intellectual Property Rights）协定，中文全称为《与贸易有关的知识产权保护协定》，所适用的知识产权范围包括：版权和邻接权、专利、商标、地理标志、工业品外观设计、未公开的信息和集成电路布图设计。

案例 6-3

2019 年，我国主要知识产权指标总体平稳、稳中有进，知识产权质量效益持续提升。一是知识产权源头保护能力不断增强。2019 年，我国发明专利授权量是 45.3 万件，同比增长了 4.8%，商标注册量同比增长 27.9%，高价值专利的审查周期和商标注册平均审查周期都在压缩，2019 年累计批准地理标志产品 2 385 个，注册地理标志商标 5 324 件，核准专用标志使用企业 8 484 家。共收到集成电路布图设计登记申请 8 319 件，同比增长 87.7%，集成电路布图设计发证 6 614 件，同比增长 73.4%。这些数据表明知识产权提质增效措施取得显著成效，从源头上，知识产权得到了更多、更快的保护。二是知识产权政策更加贴合市场需求。最新数据显示，我国规模以上工业企业中有专利申请的企业比重达到 22.3%；2019 年，国内发明专利申请中企业比重达到 65.0%，较上年提高 0.6 个百分点；市场主体平均有效商标拥有量稳步提升。这些都充分表明知识产权创造与市场更加贴合，知识产权政策有效地激发了市场主体活力，并释放了创新创业的内生动力。三是知识产权有力支撑更高水平对外开放。2019 年，国外在华发明专利申请量达到 15.7 万件，较上年增长 6.0%；国外在华商标申请量达到 25.5 万件，较上年增长 4.7%。国外在华专利、商标申请量持续双增长，充分显示了外商在华投资兴业的信心和活力。

问题：查阅资料了解中国知识产权发展状况。

（一）对版权及邻接权的保护

版权，又称著作权，是指文学、艺术和科学作品的作者依版权法及相关法律所享有的权利。版权所包含的内涵有狭义和广义之分。狭义的版权包括著作人身权与著作财产权；广义的版权包括著作人身权、著作财产权、著作邻接权。著作人身权包括著作的发表权、署名权、作品修改权与保护作品完整权。著作财产权是指著作权人依著作权法及相关法律，通过各种合法形式利用其作品而获得经济利益的权利。

邻接权指与版权相邻近的权利。主要包括唱片制造者对其录制的唱片、表演者对其表演的节目、广播电视组织对其广播的节目所享有的权利。

对于版权的保护期，TRIPS 协定规定，作品的保护期为经授权出版之年年底起至少不少于 50 年。如果作品创作后 50 年内没出版，则为作品创作完成那年年底起开始计算，保护期为 50 年。

有关邻接权的保护期限，TRIPS 协定规定：对于唱片表演者和制作者的有效保护期为录制或节目表演当年年底开始起算至少 50 年。对广播组织的保护，保护期限一般为广播开始那一年年底起至少 20 年。

（二）对专利的保护

专利是指由政府主管当局（专利局）根据专利发明人的申请，认定其发明符合法律规定的条件而授予发明人在一定期限内受法律保护的一种发明独占权或专有权，是工业产权之一。被授予专利权的专利，受该专利注册国家专利法的保护。获得专利权的发明人是专利权人，他有权在法律规定的期限内，占有、使用和处置该项专利发明，他人要利用该项专利发明，须事先取得专利权人的同意，并支付一定的报酬。否则，便构成侵犯行为，将被依法追究责任。

专利一般分为三种类型：发明专利是指对技术问题提出的一种新的解决方案，包括产品发明专利和方法发明专利；实用新型专利是指对产品的形状、构造或其组合所提出的实用的新技术方案；外观设计专利是指对产品的形状、图案、色彩或其组合所做的富于美感并能在工业上应用的新设计。

专利权具有专有性、地域性和时间性的特点。

（1）专有性又称独特性，是指专利局依法授予发明人即专利权人在一定期限内对其发明创造拥有独立实施权，包括享有占有、使用和处置的权利，也有权许可他人有偿使用。这种独特权对一项发明创造只能授予一次，其他人如果也掌握了该项发明创造，因为未向专利局申请或后申请都不能获得此项专利权，故也称为排他性。

（2）地域性是指专利发明只在保护的地域范围内有效。如果一项发明创造在某国专利局申请并批准，就受该国法律的保护，而在未申请、批准的国家，法律不予保护。

（3）时间性是指专利权实施的法律保护期限。《中华人民共和国专利法》对发明专利的保护期限为 20 年，对实用新型专利和外观设计专利的保护期限为 10 年。专利的保护期限是以专利所有人履行交费义务为前提的。在专利权的保护期届满后，任何人均可无偿使用，不构成侵权。

（三）对商标的保护

商标（Trade Mark）是指能够将一个企业的商品或服务与其他企业的商品或服务区别开来的任何标识或者标识的组合。这类标识是由一个或多个特殊的单词、字母、名称、数码、数字符号和颜色混合而成的。

商标权是指商标主管部门（商标局或工商管理局）核准商标使用者提出的商标注册申请，而授予该使用者的商标专用权，是工业产权之一，受国际商标法的保护。商标权在专有性、地域性的特点上与专利权相同，只是在时间性这一特点上，商标权受法律保护的期限短于专利权，一般为 10～15 年，但在其有效保护期届满之前，商标所有人可以申请续展，续展的次数不限，续展期限与保护期限相同。

商标权的内容包括：使用权，即只有商标注册人才有权在核定的商品上使用注册的商标，取得合法权益；禁止权，即商标注册人可依照《商标法》禁止他人侵犯其注册商标，并有权对侵犯注册商标的人提出控告，要求停止侵权行为、赔偿经济损失，对情节恶劣的，可追究其刑事责任；转让权，商标所有人有权将商标有偿或无偿地转让给他人，商标注册人可以确定商标的转让条件，而且商标注册人有权连同或不连同商标所从属的经营而转让其商标；许可使用权，即商标的所有人有权将其已注册的商标有偿或无偿地许可他人使用，自己仍保留法律所授予的一切权利。

（四）对地理标志的保护

地理标志即具有商业意义的原产地标志，该商品的特定品质、声誉或其他的特性主要由地理来源决定。地理标志包含三种可能的标志方式：第一，缔约方领土，如“法国香水”；第二，该领土的一个地区，如“中国东北大米”；第三，该领土的某地区内的一个地方，如“庐山云雾茶”。由于这些标志会带来商业利益，因此会自动享受保护。

（五）对工业品外观设计的保护

一般认为，工业品外观设计是指用于物品的装饰特征，包括形状、构造、式样、装潢或者其组合。TRIPS 协定第 25 条第 1 款规定，世贸组织成员必须对工业品外观设计提供保护。该条还规定，要想获得工业品外观设计保护，则此工业品外观设计要满足：第一，独立创作的、具有新颖性；第二，独立创作的、具有原创性。TRIPS 协定规定工业品外观设计的保护期不少于 10 年。这是对工业品外观设计的最短时间，是最起码的保护要求。

（六）对未公开信息的保护

未公开信息实际上就是通常所说的商业秘密。TRIPS 协定第一次用国际公法的形式明确要求未公开的信息应受到保护。协定规定了未公开信息受到保护的要件：第一，秘密性，即其作为一个整体或作为其各部分的具体构造或组合，不为通常触及此种信息领域内的人们普遍知悉或者容易获得；第二，商业价值性，因为秘密的信息而具有商业价值；第三，保密措施，即合法控制该信息的人根据情况采取了合理的保密措施。

（七）对集成电路布图设计的保护

集成电路布图设计被应用于大量的产品之中，例如电视机、洗衣机、汽车、手表等日常用品。集成电路的布图设计通常是巨额投资的结果，但复制起来却简单得多，无须太多的投资。防止这种复制就是通过立法保护布图设计的主要原因。协定要求成员按照《集成电路知识产权华盛顿条约》的有关条款对集成电路的布图设计提供保护。协定这方面的其他条款规定，在没有获得正当权利人授权时，进口或销售含有受保护的集成电路是违法的行为。

三、国际技术贸易的方式

国际技术贸易的方式很多，这里介绍主要的几种。

（一）许可证贸易

许可证贸易是指技术许可方（出口方）将其技术交易标的使用权通过许可证协议转让给技术接受方（进口方）使用的技术贸易方式。

许可证贸易标的的主要内容可以是专利技术、商标和专有技术三个方面中的一项、两项或全部。

许可证贸易是当前国际技术贸易中最主要的最基本的方式。国际许可证协议种类很多，按接受方取得使用许可证项目的权限不同，可分为以下几种。

1. 独立许可证

独立许可证即在规定地区内，技术进口方（接受方）在协议的有效期内对许可证协议项下的技术享有独立占有的使用权。技术出口方（许可方）不得将该技术授予（出口）该地区的其他任何人，技术出口方（许可方）也不得使用该技术在该地区制造和销售产品。

2. 排他性许可证

排他性许可证即在规定的地区内，技术许可方（出口方）和接受方（进口方）对许可证协议项下的技术享有使用权。但许可方（出口方）不得将此种技术的使用权授予（出口）给第三方，不得与第三方签订同一内容的许可证协议。

3. 普通许可证

普通许可证即技术接受方（进口方）得到在规定地区内使用许可证项下的技术使用权。但对许可方（出口方）没有限制，许可方即可以在该地区内使用该项技术制造、销售产品，也可以将该项技术使用权授予（出口）任何第三方使用。

4. 交叉许可证

交叉许可证即技术贸易的双方都以各自的技术使用权相互交换。因为是互相交换技术使用权，所以一般都是不收费的。

对于不同种类的许可证，许可方（进口方）所索取的技术使用费是不同的。一般来讲，独立许可证价格最高，排他性许可证次之，普通许可证价格最低。在实际业务中，采用何种许可证，主要取决于潜在的市场容量、技术的性质和双方当事人的意图等。

（二）技术咨询

技术咨询是一种比较灵活的技术贸易方式。它是技术交易双方当事人通过签订协议或合同，由技术出口方就某项工程技术应用中的具体问题、企业经营管理问题和产品销售等向技术进口方提供咨询，或传授技术、经验的一种营利性技术服务。目前，技术咨询比较普遍而且也越来越受到人们的重视。有的国家和地区还成立了技术咨询公司，由具有丰富实践经验和较高理论水平的专家担任咨询员。

技术咨询的内容很广泛，如项目的可行性研究、技术方案的设计和审核、招标任务书的拟定、生产工艺或产品的改进、设备的购买、工程项目的监督等。提出咨询的人虽然要支付一笔费用，但通过咨询所带来的利益是很可观的。

（三）技术协助

技术协助主要是技术协助方（技术出口方）根据协议，接受要求技术援助（技术进口方）的一方的要求，派出技术人员帮助其完成技术任务的技术贸易方式。技术协助方（技术出口方）派出多少位技术专家、完成什么样的技术任务、在多长时间内完成、技术协助费用是多少，由双方签订的技术协助合同确定。

（四）合资、合作经营与补偿贸易

合资与合作经营中，外方投资者用工业产权和专用技术作价入股。作为另一方来讲，实际上就是引进了工业产权和专用技术的使用权。补偿贸易中，买方从卖方购进专有技术使用权，进口方用对方的专有技术生产的产品偿还进口的专有技术费用。上述合资、合作经营与补偿贸易中技术的引进都是国际技术贸易的一种方法。在我国利用合资经营、合作经营和补偿贸易引进先进技术已是一种主要的对外技术贸易方式。

本章小结

国际服务贸易包括过境提供、境外消费、商业存在和自然人流动四类。国际服务贸易具有无形性、不可储存性、高度垄断性等特点。国际服务贸易在近30年来获得了长足的发展，主要因为世界产业结构的调整、国际商品贸易和国际投资的增长、跨国公司的发展、科学技术的进步以及各国政府的支持。《服务贸易总协定》是对世界各国服务贸易进行多边贸易规范的准则，它的签署和实施将有力地推动服务贸易自由化向更高的层次发展，对促进世界经济和贸易的发展有深远的影响。

国际技术贸易的主要内容是围绕知识产权的转让展开的贸易活动。国际技术贸易的基本方式主要有许可证贸易，技术咨询，技术协助，合资、合作经营与补偿贸易等。

关键概念

国际服务贸易　国际服务贸易总协定　商业存在　国际技术贸易　许可证贸易　独立许可证　排他性许可证

思考题

1. 国际服务贸易提供了哪些方式？
2. 简述服务国际贸易迅速增长的原因。
3. 《服务贸易总协定》的基本原则有哪些？
4. 国际技术贸易与国际商品贸易有何区别？
5. 国际技术贸易的基本方式有哪些？

第七章

国际贸易术语与商品价格

本章要点提示

- 国际贸易术语的含义与作用以及贸易术语的国际惯例
- 《2020年通则》对六种主要贸易术语的解释和使用
- 进出口商品的作价原则与作价方法
- 佣金与折扣及其计算法方法

引导案例

国际贸易术语是国际贸易发展到一定历史阶段的产物。据有关记载，在18世纪末、19世纪初就出现了装运港船上交货的术语，即Free on Board（FOB）。尽管其和我们今天所运用的FOB有所差别，但它是今天FOB的雏形。后来随着科学技术的进步，运输和通信工具的发展，国际贸易的条件发生了巨大的变化，为国际贸易服务的轮船公司、保险公司纷纷成立且迅速发展，银行参与了国际贸易结算业务。到19世纪中叶，以CIF为代表的单据买卖方式逐渐成为国际贸易中最常用的贸易做法。如某公司按CIF条件出口了一批货物，卖方按照合同规定装船完毕，并取得了全套合格的装运单据。但是载货的船舶在航行中遇到特大的风暴，致使部分货物遭海水浸泡受损，买方闻讯后提出拒收单据、拒付货款。

问题： 根据《2020年通则》分析，卖方应该如何处理该案件？

第一节　国际贸易术语概述

一、国际贸易术语的含义

贸易术语（Trade Terms）又称“价格术语”或“价格条件”（Price Terms），是指用一个简短的概念或外文缩写来表示商品的价格构成并说明货物交接过程中有关的风险、责任和费用划分的专门用语。

贸易术语所表示的贸易条件，主要分两个方面：一是商品的价格构成，是否包括成本以外的主要从属费用，即运费和保险费；二是确定交货条件，即说明买卖双方在交接货物方面彼此所承担的责任、费用和风险的划分。

二、国际贸易术语的功能

在国际贸易中，买卖双方相距遥远，货物从启运地到目的地，要经过储存、装运、运输等诸多环节。因而一个商品的单价不仅指商品本身的价值，还涉及货物从卖方运交给买方这一流转过程中，卖方在什么地方交货，以什么方式办理交货，由谁负责办理货物的运输、保险、通关过境的手续，由谁承担办理上述事项时所需的各项费用，买卖双方需要交接哪些有关的单据，买方应在什么时候付款，根据什么付款等重要问题。贸易术语的具体功能如下：

（1）确定了交货地点和交货方式；

（2）划分了买卖双方在货物交接过程中的风险转移界限；

（3）明确了运输方式和由谁负责办理货运、保险、通关手续以及承担有关费用；

（4）规定了买卖双方交接的有关货运单证或相等的电子信息。

三、国际贸易术语的作用

采用不同的贸易术语意味着买卖双方承担的责任不同，费用有差别，从而影响到商品价格的高低。由此得知，贸易术语具有两重性，即一方面表示商品价格的构成因素，另一方面表示交货条件。每种贸易术语都有其特定含义，不同的贸易术语会表示出不同的商品价格构成因素和不同的交货条件。贸易术语的作用概括起来如下：

（1）简化了交易磋商的内容和交易手续，缩短了谈判时间，节省了业务费用，促进交易尽快达成；

（2）反映了商品的价格构成，有利于买卖双方对进出口商品进行成本核算与比价；

（3）明确了买卖双方的权利与义务，有利于解决履行合同过程中发生的贸易争议。

应该指出的是，贸易术语并非一成不变，随着国际贸易发展的需要，原有的贸易术语要及时修订，买卖双方的责任、费用和风险应相应进行调整，使交易磋商及内容更为简单。

四、有关贸易术语的国际贸易惯例

（一）国际贸易惯例的性质

国际贸易所采用的贸易术语，一般都来源于国际贸易惯例。由于各国法律、法令规定不一，贸易习惯和做法不同，因此，国际上对各种贸易术语的解释便存在着很大差异。这些解释上的差异，往往引起买卖双方的争议，不利于国际贸易的顺利发展。为了解决这一问题，有些国际组织（如国际商会、国际法协会）和商业团体经过长期的努力，分别制定了一套有关解释国际贸易术语的规则，如国际商会制定的《国际贸易术语解释通则》（International Rules for the Interpretation of Trade Terms，INCOTERMS）、国际法协会修订的《1932 年华沙-牛津规则》（Warsaw-Oxford Rules 1932）和美国一些商业团体制定的《1941 年美国对外贸易定义修订本》（Revised-American Foreign Trade Definitions 1941）。我们把这些规则称作有关贸易术语的国际贸易惯例。

1. 国际贸易惯例不具有法律上的强制性

国际贸易惯例是长期的国际贸易实践的产物。由于国际贸易惯例不是法律，不具有法律上的约束力和强制性，因而，买卖双方有权在合同中做出与某些国际贸易惯例不符的规定。

2. 国际贸易惯例对贸易实践的指导作用

一方面，如果买卖双方都同意采用某种惯例来约束该项交易，并在合同中做出明确规定时，那么这一惯例就具有强制性。许多大宗交易的合同中，也都做出采用何种规则的规定，这有劲于避免对贸易术语的解释不同而引起争执。另一方面，如果买卖双方对某一问题没有做出明确规定，也没有注明该合同适用某项惯例，在合同履行过程中发生争议时，受理该争议案件的法院或仲裁机构也往往会引用某一国际贸易惯例进行判决或裁决。

因而，国际贸易惯例虽不是法律，不具法律上的强制约束力，但它对国际贸易实践的作用却不容忽视。许多惯例，如《国际贸易术语解释通则》被广泛采纳和沿用，这说明它们是行之有效的。所以，在进出口业务实践中，我们应该多了解和掌握一些国际贸易惯例，这对我们对外交易磋商、签订合同、履行合同和解决争议是完全必要的。

（二）关于贸易术语的国际贸易惯例

目前，在国际上影响较大的有关贸易术语的国际贸易惯例主要有三个。

1.《1932 年华沙-牛津规则》

该规则是国际法协会专门为解释 CIF 贸易术语而制定的。在该规则产生之前，有关 CIF 贸易术语就已在国际贸易中被广泛使用，但是，由于各国、各地区对这一术语买卖双方承担的责任都缺乏统一的解释，这就给国际贸易的顺利履行带来了很大的不便，贸易纠纷时有发生。为此，国际法协会于 1928 年在波兰的首都华沙召开了一次会议，会上以英国贸易习惯及判例为基础，制定了关于 CIF 买卖合同的统一规则，称为《1928 年华沙规则》。后又于 1932 年在英国牛津开会，将该规则作了修订，定名为《1932 年华沙-牛津规则》。该规则包括序言和正文共 21 条。该规则对 CIF 买卖合同的性质和特点作了详细说明，并对 CIF 合同中有关买卖双方的责任、费用、风险的划分、货物所有权的转移等进行了详尽、具体的解释。

2.《1941 年美国对外贸易定义修订本》

1919 年美国九个大商业团体，以美国贸易中习用的 FOB 契约条件为基础，制定了《美国出口报价及其缩写条例》（The U.S. Export Quotation and Abbreviations），后来于 1941 年在美国第 27 届全国对外贸易会议上对该条例进行了修订，并改称《1941 年美国对外贸易定义修订本》。该修订本在同年为美国商会、全国进出口商协会和全国对外贸易协会所采用。该修订本对下述 6 种贸易术语进行了解释：

（1）产地交货（Ex Point of Origin，Ex）。

（2）在运输工具上交货（Free on Board，FOB）。

（3）在运输工具旁边交货（Free Along Side，FAS）。

（4）成本加运费（Cost & Freight，C&F）。

（5）成本、保险费加运费（Cost，Insurance and Freigh，CIF）。

（6）目的港码头交货（Ex Dock，Ex Dock）。

在这 6 个贸易术语中，除产地交货（Ex）和目的港码头交货（Ex Dock）分别与《国际贸易术语解释通则》中的工厂交货（EXW）和目的港码头交货（DEQ）大体相近外，其他 4 种与《国际贸易术语解释通则》相应的贸易术语的解释有很大差别。其中对 FOB 又细分为 6 种情况，只有第 5 种情况 FOB Vessel 与《国际贸易术语解释通则》基本一致。

上述修订本多年来被美国、加拿大以及其他一些拉美国家所采用，不过由于其内容与一般解释相去较远，在国际上很少采用。近来美国的有关方面也曾表示不再继续使用该修订本，而将尽量采用国际商会制定的《国际贸易术语解释通则》。

3.《国际贸易术语解释通则》

《国际贸易术语解释通则》在国际贸易惯例中占有很重要的地位。半个多世纪以来，《国际贸易术语解释通则》为分清当事人在国际贸易中的权利、义务与责任、风险，避免处于不同国家的当事人对同一贸易术语作不同的解释，简化和缩短当事人之间贸易洽谈和成交的过程，减少纠纷解决争议，提供了指南和准则，为促进国际贸易的良性发展发挥了举世公认的积极作用。

不同国家贸易术语的多种解释引起的误解，阻碍着国际贸易的发展，基于便利商人们使用，在进行涉外买卖合同所共同使用的贸易术语的不同国家，有一个准确的贸易术语解释出版物是很有必要的。有鉴于此，国际商会（International Chamber of Commerce，ICC）于 1921 年在伦敦举行的第一次大会时就授权收集各国所理解的贸易术语的摘要。摘要的第一版于 1923 年出版，内容包括各个国家对下列几种属于的定义：FOB，FAS，FOT 或 FOR，Free Delivered，CIF 以及 C&F。摘要的第二版于 1929 年出版，内容有了充实，摘录了 35 个国家对上述 6 种术语的解释，并予以整理，经过十几年的磋商和研讨，终于在1936年制定了具有历史性意义的贸易条件解释规则，定名为《INCOTERMS 1936》，副标题为International Rules for the Interpretation of Trade Terms（国际贸易术语解释通则）。此后，随着国际贸易的发展和形势的变化，先后于1953年、1967年、1976年、1980年、1990年、2000、2010、2020年进行过8次修改和补充。现行的《2020年国际贸易术语解释通则》（以下简称《2020年通则》）是在《2010年国际贸易术语解释通则》（以下简称《2010年通则》）的基础上修订公布的，该通则于2020年1月1日生效。

第二节 《2020年国际贸易术语解释通则》

一、《2020年通则》的变化

较之《2010年通则》，《2020年通则》实质上变化不大，它反映出作为许多贸易商使用的、已经被广为接受的贸易术语应当具有较长时间的稳定性。在稳定中求变化，在发展中力争规则的连贯性，这也是国际贸易惯例发展的必然要求。

《2020年通则》在《2010年通则》的基础上进一步明确了国际贸易体系下买卖双方的责任，其生效后对贸易实务、国际结算和贸易融资实务等方面都会产生重要的影响。即《2020年通则》实施之后并非《2010年通则》就自动废止，当事人在订立贸易合同时仍然可以选择适用《2010年通则》。

（一）《2020年通则》体系结构的变化

1. 纵向对比与横向对比

《2020年通则》在表明每一贸易术语下买卖双方各自义务的时候，传统的格式是在每一个贸易术语下，并排列名卖方的义务A和买方的义务B。其中卖方的义务分为A1～A10，买方的义务分为B1～B10，A1对应B1，A2对应B2，依此类推。这种“以贸易术语为纲、以义务为目”的说明方式被称为“纵向格式”。

《2020年通则》在保留传统格式的同时，在列明全部11个贸易术语下买卖双方的义务之后，又新增加了“横向格式”，“以义务为纲，以贸易术语为目”。即在单个义务下分别列明各个贸易术语下该义务的具体内容，先列明卖方的A1义务在各个贸易术语下的表现，再列明买方的B1义务在各个贸易术语下的表现，以此类推。

2. 义务表述和顺序的整合

《2020年通则》整合了《2010年通则》买卖双方的义务。主要表现在以下几个方面：

（1）将原来的“A3/B3运输合同和保险合同”分拆为“A4/B4运输”和“A5/B5保险”两个义务。运输合同和保险合同都是买卖合同的附属合同，与可能存在的支付合同一起，共同保障交易活动的顺畅进行。运输合同的当事人是托运人和承运人，保险合同的当事人是投保人和保险人，承运人和保险人只对买卖双方中与其订立合同的一方负责，但如果运输合同、保险合同与买卖合同或其贸易术语（在使用简式买卖合同时，贸易术语甚至可以看作买卖合同）的要求不匹配，则必然产生问题，因此有必要在贸易术语中规定与运输合同和保险合同的相关义务。但在不同贸易术语中，订立运输合同和订立保险合同的义务，并不都由同一方承担，将这两个义务列入一个条目之下，并不符合通则将双方义务一一对应的排列体系，《2020 年通则》将运输义务和保险义务分拆，使当事人义务条理更加清晰。

（2）将原来分散在各个不同义务中的费用问题单列出来，作为 A9/B9。例如，在《2010 年通则》FOB 贸易术语下，获取交货单据产生的有关费用，列在“A8 交货单据”中，而不是列入“A6 费用划分”条款中。《2020 年通则》则设置了“A9/B9 费用”义务，列出每一特定术语下的所有费用。这样做的目的是为贸易商提供一站式费用清单，方便他们在一个条款下找到使用该贸易术语需要承担的所有费用。同时，为了减少贸易商适用新规则所花费的时间和成本，《2020 年通则》仍然将费用项目保留在原条款当中。如 FOB 贸易术语中与获取单据有关的费用就同时出现在 A6/B6 和 A9/B9 中。

（3）对买卖双方义务的顺序做了重大调整，将《2010 年通则》中的“A4/B4 交货或提货”“A5/B5 风险转移”的顺序前提，移至更显著的位置，成为“A2/B2 交货或提货”“A3/B3 风险转移”，目的是引起买卖双方的重视，以便于识别不同规则之间的差异。调整后的义务顺序如表 7－1 所示。

表 7－1 《2020 年通则》的排序

A1. 卖方一般义务	B1. 买方一般义务
A2. 交货	B2. 提货
A3. 风险转移	B3. 风险转移
A4. 运输	B4. 运输
A5. 保险	B5. 保险
A6. 交货/运输单据	B6. 交货/运输单据
A7. 出口/进口清关	B7. 出口/进口清关
A8. 查验/包装/标记	B8. 查验/包装/标记
A9. 费用	B9. 费用
A10. 通知	B10. 通知

（二）有关术语内容变化

《2020 年通则》在《2010 年通则》的基础上进一步明确了国际贸易体系下买卖双方的责任，其生效后对贸易实务、国际结算和贸易融资实务等方面都将产生重要的影响。国际贸易惯例在适用的时间效力上并不存在“新法取代旧法”的说法。与旧版本相比较，新版本有以下几个比较明显的变化：

1. 去掉了 DAT 术语，新增 DPU 术语

《2010 年通则》中，D 开头的有三个术语：DAT（运输终端交货）、DAP（目的地交货）和 DDP（完税后交货）；其中 DAT 与 DAP 两个术语都是 2010 年版本新增加的术语。其中的运输终端一词含义模糊，国际商会的使用指南还专门做了解释，但是在使用过程中还是容易发生歧义。并且 DAT、DAP 这两个术语的区别不大，容易混淆，这次新版做出改变是早就可以预期的。在《2020 年通则》中国际商会去掉了 DAT 术语，新增了 DPU（目的地交货并卸货）术语，并且将它置于 DAP 之后。国际商会强调这里的 Place（目的地）可以是任何地方而不仅仅是“运输终端”，这一改变更加符合买卖双方的交易习惯和表达。新的排序也使卖方的责任递进更加一目了然：DAP→DPU→DDP，卖方的责任层层递进，非常容易接受和理解。并且 DAP 和 DPU 的区别从术语的英文全称及缩写都可以清晰辨别，不容易混淆。

2. CIP 术语的默认保险险别调整为《协会货物保险条款》A 险

在《2010 年通则》中，CIF 和 CIP 术语都规定由卖方购买货物运输保险，并支付保险费，对于所买险别则规定至少应当符合《协会货物保险条款》C 险或类似条款的最低险别。在《2020 年通则》中就这一规定也做出了调整：对 CIF 术语维持现状，即默认保险险别为《协会货物保险条款》ICC（C），但当事人可以协商选择更高级别承保范围的险种；对于 CIP 术语，则变更为卖方必须投保符合《协会货物保险条款》ICC（A）承保范围的保险，但当事人可以协商选择更低级别的险种。这一改变对于保险的实际受益人买方而言当然是获益的。但 CIP 术语的卖方在投保时会因为这一改变多支付保险费。

3. FCA 术语明确要求买方配合签发已装船提单

FCA（货交承运人）术语是由买方与他选择的承运人订立运输合同，卖方按照买方指示的时间、地点和方式将货物交给买方指定的承运人，承运人收货后即完成交货的一种贸易术语。这一术语可以适用于任何运输方式，也包括海运。FCA 是一种比较典型的象征性交货术语，即卖方将货物交给买方指定的承运人，承运人收货后卖方的交货任务就完成了，货交承运人后货物运输过程中的风险转移给买方。而在使用 FCA 术语时，卖方的交货义务在货物交给承运人也就是在货物装船前已经完成，因此，如果承运人不配合，卖方无法从承运人处获得已装船提单。为解决这个矛盾，最新版本的《2020 年通则》在 FCA 术语 A6/B6 中增加了一个附加选项，即买卖双方可以约定“买方有义务指示其承运人在货物装船后向卖方签发已装船提单”，卖方随后才有义务向买方（通过银行）提交已装船提单。这个新增的附加选项可以确保卖方在货物装船后能顺利取得已装船提单，卖方通过这种约定就能够保障自己的正当权益。这一新增的附加规定是对买方作为合同托运人时对卖方（实际托运人）的一种保护措施，卖方应该善加运用。

4. FCA、 DAP、 DPU 及 DDP 允许卖方/买方使用自己的运输工具

由于在传统的进出口业务中，进出口双方基本没有自行负责运输的情形，所以《2020 年通则》之前的版本中都默认国际货物运输一定是由第三方承运人来完成的。但近年来这种情况有所变化，卖方或者买方使用自己的运输工具运输货物的情形变得越来越常见，尤其是一些大的跨国公司多样化经营后很多都开始有自己的运输和物流公司。《2020 年通则》也充分考虑到了这种情况：卖方和买方之间的货物运输可能不涉及第三方承运人，而由自己负责运输的情形。因此，在 FCA（货交承运人）中，买方可以使用自己的运输工具（汽车尤为常见）收货并运输至目的地。同样地，DAP（目的地交货）、DPU（目的地交货并卸货）及 DDP（完税后交货）中，也允许卖方使用自己的运输工具将货物运至指定的目的地完成交货。

5. 对担保义务分配更加清晰

《2020 年通则》还对买卖双方之间的相关担保要求（包括相关费用）进行了更为精

确的分配。一方面，这一步骤可视为对国际贸易中加强担保监管的反应。另一方面，它的目的在于防范可能产生的费用纠纷，特别是在港口或交货地点。

（三）增加了术语示意图

为了让用户更好地理解和使用每一个贸易术语，《2020年通则》增加了贸易术语示意图，使每一个贸易术语的买卖双方责任、成本费用和风险的划分一目了然（见图7-1）。

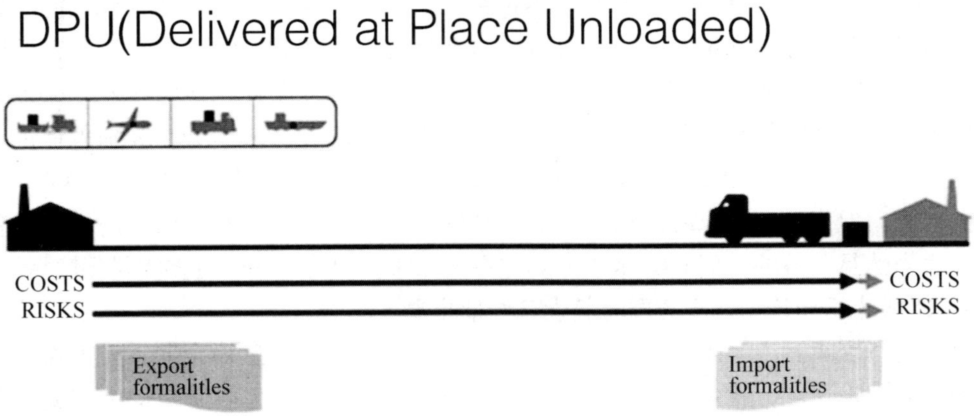

图7-1 DPU贸易术语的图示

二、十一个贸易术语

贸易术语按照适用的运输方式分为两类：第一类，适合海运及内河运输的贸易术语，包括FAS，FOB，CFR，CIF；第二类，适用任何运输的贸易术语，包括EXW，FCA，CPT，CIP，DAP，DPU和DDP。《2020年通则》仍然根据卖方承担义务的内容，将这十一个贸易术语划分为4组。

（一）E组（发货）

在这一组内仅规定了EXW（工厂交货）一种贸易术语。当卖方在其所在地或其他指定的地点将货物交给买方处置时，即完成交货，卖方不办理出口清关手续或将货物装上任何运输工具。该术语是卖方承担责任最小的术语，买方必须承担在卖方所在地受领货物的全部费用和风险。

（二）F组（主要运费未付）

包括FCA（货交承运人）、FAS（船边交货）和FOB（船上交货）三个贸易术语。在采用装运地或装运港交货条件而主要运费未付的情况下，即要求卖方将货物交至买方指定的承运人时，应采用F组术语。F组术语要求卖方按照买方的指示将货物交运。交货地点的选择对于在该地点装货和卸货的义务会产生影响，因此，根据不同的交货地点确定了不同的贸易术语。卖方在装运国或发货国完成合同履行，因此依据F组术语签订的销售合同属于装运合同。

（三）C组（主要运费已付）

包括CFR（成本加运费）、CIF（成本、保险费加运费）、CPT（运费付至）和CIP（运费、保险费付至）四种贸易术语。在采用装运地或装运港交货条件而主要运费已付的情况下，采用该组贸易术语。C组术语要求卖方按照通常条件自付费用订立运输合同。因此，卖方支付运费运到的地点，应在C组每一项术语后指明。与F组术语一样，C组术语的销售合同属于装运合同。

装运合同的特点是，卖方是支付将货物按照惯常航线和习惯方式运至约定地点所需的通常运输费用，而货物灭失或损坏的风险及在货物以适当方式交付运输之后发生意外而发生的额外费用则应由买方承担。

（四）D组（货到）

包括DAP（目的地交货）、DPU（卸货地交货）和DDP（完税后交货）三种贸易术语。根据D组术语，卖方负责将货物运至边境或进口国内的约定目的地。卖方必须承担货物运至该地前的全部风险和费用。因此，D组术语属于到货合同。

11个贸易术语分类如表7-2所示。

表7-2　11个贸易术语分类

组别	术语缩写	术语英文名称	术语中文名称
E组（发货）	EXW	EX Works	工厂交货（指定地点）
F组（主要运费未付）	FCA	Free Carrier	货交承运人（指定地点）
	FAS	Free Along Side	船边交货（指定装运港）
	FOB	Free on Board	船上交货（指定装运港）
C组（主要运费已付）	CFR	Cost and Freight	成本加运费（指定目的港）
	CIF	Cost Insurance and Freight	成本、保险费加运费付至（指定目的港）
	CPT	Carriage Paid to	运费付至（指定目的地）
	CIP	Carriage and Insurance Paid to	运费、保险费付至（指定目的地）
D组（货到）	DAP	Delivered at Place	目的地交货（指定地点）
	DPU	Delivered at Place Unloaded	卸货地交货（指定目的地）
	DDP	Delivered Duty Paid	完税后交货（指定目的地）

第三节　主要贸易术语

一、六种主要的贸易术语

国际贸易中使用的贸易术语很多，其中以FOB，CIF和CFR三种贸易术语使用最为普遍，人们习惯称其为常用国际贸易术语。近年来，随着航空运输、集装箱及多式联运等运输方式的不断发展和普及，FCA，CPT和CIP贸易术语使用得越来越多，这三种贸易术语有望成为常用国际贸易术语。

（一） FOB（…named port of shipment）装运港船上交货（指定装运港）

装运港船上交货简称船上交货，是指卖方按照合同的规定，在指定的装运港将货物装上买方指定的船上，负责办理出口清关手续，并承担货物装船以前的一切风险。

1. FOB 条件下，买卖双方各自基本责任和义务划分

卖方基本责任和义务包括：

（1）负责提供符合合同的货物和商业发票或相等的电子单证，以及按合同要求的其他有关证件。

（2）负责在合同规定的装运港和规定的日期或期限内，将货物装上买方指定的船只，并及时通知买方。

（3）负担货物装船以前的一切费用和风险。

（4）负责办理出口手续，提供出口许可证，以及有关方面签发的证件，并缴纳出口的各种税捐。

买方基本责任和义务包括：

（1）负责租船或订舱，支付运费，并将船期、船名及时通知卖方。

（2）负担货物装船以后的一切费用和风险，并支付进口的各种税捐。

（3）负责办理保险，支付保险费，办理在目的港的收货和进口手续。

（4）取得进口许可证或其他官方批准证件，并按合同规定支付货款。

2. 在实际业务中，使用 FOB 贸易术语应注意的问题

（1）风险划分界限问题。

货物装船为界表明货物在装上船之前的风险，包括在装船时货物跌落码头或海中造成的损失，均由卖方负担；货物上船之后，包括在运输过程中所发生的损失或丢失，则由买方承担。

（2）租船订舱问题。

在 FOB 价格条件下，有时买方委托卖方代为租船订舱，卖方也可酌情接受，但须向买方声明，如到时租不到船，或订不到舱位，与卖方无关，买方无权撤销合同，也无权向卖方索赔。

（3）装船费用负担问题。

在 FOB 价格条件下，卖方负责支付货物装上船以前的一切费用，买方负责支付货物装上船以后的一切费用。由于各国和各地区对“装船”的概念没有统一的解释，究竟由谁负担应在合同中予以明确。

3. FOB 的变形

为了说明有关装船费用的负担问题，买卖双方往往在 FOB 之后加列各种附加条件，这就产生了 FOB 的变形，主要有下述四种：

（1）FOB Liner Terms（班轮条件）。这是指装船的有关费用按照班轮的做法办理。在班轮运输条件下，装船费用包括在班轮运费之中，与装船的有关各项费用均由负责办理运输事宜的买方承担。因而，对这一变形卖方不负担费用。

（2）FOB Under Tackle（吊钩下交货）。这是指卖方仅负责将货物交到买方指派船只的吊钩所及之处，以后的装船费用概由买方负担。

（3）FOB Stowed（理舱费在内）。这是指卖方要负责把货物装入船舱并负担包括理舱费在内的装船费用。理舱费是指为了使装船货物按照舱图放置妥善和装载合理，货物装入舱底之后，需要进行垫隔和整理的费用。

（4）FOB Trimmed（平舱费在内）。它是指卖方要负责把货物装入船舱，并支付包括平舱费在内的装船费用。平舱费是指为了保持船舶航行时船身平稳和不损害船身结构，对散装的大宗货物，如粮食、矿砂、煤炭等，需要进行削平、整理所支出的费用。

上述 FOB 的四种变形，只是用以明确装船费用的负担问题，并未改变 FOB 术语的性质。

案例 7-1

我出口公司按 FOB Under Tackle 条件与荷兰商人签订一笔合同。当货物装船时，其中一箱货物不慎落海，其余货物均安全装到船上。荷兰商人得知后，马上打来电传要求我方补交。我方业务人员认为，合同使用的贸易术语是“FOB 吊钩下交货”。货物以在船舶吊钩下完成交货，拒绝补偿该批货物。然而，荷兰商人坚持要求我方补交，否则上诉法院。

问题：我方是否应补交货物？为什么？

---

4. 个别国家对 FOB 贸易术语的不同解释问题

FOB 价格条件一般都用于通过海运交货的合同。但是，《1941 年美国对外贸易定义修订本》却把 FOB 笼统地解释为装于任何一种运输工具，包括在内陆的各种运输工具，以至在目的地的运输工具上交货。具体又分为六种：

（1）“在内陆指定发货地点的指定内陆运输工具上交货”，FOB（Named inland carrier at named inland point of departure）；

（2）“在内陆指定的发货地点的指定内陆运输工具上交货，运费预付到指定的出口地点”，FOB（Named inland carrier at named inland point of departure）freight prepaid to（named point of exportation）；

（3）“在指定的内陆发货地点的指定内陆运输工具上交货，减除至指定出口地点的运费”，FOB（Named inland carrier at named inland point of departure）freight allowed to（named point）；

（4）“在指定出口地点的指定内陆运输工具上交货”，FOB（Named inland carrier at named point of exportation）；

（5）“指定装运港船上交货”，FOB vessel（Named port of shipment）；

（6）“进口国指定内陆地点交货”，FOB（Named inland point in country of importation）。

上述几种情况和国际上通用的 FOB 概念完全不同，只有第五种和《2020 年通则》的解释相似，但在使用时也应注意，须在 FOB 与装运港之间加上“vessel”（船）字样，如“FOB vessel New York”，而不是“FOB New York”，否则，卖方可能仅负责在纽约市内路运输工具上交货。

此外，关于出口手续问题，按照《2020年通则》规定：“卖方应自负风险及费用，取得出口许可证或政府签发的其他出口证件”。

（二） CFR（…named port of destination）成本加运费（指定目的港）

CFR又称运费在内价，以前业务上常用C&F表示，《1990年通则》改为CFR。它也是国际贸易中常用的贸易术语之一。

1. CFR条件下，买卖双方各自基本责任和义务划分

卖方基本责任和义务包括：

（1）提供合同规定的货物，负责租船订舱和支付运费，按时在装运港装船，并于装船后向买方发出已装船的充分通知。

（2）办理出口结关手续，并承担货物在装运港装船前的一切风险，以及在装运港将货物交至船上的费用。

（3）按合同规定提供有关单证或相等的电子信息。

买方基本责任和义务包括：

（1）承担货物在装运港装船后的货物灭失或损坏的风险，以及货物装船后发生事件所引起的额外费用。

（2）在合同规定的目的港受领货物，并办理进口结关手续和缴纳进口税。

（3）受领卖方提供的各项单证，并按合同规定支付货款。

2. 使用CFR时应注意的问题

（1）关于风险承担问题。

按CFR术语成交，在货价构成因素中，包括自装运港至目的港的通常运费，也就是说，主要运费已付，故卖方要负责签订运输合同和安排运输货物，但由于它同FOB术语一样也属于装运港交货，货物风险的划分也以装运港为界，故货物中途灭失或损坏的风险以及货物装船后中途发生事件产生的任何额外费用，概由买方承担。

（2）关于卸货费用的负担问题。

大宗商品按CFR条件成交，容易在卸货费问题上引起争议。为了明确责任和避免引起纠纷，买卖双方商订合同时，可在CFR术语后附加下列语句，以表明卸货费由谁负担的具体条件。

第一，CFR Liner Terms（班轮条件）。它是指卸货费用按照班轮的做法来办，就是说，买方不负担卸货费，而由卖方或船方负担。

第二，CFR Landed（卸至岸上）。它是指由卖方承担将货物卸到码头上的各项有关费用，包括驳船费和码头费。

第三，CFR Ex Ship's Hold（船底交接）。它指货物运达目的港后，自船舱底起吊直至卸到码头的卸货费用，均由买方负担。

CFR的变形也只是为了说明卸货费用的负担问题，其本身并不改变CFR的交货地点和风险划分的界限。

（3）关于装船通知的问题。

按照CFR术语成交，需要特别注意的问题是，卖方在货物装船之后必须及时向买主发出装船通知，以便买方办理投保手续。即如果货物在运输途中遭受损坏或灭失，由于卖方未发出装船通知而使买方漏保，那么卖方不能以风险在装船前转移为由免除责任。由此可见，尽管在FOB和CIF条件下，卖方装船后也应向买方发出通知，但CFR条件下的装船通知却具有更为重要的意义。

案例7-2

我某公司以CFR条件出口一批瓷器。我方按期在装运港装船后，即将有关单据寄交买方要求买方支付货款。过后，业务人员才发现，忘记向买方发出装船通知。此时，买方已来函向我方提出索赔，因为货物在运输途中因海上风险而损毁。

问题：我方能否以货物运输途中的风险由买方承担为由，拒绝买方的索赔？

（三） CIF（…named port of destination）成本、保险费加运费（指定目的港）

成本、保险费加运费，又称保险费、运费在内价。它是指卖方负责租船订舱、支付到目的港的运费，并负责办理保险、支付保险费，将其出售的货物从装运港运至约定的目的港。使用这一贸易术语时，要注明目的港名称。

1. CIF条件下，买卖双方各自基本责任和义务划分

卖方基本责任和义务包括：

（1）负责租船或订舱，按合同规定的装运日期或期限内在装运港将货物装上船，并支付至目的地的运费，装船后通知买方。

（2）负担货物在装运港装船前的一切费用和风险。

（3）负责办理货物运输保险并支付保险费。

（4）负责办理出口手续，提供出口国家政府或有关方面签发的证件。

（5）负责提供商业发票或相等的电子单证，以及货运单据和保险单据。

买方基本责任和义务包括：

（1）按合同规定支付货款。

（2）取得进口国家的有关证件并办理进口手续。

（3）负担至货物在装运港装船后的一切风险和费用并支付进口国的各种税捐。

（4）接受货运单据并受领货物。

2. 在实际业务中，使用CIF贸易术语应注意的问题

（1）关于保险问题。

采用CIF贸易术语成交时，应由卖方投保，但属代办性质。从货物在装运港装船前的一切风险即由卖方转移给买方。如果货物在海运途中发生风险所造成的损失，其索赔及其他手续均由买方负责，卖方仍可凭合同规定的单据向买方收款。至于投保险别和保险金额并无统一标准，这样，买卖双方应根据具体交易情况在合同中予以明确。但如果买卖双方就此问题没有在合同中做出明确规定，这就需根据有关贸易术语的国际惯例来具体处理。按照《2020年通则》对CIF的解释，卖方只需投保最低的险别，但在买方要求下，并由买方承担费用的情况下，可加保战争险、罢工险等。

（2）租船订舱问题。

按照国际贸易惯例，在采用CIF贸易术语成交的情况下，卖方应负责按通常的条件及惯驶的航线租船订舱，并支付运费。卖方有义务租用具有适航性（Seaworthy）的海轮，而不应是帆船。除非买卖双方另有约定，买方无权指定船舶的国籍、船型、船龄、船级以及装载某班轮公会的船只等。装船后，卖方要向买方发出装船通知，以便买方做好装货准备。

（3）费用负担问题。

按照CIF条件成交，卖方负责将合同规定的货物运往合同规定的目的港，并支付正常的运费。如果船舶在海运途中由于遭受恶劣气候或船上机器出了故障，需要避风或修理而发生的运费则属于不正常的运费，不正常的运费应由买方负担，这应在合同中予以明确。CIF价格条件还涉及一个卸货费用的问题。对此，各国和各港口都有不同的惯例和规定。

（4）象征性交货和凭单付款问题。

采用CIF贸易术语进行的交易，是实行所谓象征性交货和凭单付款。象征性交货（Symbolic Delivery）是针对实际交货（Physical Delivery）而言的。它是指卖方只要按期在规定的地点把货物装船以运交买方，并提供全套合格单据，就算完成了交货义务，而无须保证到货。反之，如果卖方提交的单据不合要求，即使合格的货物安全运达，也不能算完成交货。实际交货则是指卖方要在规定的时间和地点将符合合同规定的货物提交给买方或其指定的人，不能以交单代替交货。凭单付款是指买方一旦受领了合格的单据，就必须按照合同规定的条件支付货款，即使在交单时，货物已经灭失或受损，亦不得例外，只能付款后，凭单据向有关责任方提出索赔。反之，如果卖方提交的单据不符合要求，即使货物完好无损地运达目的地，买方仍有权拒付货款。所以，CIF合同项下的买卖被人们称为单据买卖，或者更准确地说，是以交付单据作为履约的货物买卖。

案例 7-3

有一份CIF合同，货物已经按合同规定的期限在装运港装船，但受载船只离港一小时后，因触礁而沉没。第二天，当卖方凭提单、保险单、发票等单证要求买方付款时，买方以货物全部损失为由，拒绝接受单证和付款。

问题：在上述情况下，卖方有无权利凭规定的单证要求买方付款？

---

3. CIF贸易术语的变形

为了明确买卖双方的责任，在大宗交易的合同中，往往在CIF贸易术语后加列各种附加条件，形成CIF贸易术语的变形，主要有如下几种：

（1）CIF Liner Terms（班轮条件）。它是指卸货费用按照班轮的做法办理，即卸货费用已包括在班轮运费之中，买方不予负担，由卖方负担。

（2）CIF Landed（着陆费在内）。它是指卖方要负担货物卸到岸上为止的卸货费用，包括可能发生的驳船费及码头捐。

（3）CIF Ex Ship's Hold（船底交货）。它是指货物运达目的港后，由买方自负费用至舱底卸货。

CIF 贸易术语的上述变形主要是对买卖双方在卸货费用问题上的补充说明，并不改变原贸易术语的责任和风险划分界限。

4. CFR 和 CIF 的比较

CFR 和 CIF 有很多相同之处，所不同的是：在 CFR 价格条件下，卖方不负责办理保险手续和支付保险费，不负责提供保险单。除此之外，CFR 和 CIF 买卖双方责任、费用与风险划分完全相同。在 CIF 条件下，为解决卸货问题而产生的各种变形，也同样适用于 CFR。

按 CFR 术语成交的合同，需要特别注意装船通知问题。因为按 CFR 价格条件成交，由卖方租船订舱，由买方办理保险手续。如卖方不及时发出装船通知，买方就无法及时办理保险手续，甚至可能发生漏报情况。对此，《2020 年通则》明确规定，卖方必须"无迟延地通知买方货物业已装船"。有些国家的法律也明确规定，卖方如在 CFR 价格条件下装船后未及时通知买方保险，则卖方必须承担货物在运输途中的风险。为此，买卖双方应就装船通知问题在合同中做出明确具体规定。

按照《2020 年通则》对 FOB，CIF，CFR 三种贸易术语的解释，它们均仅适用于海运和内河运输的交易。由于术语不同，因而卖方承担的责任和费用是不同的。但上述三种术语卖方均负责在装运港交货，承担的风险均在装运港货物装船前转移给买方。这也就是说，FOB，CIF，CFR 三种贸易术语在交货地点和风险划分的界线是完全相同的。

（四）FCA（…named place）货交承运人（指定地点）

以前，这一术语的国际电码是 FRC。采用 FCA 术语时，卖方在约定的时间、地点把货物交给买方指定的承运人并办理了出口手续后就算完成了交货任务。

1. FCA 条件下，买卖双方各自基本责任和义务划分

卖方基本责任和义务包括：

（1）在规定的交货日期或期限内，在指定的交货地点，将货物交给由买方指定的承运人接管，并及时通知买方。

（2）负责办理出口清关手续，提供出口许可证和其他官方证件，并支付各种出口关税和费用。

（3）承担货交承运人以前的一切费用和风险。

（4）负责提供商业发票或相等的电子单证和证明货物已交给承运人接管的通常运输单据。

买方基本责任和义务包括：

（1）受领符合合同规定的货物及有关单证，支付货款。

（2）订立从指定地点启运的运输契约，支付运费，并及时通知卖方。

（3）承担货交承运人之后的一切费用和风险。

2. 在使用 FCA 贸易术语时应注意的问题

（1）关于卖方交货义务的问题。

FCA术语是用于包括多式联运在内的各种运输方式。《2020年通则》对FCA在不同运输方式条件下的卖方交货义务做了如下规定：

第一，若指定的地点是卖方所在地，则当货物被装上买方指定的承运人或代表买方的其他人提供的运输工具时完成交货义务。

第二，若指定的地点不是在卖方所在地，而是其他任何地点，则当货物在卖方的运输工具上，尚未卸货而交给买方指定的承运人或其他人，或由卖方按照运输合同选定的承运人或其他人的处置时完成交货义务。

（2）关于风险界线及费用问题。

在FCA价格条件下，风险转移是以货交承运人处置时为界。也就是说，货物自承运人照管时起，风险由卖方转移给买方。但如果是由于买方的责任，使卖方无法按时完成交货，则自规定的交付货物的约定日期或期限届满之日起，买方要承担货物灭失或损坏的一切风险。与此相适应，买卖双方承担的费用也是以货交承运人为界进行划分，即卖方承担货物交给承运人控制之前的有关费用，买方承担货交承运人之后所发生的各项费用。但是买方托卖方代办一些属于自己义务范围内的事项所产生的费用，以及由于买方的过失所引起的额外费用，均应由买方负担。

（五） CPT（…named place of destination）运费付至（指定目的地）

在CPT价格条件下，如同CFR，由卖方支付货物运至目的地的运费。

1. CPT条件下，买卖双方各自基本责任和义务划分

卖方基本责任和义务包括：

（1）自费订立运输合同，在规定的日期或期限内将货物交付承运人或第一承运人照管，并及时通知买方。

（2）提供符合合同的货物、出口许可证和其他官方证件，负责办理出口结关手续，支付各种出口关税和费用。

（3）承担货物在指定地点交给承运人或第一承运人照管之前的一切费用和风险。

（4）负责提供商业发票或相等的电子单证，及有关运费单据。

买方基本责任和义务包括：

（1）受领符合合同规定的货物与单证，支付货款。

（2）承担货交第一承运人照管之后的一切费用和风险。

（3）支付进口关税及任何其他有关进口的税捐。

2. 在使用CPT贸易术语时应注意的问题

（1）关于风险划分的界限问题。

CPT与FCA一样，适用于包括多式联运在内的各种运输方式。卖方只承担货物交给承运人或第一承运人接管之前的风险，而自交货地点货物由承运人接管之后到目的地的风险是由买方承担。

（2）关于交货通知问题。

CPT由卖方负责办理运输事宜，签订运输合同，而由买方负责办理投保手续。因而，卖方将货物交给承运人后应立即以电讯方式通知买方货物已交给承运人接管，买方根据卖方提供的交货通知办理保险。如果卖方未及时或未发出交货通知造成买方漏保，货物在运输途中所遭受的损失或灭失等风险应由卖方负责。

3. 关于 CPT 与 CFR 的异同

（1）CFT 与 CFR 的相似之处。

都是风险转移在先，责任费用转移在后。卖方承担的风险都是在交货地点随着交货义务的完成而转移，而卖方都要负责安排自交货地点到目的地的运输事宜，支付运费，并在价格构成中体现出来。另外，按这两种贸易术语签订的合同，均属装运合同，卖方只保证按时交货，而无须保证按时到货。

（2）CPT 与 CFR 的不同之处。

CPT 是用于包括多式联运在内的多种运输方式，且交货地点在装运港，风险划分界限也有差别，在 CPT 条件下，以货交承运人为界，而 CFR 条件下，则以装运港船舷装船为界。由于运输方式不同，风险划分界限不同，交货地点不同，因而两种术语卖方承担的责任、费用及所提交的单据也有所差异。

（六） CIP（…named place of destination）运费、保险费付至（指定目的地）

运费、保险费付至是指卖方负责在规定的时间将货物交给承运人或第一承运人，并通知买方，自负费用订立将货物运至指定目的地的运输合同，负责办理保险、支付保险费，买方在合同规定地点受领货物，支付货款，并负担除运费、保险费以外的货物自交货地点直至运达指定目的地为止的各项费用以及卸货费用和进口税捐。

1. CIP 条件下，买卖双方各自基本责任和义务划分

卖方基本责任和义务包括：

（1）办理出口手续，自费订立运输合同和保险合同，按期将货物交给承运人，以运至指定目的地，并向买方发出货物已交付的充分通知。

（2）承担货物交付承运人以前的一切费用和货物灭失或损坏的一切风险。

（3）向买方提交约定的单证或相等的电子信息。

买方基本责任和义务包括：

（1）从卖方交付货物时起，承担货物灭失或损坏的一切风险。

（2）支付除通常运费之外的有关货物在运输途中所产生的各项费用和卸货费。

（3）在目的地从承运人那里受领货物，并按合同规定受领单据和支付货款。

2. 在使用 CIP 贸易术语时应注意的问题

在 CIP 条件下，货物运输保险的责任和费用虽由卖方负责，但货物在运输途中灭失或损坏的风险却由买方负担。由此可见，卖方的投保仍属于代办性质。根据《2020 年通则》CIP（运费和保险费付至）的最低保险范围延伸到第 A 条，这是涵盖了所有风险的最高保险级别，保险金额一般在合同价格基础上加成 10%投保。

3. CIP 与 CIF 的比较

CIP 与 CIF 有许多相同之处，这主要表现在它们的价格构成中都包括了通常的运费和约定的保险费。卖方负责订立运费契约和保险合同，以及支付运费和保险费。按这两种贸易术语订立的合同均属装运合同。风险转移和责任费用的转移问题同 CPT 与 CFR

一样，这里不再重述。

CIP 与 CIF 的不同之处主要表现在适用的运输方式不同。CIP 适用于包括多式联运在内的各种运输方式，而 CIF 仅适用于水上运输方式。由于采用不同的运输方式，因而交货地点、风险划分界限以及有关责任和费用的划分也就各不相同。

4. 六种贸易术语的异同

FCA，CPT，CIP 三种贸易术语是分别从 FOB，CFR，CIF 三种传统术语发展起来的。这两类贸易术语有三个共同点：（1）都是象征性交货，相应的买卖合同为装运合同。（2）均由出口方负责出口报关，进口方负责进口报关。（3）买卖双方所承担的运输、保险责任互相对应。即 FCA 和 FOB 一样，由买方办理运输；CPT 和 CFR 一样，由卖方办理运输；而 CIP 和 CIF 一样，由卖方承担办理运输和保险的责任。由此而产生的操作注意事项也是类似的。

这两类贸易术语的主要不同点在于：（1）适合的运输方式不同。FCA，CPT，CIP 术语适合于各种运输方式，而 FOB，CFR，CIF 术语只适合于海运和内河运输。（2）风险交界点不同。FCA，CPT，CIP 方式中，买卖双方风险和费用的责任划分以“货交承运人”为界，而 FOB，CFR，CIF 则以货物装船为界。（3）装卸费用负担不同。FCA，CPT，CIP 均由承运人负责装卸，因而不存在需要使用贸易术语变形问题。（4）运输单据不同。在 FOB，CFR，CIF 术语下，卖方一般应向买方提交已装船清洁提单，这种海运提单具有物权凭证性质；而在 FCA，CPT，CIP 术语下，卖方提交的运输单据则视不同的运输方式而定。

二、其他贸易术语

除了上述 FOB，CIF，CFR，FCA，CPT 和 CIP 六种贸易术语外，按照《2020 年通则》，还有五种国际贸易术语，即 EXW，FAS，DAP，DPU 和 DDP，现分别简单介绍如下。

（一） EXW（…named place）工厂交货（指定地点）

工厂交货是指卖方的责任只是在他的所在地（工厂、农场、矿山等）提供货物，除非另有约定，卖方不承担将货物装上买方备妥的运输工具的责任。采用这种贸易术语时，卖方的基本责任是，在合同规定的时间、地点，将符合合同规定的货物置于买方的处置之下，就算完成交货义务。卖方承担的风险也随着交货义务的完成而转移给买方。买方则要负责将货物从交货地点运到目的地，并承担运输期间的全部风险、费用和责任，包括出入境的手续及有关费用。从交单的义务来看，卖方只提供商业发票或相等的电子单证，如合同有要求，再提供证明所交货物与合同规定相符的证件。有关进出口许可证、官方批件及其他通关证件，均由买方办理。如有要求，在买方承担风险与费用的情况下，卖方予以协助取得上述证件。由此可见，在 EXW 价格条件下，卖方的责任最小，这也是卖方责任最小的贸易术语。

（二） FAS（…named port of shipment）装运港船边交货（指定装运港）

装运港船边交货是指卖方要在规定的时间将符合合同规定的货物交到约定的装运港买方指派船只的船边，在此完成交货义务。买卖双方负担的费用和风险都以船边为界。同时，卖方还要提供商业发票或相等的电子单证，以及证明货物符合合同要求的其他凭证。有关进出口许可证、官方批准文件及通关手续也均由卖方办理。

（三） DAP（…named place of destination）目的地交货

DAP 即目的地交货，后加指定目的地，适用于任何运输方式以及多种运输方式的联合运输。指定目的地可以是进口国境内的任何地点或两国边境的过境点，具体以进出口合同中的约定为准。在此贸易术语下，卖方需要将符合合同规定的货物在合同规定的期限内运到指定交货地点，并在货物仍置于运输工具之上准备卸货的情况下交给买方或其代理人处置。在货物交给买方或其代理人处置之前，所有出口清关、运输与保险、目的港或到达站卸货以及卸货后转运到最终目的地等手续均由卖方办理，由此产生的费用及风险也由卖方承担。买方或其代理人在指定地点接收卖方交付的货物后，需自行办理进口清关手续及卸货工作并承担由此产生的相关费用及风险。在同一运输方式下，DAP＝DAT＋进口国转运工作（如果需要），即在目的地为进口国指定地点时增加了卖方在终点站卸货后继续将货物转运至买方指定地点（如买方仓库）的责任、费用及风险。

（四） DPU（…named place of destination）卸货地交货

DPU 即卸货地交货，后加目的港或目的地指定终点站，适用于任何运输方式以及多种运输方式。终点站可以是进口国国内的海港、空港、内陆港、车站或两国边境的过境点以及上述地点内特定位置（码头、集装箱堆场、仓库、运输站等），具体以进出口合同中的约定为准。在此贸易术语下，卖方需要将符合合同规定的货物在合同规定的期限内运到指定终点站并卸货后交给买方或其代理人处置。在货物交给买方或其代理人处置之前，所有出口清关、运输与保险、目的港或目的地卸货手续均由卖方办理，由此产生的费用及风险也由卖方承担。买方或其代理人在终点站受领卖方交付的货物后，需要自行办理进口清关、转运等手续，并承担由此产生的相关费用及风险。

（五） DDP（…named place of destination）完税后交货（指定目的地）

这一术语是指卖方将货物运到合同规定的进口国的指定地点，把货物实际交到买方手中，并承担交货前的一切风险、责任和费用，其中包括关税、捐税、交付货物的其他费用，还要办理进口结关。EXW 表示卖方承担最小的义务，而 DDP 术语则表示卖方承担最大的义务。如果卖方不能直接或间接地取得进口许可证，则不应使用 DDP 贸易术语。如果双方同意买方办理货物进口结关并支付关税，则应使用 DDU 术语。如果双方同意排除卖方承担货物进口应支付的某些费用如增值税的义务，则应注明完税后交货，增值税未付［Delivered Duty Paid，VAT Unpaid（… named place of destination)］。

各贸易术语的买卖双方责任、风险、费用等情况如表 7 - 3 所示。

表 7 - 3 各贸易术语的买卖双方责任、风险、费用等的一览表

贸易术语	交货地点	风险转移界限	出口报关责任、费用由谁负担	进口报关责任、费用由谁负担	谁负责办理保险、支付运费	谁负责办理保险、支付保险费	适用的运输方式
EXW	商品产地、所在地	货交买方处置时起	买方	买方	买方	买方	任何方式
FCA	出口国内地、港口	货交承运人处置时起	卖方	买方	买方	买方	任何方式
FAS	装运港口	货交船边后	卖方	买方	买方	买方	水上运输方式
FOB	装运港口	货物装船	卖方	买方	买方	买方	水上运输方式
CFR	装运港口	货物装船	卖方	买方	卖方	买方	水上运输方式
CIF	装运港口	货物装船	卖方	买方	卖方	卖方	水上运输方式
CPT	出口国内地、港口	货交承运人处置时起	卖方	买方	卖方	买方	任何方式
CIP	出口国内地、港口	货交承运人处置时起	卖方	买方	卖方	卖方	任何方式
DAP	进口国内	目的地交买方处置时起	卖方	买方	卖方（卸货买方）	卖方	任何运输
DPU	进口国内	目的地交买方处置时起	卖方	买方	卖方（卸货卖方）	卖方	任何运输
DDP	进口国内	目的地交买方处置时起	卖方	卖方	卖方（卸货买方）	卖方	任何方式

第四节 国际贸易商品的价格

在国际货物买卖中，价格的确定因直接关系到买卖双方的经济利益而居于特别重要的地位。买卖双方就一笔交易进行的磋商，在某种意义上说，是围绕着价格进行的。因而，价格条款的订立必须认真地考虑诸种因素，特别是在国际贸易中货物要经过长距离运输，使用不同的货币，而且由于交易中买卖双方所承担的责任、风险和费用不同，价格条款的订立更需慎重。

一、进出口商品作价的基础

我国进出口商品作价所遵循的基本原则是，在贯彻平等互利的原则下，根据国际市场价格水平，结合国别（地区）政策，并按照购销意图确定适当的价格。

在实际业务中，由于影响国际贸易商品价格的因素很多，因此，在具体确定商品价格水平时，还应综合考虑各种影响价格的因素，并注意同一商品在不同情况下应有合理的差价。

所谓差价（Price Difference）是指同一种商品由于交易条件的不同而产生的价格上的差异。在国际贸易业务中，影响商品差价的主要因素是所使用的贸易术语的不同，此外，还须考虑到商品的质量、运输距离、交货地点和交货条件、季节性需求的变化、成交数量以及支付条件和汇率变动的风险等因素。

二、作价方法

在国际货物买卖合同中，根据交易的具体情况，确定价格的方法主要有如下几种。

（一）固定价格

固定价格是指交易双方同意在成交后不得变更的价格。按照各国法律规定，合同价格一经确定，买卖双方就必须严格遵照执行。除非合同另有规定，或经双方当事人一致同意，任何一方都不得擅自更改。

在合同中规定固定价格是一种常规做法。但是，国际市场行情具有多变性，价格涨落不定。因此，在国际货物买卖合同中采用固定价格这种作价办法，就意味着买卖双方要承担从订约到交货付款以至转售时价格变动的风险。而且，如果市场行情或计价货币变动过于剧烈，这种作价办法有可能影响到合同的顺利执行。

（二）非固定价格

在进出口业务中，非固定价格又称活价，即买卖双方在合同中不规定具体的成交价格，而只规定日后确定价格的时间和定价的方法。

（三）暂定价格

在合同中先订立一个初步价格，作为开立信用证和初步付款的依据，待双方确定最后价格后再进行最后清算。

（四）滑动价格

滑动价格是由买卖双方在合同中规定一个基本价格，其中应包括价格构成的主要指标，如固定支出（利润、杂费和折旧提成等）、原材料费用和工资支出等在该基价中所占的百分比；并规定如在合同履行期间，上述生产费用发生变化，可以对合同的基本价格作相应的调整。滑动价格多用于生产周期长的工业制成品买卖合同，如大型成套工业设备和船舶买卖合同等。

三、佣金和折扣

（一）佣金

1. 佣金的含义

佣金（Commission）是代理人或经纪人为委托人进行交易而收取的报酬。按其形式分为以下三种形式：

（1）明佣：在合同价格条款中明确规定佣金的百分比。

（2）暗佣：佣金问题没有在贸易合同中体现出来，而由当事人另行约定。

（3）双头佣：中间商、代理商向贸易合同的买卖双方都收取的佣金。

按包含或不包含佣金，商品价格又可分为：

（1）净价（Net Price）。不含任何佣金的价格。

（2）含佣价（Price Including Commission）。价格中包含了佣金。

2. 佣金的规定方法

在国际贸易中，凡价格中包括佣金时，即含佣价，通常应有文字说明。例如，每打 100 英镑 CIF 香港包含佣金 2%（£100 per dozen CIF HongKong Including 2% Commission）。也可在贸易术语后面加注佣金的英文缩写字母 C，并注明佣金的百分比来表示。例如，每打 100 英镑 CIFC 2% 香港（£100 per dozen CIFC 2% HongKong）。此外，佣金除用百分比表示外，还可以用绝对数来表示，例如，每吨付佣金 10 美元。

3. 佣金的计算与支付方法

在国际贸易中，计算佣金既可以按成交金额约定的百分比来计算，也可以按成交商品的数量来计算，习惯上按成交金额的百分比来计算。但在按成交金额计算时，有的以发票金额为基数来计算佣金，有的则以 FOB 总值为基数来计算佣金。

如按 CIF 成交，则应从 CIF 价中减去运费和保险费，求出 FOB 值，再乘以佣金率，得出佣金额；CFR 则需扣除运费。佣金的有关计算公式如下：

$$\text{单位商品佣金额} = \text{含佣价} \times \text{佣金率}$$

$$\text{净价} = \text{含佣价} - \text{单位商品佣金额}$$

$$\text{净价} = \text{含佣价} \times (1 - \text{佣金率})$$

$$\text{含佣价} = \frac{\text{净价}}{1 - \text{佣金率}}$$

佣金的支付一般有两种做法：一是由中间商直接从货价中扣除佣金；二是在委托人（即卖方）收清货款之后，再按事先约定的期限和佣金比率，另行付给中间代理商。

（二）折扣

1. 折扣的含义

折扣（Discount）是卖方按原价给予买方一定百分比的减让，即在价格上给予适当的优惠。正确运用折扣，有助于调动买方的积极性和扩大销路，因而在国际贸易中，它也是加强对外竞销的一种手段。

2. 折扣的规定方法

折扣一般也用文字表明，例如：US＄6 000 per metric ton CIF Hong Kong Less 2% discount，即每吨 6 000 美元，CIF 香港，减 2%折扣。

实际业务中也常常用“折扣”（Discount）和“回扣”（Rebate）的英文首写字母“D”和“R”加注于价格术语后。如 CIFD 或 CIFR，表示价格中包含折扣，但鉴于这种加注往往含义不清，容易引起误解，所以最好不要采用。

3. 折扣的计算与支付办法

折扣通常以成交额或发票金额为基础计算出来，其计算方法如下：

单位商品折扣额＝原价(或含折扣价)×折扣率

卖方实际净收入＝原价×(1－折扣率)

折扣一般由买方在付款时预先扣除，也有的折扣不直接从货价中扣除，而按协议另行支付给买方。

四、三种主要贸易术语的换算

（1）FOB 价换算成其他价格，计算公式如下：

CFR＝FOB＋F

CIF＝(FOB＋F)/(1－保险费率×投保加成)

CIFC＝(FOB＋F)/(1－佣金率－保险费率×投保加成)

（2）CFR 价换算成其他价格，计算公式如下：

FOB＝CFR－F

CIF＝CFR/(1－保险费率×投保加成)

CIFC＝CFR/(1－佣金率－保险费率×投保加成)

（3）CIF 价换算成其他价格，计算公式如下：

FOB＝CIF×(1－保险费率×投保加成)－F

CFR＝CIF×(1－保险费率×投保加成)

注：F 代表运费。

五、合同中的价格条款

（一）价格条款的基本内容

合同中的价格条款一般包括单价（Unit Price）和总值（Total Amount）两项内容。商品的单价通常由四个部分组成，即计量单位、单位价格金额、计价货币和贸易术语。例如：

USD	300	per metric ton	CIF New York
计价货币	单位价格金额	计量单位	贸易术语

总值则是指单价与商品数量的乘积，即一批货物的总价。

（二）订立价格条款时应注意的问题

（1）合理确定商品的单价，防止作价偏高或偏低；

（2）根据经济意图和实际情况，在权衡利弊的基础上选用适当的贸易术语；

（3）争取选择有利的计价货币，以免遭受币值变动带来的风险，如采用不利的计价货币，应当订立保值条款；

（4）灵活运用各种不同的作价方法，以免遭受价格变动的风险；

（5）参照国际贸易领域的习惯做法，注意佣金和折扣的合理运用；

（6）如交货品质和数量约定有一定的机动幅度，则应把机动部分的作价也考虑进去；

（7）如包装材料和包装费另行计价，对其计价方法也应一并规定；

（8）单价中涉及的计量单位、计价货币、装卸地名，必须书写正确、清楚，以免造成不必要的损失。

《本章小结》

商品的价格是买卖双方磋商的中心议题和矛盾焦点，也是买卖合同中主要的交易条件。本章详细介绍了《2020 年通则》十一种贸易术语的含义、风险、责任和费用划分问题，其中以 FOB、CIF 和 CFR 三种贸易术语使用最为普遍，人们习惯称其为常用国际贸易术语。

我国进出口商品作价所遵循的基本方针是，在贯彻平等互利的原则下，根据国际市场价格水平，结合国别（地区）政策，并按照购销意图确定适当的价格。

在磋商价格条件时，包括含有佣金或折扣的价格和不包含这类因素的净价。买卖合同中的价格条款，一般包括两个内容：单价和总值。有关作价办法及佣金和折扣的运用也属价格条款的内容。

关键概念

贸易术语　　国际贸易惯例　　象征性交货　　FOB　　CIF　　CFR
佣金　　折扣

思考题

1. 什么是国际贸易术语？它具有哪些功能与作用？
2. 根据《2020年通则》的解释，说明FOB，CFR，CIF买卖双方各自的义务，并比较三种术语的异同点。
3. FOB，CFR两种术语有几种变形？
4. 采用CIF术语时，应注意哪些问题？
5. 简述FCA，CPT，CIP和FOB，CFR，CIF的异同点。

第八章

国际货物的品质、数量和包装条款

本章要点提示

- 商品品质的表示方法和品质条款
- 数量的计量方法和数量条款
- 包装的分类和包装标志的内容

引导案例

甲方与乙方订立了一份 CIF 合同，甲方出售 200 箱番茄酱罐头给乙方。合同规定“每箱装 24 罐×100 克”，即每箱装 24 罐，每罐 100 克。但卖方在出货时，却装了 200 箱，每箱 24 罐，每罐 200 克，货物重量比合同多了 1 倍，买方拒绝收货，并主张撤销合同。

问题：买方有这种权利吗？为什么？

第一节　商品的品质

一、商品品质的重要性

商品的品质（Quality of Goods）是指商品的内在素质和外观形态的综合。前者包括商品的物理性能、机械性能、化学成分和生物的特性等自然属性；后者包括商品的外形、色泽、款式和透明度等。

合同中的品质条件，是商品说明的重要组成部分，是买卖双方交接货物的依据。《联合国国际货物销售合同公约》规定卖方交货必须符合约定的质量，如卖方交货不符合约定的品质条件，买方有权要求损害赔偿，也可要求修理或交付替代货物，甚至拒收货物和撤销合同，这就进一步说明了品质的重要性。

案例 8-1

青岛某出口公司向日本出口一批苹果，合同及来证上均写的是三级品，但到发货时才发现三级苹果库存告罄，于是该出口公司改以二级品交货，并在发票上加注：“二级苹果仍按三级计价”。

问题：这种以好顶次的做法是否妥当？

二、商品品质的表示方法

国际贸易中所交易的商品种类繁多，特点各异，所以表示其品质的方法也多种多样，归纳起来，包括以实物表示和凭说明表示两类。

（一）以实物表示品质

1. 看货买卖

看货买卖（Sale by Inspection）是指买方或其代理人通常在卖方存放货物的场所验看货物，一旦达成交易，卖方就应按对方验看过的商品交货。只要卖方交付的是验看过的货物，买方就不得对品质提出异议。这种做法，多用于寄售、拍卖和展卖业务中。

2. 凭样品买卖

样品（Sample）通常是指从一批商品中抽出来的或由生产、使用部门设计加工出来的，足以反映和代表整批商品品质的少量实物。凡以实物样品表示商品质量并以此作为交货依据的买卖，称为“凭样品买卖”（Sale by Sample）。

在国际贸易中，按样品提供者的不同，凭样品买卖可以分为以下三种：

（1）凭卖方样品买卖（Sale as Per Seller's Sample）。凡凭卖方提供的样品作为交货的品质依据，称为“凭卖方样品买卖”。在此情况下，报价单或契约合同上应订明“品质以卖方样品为准”（Quality as Per Seller's Sample），日后卖方所交整批货的品质，必须与其提供的样品相同。

（2）凭买方样品买卖（Sale as Per Buyer's Sample）。买方为了使其订购的商品符合自身要求，有时自选提供样品交由卖方依样承制，如卖方同意按买方提供的样品成交，称为“凭买方样品买卖”。此种情况下买卖合同中应订明“品质以买方样品为准”（Quality as Per Buyer's Sample）。日后卖方所交整批货的品质，必须与买方样品相符。

（3）凭对等样品（Counter Sample）买卖。在国际贸易中，谨慎的卖方往往不愿意承接凭买方样品交货的交易，以免因交货品质与买方样品不符而招致买方索赔，甚至退货的危险。在这种情况下，卖方根据买方提交的样品，加工复制出一个类似的产品经买方确认，这种经确认后的样品，称为“对等样品”或“回样”（Counter Sample），也有称之为“确认样品”（Confirming Sample）的。当对等样品被买方确认后，日后卖方所交付货物的品质必须以对等样品为准。

凭样品买卖时，应当注意下列事项：

（1）凡凭样品买卖时，卖方交货品质必须与样品完全一致。在凭样成交的条件下，买方应有合理的机会对卖方交付的货物与样品进行比较；卖方所交货物，不应存在合理检查时不易发现的有导致不合商销的瑕疵。买方对与样品不符的货物，可以拒收或提出赔偿要求。因此，卖方应在对交货品质有把握时采用此法，而且应严格按样品标准交货。

（2）以样品表示品质的方法，只能酌情采用。凭样品买卖，容易在履约过程中产生品质方面的争议，所以不能滥用此种表示品质的方法。凡能用科学的指标表示商品质量时，就不宜采用此法。如在造型上有特殊要求或具有色、香、味等方面特征的商品，以及其他难以用科学的指标表示质量的商品，则采用凭样品买卖。

（3）采用凭样成交而对品质无绝对把握时，应在合同条款中相应做出灵活的规定。当卖方对品质无绝对把握，或对于一些不完全适合于凭样成交的货物，可在买卖合同中特别订明：“品质与样品大致相同”（Quality shall be about equal to the sample）或“品质与样品近似”（Quality is nearly same as the sample）。为了预防因交货品质与样品略有差异而导致买方拒收货物，也可在买卖合同中订明：“若交货品质稍次于样品，买方仍须收领货物，但价格应由双方协商相应减低。”当然，此项条款只限于品质稍有不符的货物。若交货品质与样品差距较大时，买方仍有权拒收货物。

（二）凭说明表示品质

所谓凭说明表示品质，是指用文字、图表、相片等方式来说明成交商品的品质。

1. 凭规格买卖 (Sale by Specification)

商品规格是指一些足以反映商品质量的主要指标，如化学成分、含量、纯度、性能、容量、长短、粗细等。商品的用途不同，要求的品质指标也会有所不同。

用规格表示商品品质的方法，具有简单易行、明确具体，且可根据每批成交货物的具体品质状况灵活调整的特点，故这种方法在国际贸易中被广为运用。

2. 凭等级买卖 (Sale by Grade)

商品的等级是指同一类商品，按其规格上的差异优劣各不相同的若干等级，用文字、数字或符号所做的分类，如优等、中等、低等；大号、中号、小号等。

凭等级买卖时，由于不同等级的商品具有不同的规格，为了便于履行合同和避免争议，在品质条款列明等级的同时，最好一并规定每一等级的具体规格。当然，如果交易双方都熟悉每个级别的具体规格，则也可以只列明等级，而无须规定其具体规格。

3. 凭标准买卖 (Sale by Standard)

商品的标准是指将商品的规格和等级标准化。标准化的商品一般可按标准进行交易。由于各国制定的标准经常进行修改和变动，加之一种商品的标准还可能有不同年份的版本，版本不同，其品质标准也往往有差异。因此，在采用国外标准时，应载明所采用标准的年份和版本，以免引起争议。

在国际贸易中，对于某些品质变化较大而难以规定统一标准的农副产品，往往采用

“良好平均品质”（Fair Average Quality，FAQ）这一术语来表示其品质。所谓“良好平均品质”，是指一定时期内某地出口货物的平均品质水平，一般是对中等货而言。其具体解释和确定办法是：

（1）指农产品的每个生产年度的中等货。采用这种解释时，一般是由生产国在农产品收获后，经过对产品进行广泛抽样，从中确定出该年度的“良好平均品质”的标准和样品，并予以公布，作为该年度“FAQ”的标准。

（2）指某一季度或某一装船月份在装运地发运的同一种商品的“平均品质”。它一般是从各批出运的货物中抽样，然后综合起来，取其中者作为良好品质的标准。它可以由买卖双方联合抽样，或共同委托检验人员抽样，送交指定的机构（可以是进口地的专业公会）检验决定。

在我国出口的农副产品中，也有用“FAQ”来说明品质的。但是，我们所说的“FAQ”一般指大路货，是和“精选货”（Selected）相对而言的，而且在合同中除了标明大路货之外，还订有具体规格。

4. 凭说明书和图样买卖 (Sale by Descriptions and Illustrations)

在国际贸易中，有些机器、电器和仪表等技术密集型产品，因其结构复杂，对材料和设计的要求非常严格，用以说明其性能的数据较多，很难用几个简单的指标来表明其品质。因此，对于这类商品的品质，通常是以说明书并附以图样、照片、图纸、分析表及各种数据来说明其具体性能和结构特点。按此方式进行交易，称为凭说明书和图样买卖。

有不少厂商向顾客分送商品目录，介绍其定型产品的外形、构造、性能，有时还附有价格，供顾客选购。凡按这种商品目录订货的交易，又称凭商品目录买卖。目前，有关定型的机电产品买卖，有不少是采用这种方式进行的。

5. 凭商标或品牌买卖 (Sale by Mark or Board Name)

商标是指生产者或商号用来说明其所生产或出售的商品的标志，它可由一个或几个具有特色的单词、字母、数字、图形或图片等组成。品牌是指工商企业给其制造或销售的商品所冠的名称，以便与其他企业的同类产品区别开来。在国际市场上，一些名牌产品的品质比较稳定，在市场上树立了良好的信誉，买卖双方在交易时，习惯上就采用这些商品的商标或品牌来表示其品质。

如果一种品牌的商品同时有许多种不同型号或规格，为了明确起见，就必须在规定品牌的同时，明确规定型号或规格。凭商标或品牌的买卖，一般只适用于一些品质稳定的工业制成品或经过科学加工的初级产品。在进行这类交易时，必须确实把好凭标准买卖质量关，保证产品的传统特色，把维护名牌产品的信誉放在首要地位。

6. 凭产地名称买卖 (Sale by Name of Origin)

在国际货物买卖中，有些产品因产区的自然条件、传统加工工艺等因素的影响，在品质方面具有其他产区的产品所不具有的独特风格和特色。对于这类产品，一般也可用产地名称来表示其品质，如长白山人参、北京烤鸭、张家口绿豆、龙口粉丝、镇江香醋等。

三、合同中的品质条款

合同中的品质条款是一项主要条款，其基本内容包括商品品名、规格、商标、品牌等。在国际贸易中，由于商品品质千差万别，表示商品品质的方法也不同，合同中品质条款也不尽相同，品质条款如何规定应视情况而定。订立品质条款应注意以下几方面的问题。

（一）正确运用各种表示品质的方法

品质条款的内容，必然涉及表示品质的方法。究竟采用何种表示品质的方法，应视商品的特性而定。一般地讲，凡能用科学的指标说明其质量的商品，适于凭规格、等级或标准买卖；有些难以规格化和标准化的商品，如加工工艺品等，适于凭样品买卖；某些质量好并具有一定特色的名优产品，适于凭商标或品牌买卖；某些性能复杂的机器、电器和仪表，适于凭说明书和图样买卖；凡具有地方风味和特色的产品，则可凭产地名称买卖。上述这些表示品质的方法，不能随意滥用，而应当合理选择。

（二）品质条款必须具体、明确，切合实际

在规定品质条件时，不宜采用语如“大约”“左右”“合理误差”之类的笼统含糊字眼，以免在交货品质问题上引起争议。但是，也不宜将品质条件订得过死，给履行交货义务带来一定的困难。一般地说，对一些矿产品、农副产品和轻工产品的品质规格的规定，要有一定的灵活性，以利合同的履行。

（三）从实际出发，防止品质条件偏高或偏低

在确定出口商品的品质条件时，既要考虑国外市场的实际需要，又要考虑国内生产部门供货的可能性。凡外商对品质要求过高，而我们在实际中又做不到的条件不应接受。对于品质条件符合国外市场需要的商品，合同中的品质规格不应低于实际商品，以免影响成交价格和出口商品信誉。但也不应为了追求高价，而盲目提高品质，以致浪费原材料，给生产部门带来困难，甚至影响交货，对外造成不良影响。

（四）要注意科学性和灵活性

品质条款的内容和文字应注意科学性、严密性和准确性。在实践中，由于商品特性、运输条件、气候条件等因素的影响，对某些商品，卖方要做到交货品质与合同规定完全一致并非易事，如某些农副产品、矿产品等，因此为了避免因交货品质与买卖合同稍有不符而造成违约，以保证合同的顺利履行，可以在合同品质条款中做出某些变通规定。常见的有下列一些变通规定的办法。

1. 加订交货品质与样品大体相等或其他类似条款

在凭样品买卖的情况下，交易双方容易在交货品质与样品是否一致的问题上产生争议。为了避免争议和便于履行合同，卖方可要求在品质条款中加订“交货品质与样品大

体相等”（Quality to be considered and being about equal to the sample）之类的条文。

2. **订明品质公差 (Quality Tolerance)**

品质公差是指国际上公认的产品品质的误差。在工业制成品生产过程中，产品的质量指标出现一定的误差有时是难以避免的，如手表每天出现误差若干秒，应算行走正常。这种公认的误差，即使合同没有规定，只要卖方交货品质在公差范围内，也不能视作违约。但为了明确起见，还是应在合同品质条款中订明一定幅度的公差。例如：尺码或重量允许有“±3%～5%的合理公差”。凡在品质公差范围内的货物，买方不得拒收或要求调整价格。

3. **规定品质机动幅度**

某些初级产品（如农副产品等）的质量不甚稳定，为了交易的顺利进行，在规定其品质指标的同时，可另订一定的品质机动幅度，即允许卖方所交货物的品质指标在一定幅度内有灵活性。关于品质机动幅度，有下面几种订法：

（1）规定一定的范围。对品质指标的规定允许有一定的差异范围。

（2）规定一定的极限。对所交货物的品质规格，规定上下极限，即最大、最高、最多为多少，最小、最低、最少为多少。卖方交货只要没有超出极限，买方就无权拒收。

为了体现按质论价，在使用品质机动幅度时，有些货物也可根据交货品质情况调整价格，即所谓“品质增减价”条款。也就是对约定的机动幅度内的品质差异，可按实际交货品质规定予以增价或减价。如在我国大豆出口合同中规定：“水分每增减 1%（±1%），则今同价格减增 1%（±1%）。如增减幅度不到 1%者，可按比例计算”。

第二节　商品的数量

一、商品数量的重要性

商品的数量是国际货物买卖合同中不可缺少的主要条件之一。《联合国国际货物销售合同公约》规定，按约定的数量交付货物是卖方的一项基本义务。如卖方交货数量大于约定的数量，买方可以拒收多交的部分，也可以收取多交部分中的一部分或全部，但应按合同价格付款。如卖方交货数量少于约定的数量，卖方应在规定的交货期届满前补交，但不得使买方遭受不合理的不便或承担不合理的开支，即使如此，买方也有保留要求损害赔偿的权利。

由于交易双方约定的数量是交接货物的依据，因此，正确掌握成交数量和订好合同中的数量条件，具有十分重要的意义。

二、计量单位和计量方法

在国际贸易中，由于商品的种类、特性和各国度量衡制度的不同，所以计量单位和计量方法也多种多样。了解各种度量衡制度，熟悉各种计量单位的特定含义和计量方法，是从事外经贸工作的人员所必须具备的基本常识和技能。

（一）计量单位

1. 计量单位的分类

国际贸易中不同类型的商品，需要采用不同的计量单位。通常使用的有下列几类：

（1）按重量（Weight）计算。按重量计量在当今国际贸易中广为使用，例如，许多农副产品、矿产品和工业制成品，都是按重量计量的。按重量计量的单位有吨（Metric Ton）、长吨（Long Ton）、短吨（Shot Ton）、千克（Kilogram）、克（Gram）、盎司（Ounce）、磅（Pound）等。

（2）按数量（Number）计算。大多数工业制成品，尤其是日用消费品、轻工业品、机械产品以及一部分土特产品，均习惯于按数量进行买卖。其所使用的计量单位有件（Piece）、双（Pair）、套（Set）、打（Dozen）、卷（Roll）、令（Ream）、罗（Gross）以及袋（Bag）和包（Bale）等。

（3）按长度（Length）计算。在金属绳索、丝绸、布匹等类商品的交易中，通常采用米（Meter）、英尺（Foot）、码（Yard）等长度单位来计量。

（4）按面积（Area）计算。在玻璃板、地毯、皮革等商品的交易中，一般习惯于以面积作为计量单位，常见的有平方米（Square Meter）、平方英尺（Square Foot）、平方码（Square Yard）等。

（5）按体积（Volume）计算。按体积成交的商品有限，仅用于木材、天然气和化学气体等。属于这方面的计量单位，有立方米（Cubic Meter）、立方英尺（Cubic Foot）等。

（6）按容积（Capacity）计算。各类谷物和流体货物往往按容积计量。常见的计量单位有蒲式耳（Bushel）、升（Litre）、加仑（Gallon）等，多用于酒类、油类商品。

2. 国际贸易中的度量衡制度

世界各国的度量衡制度不同，致使同一计量单位所表示的数量不同。

在国际贸易中，通常采用公制（The Metric System）、英制（The British System）、美制（The U. S. System）和国际标准计量组织在公制基础上颁布的国际单位制（The International System of Units，SI）。《中华人民共和国计量法》规定：国家采用国际单位制。国际单位制计量单位和国家选定的其他计量单位，为国家法定计量单位。目前，除个别特殊领域外，我国一般不许再使用非法定计量单位。由此可见，了解不同度量衡制度下各计量单位的含量及其计算方法是十分重要的。

（二）计算重量的方法

在国际贸易中，按重量计量的商品很多。根据一般商业习惯，通常计算重量的方法有下列几种。

1. 毛重

商品本身的重量加包装的重量称为毛重（Gross Weight）。这种计量方法一般适用于低值商品。

2. **净重**

净重（Net Weight）是商品本身的重量，即除去其包装物后的实际重量，这是国际贸易中最常见的计重方法。不过，有些价值较低的农产品或其他商品，有时也采用“以毛作净”（Gross for Net）的办法计重。例如，蚕豆100吨，单层麻袋包装以毛作净。所谓“以毛作净”，实际上就是以毛重当作净重计价。

在采用净重计重时，对于如何计算包装重量，国际上有下列几种做法：

（1）按实际皮重（Actual Tare或Real Tare）计算。实际皮重即指包装的实际重量，它是指对包装逐件衡量后所得的总和。

（2）按平均皮重（Average Tare）计算。如果商品所使用的包装比较统一，重量相差不大，就可以从整批货物中抽出一定的件数，称量出其皮重，然后求出其平均重，再乘以总件数，即可求得整批货物的皮重。

（3）按习惯皮重（Custom Tare）计算。有些商品，由于其所使用的包装材料和规格已比较定型，皮重已为市场所公认，因此，在计算其皮重时，就无须对包装逐件过秤，按习惯上公认的皮重乘以总件数即可。

（4）按约定皮重（Computed Tare）计算。即以买卖双方事先约定的包装重量作为计算的基础。国际上有多种计算皮重的方法，究竟采用哪一种方法来求得净重，应根据商品的性质、所使用包装的特点、合同数量的多寡以及交易习惯，由双方当事人事先在合同中订明，以免事后引起争议。

3. **公量**

国际贸易中的棉毛、羊毛、生丝等商品有较强的吸湿性，其所含的水分受客观环境的影响较大，故其重量很不稳定。为了准确计算这类商品的重量，国际上通常采用按公量计算的办法，即以商品的干净重（指烘去商品水分后的重量）加上国际公定回潮率与干净重的乘积所得出的重量，即为公量（Conditioned Weight）。其计算公式有下列两种：

$$公量=商品干净重\times(1+公定回潮率)$$

$$公量=商品净重\times\frac{1+公定回潮率}{1+实际回潮率}$$

注：实际回潮率是含水量与干净重之比。

4. **理论重量**

对于某些按固定规格生产和买卖的商品，只要规格一致，每件的重量大体是相同的，一般可以从其件数推算出总量，即为理论重量（Theoretical Weight）。但是，这种计算方法是建立在每件货物重量相同的基础上的，重量如有变化，其实际重量也会产生差异，因此，只能作为计重时的参考。

5. **法定重量和实物净重**

按照一些国家海关法的规定，在征收从量税时，商品的重量是以法定重量计算的。所谓法定重量（Legal Weight）是商品重量加上直接接触商品的包装物料，如销售包装等的重量。而除去这部分重量所表示出来的纯商品的重量，则称为实物净重（Net Weight）。

三、合同中的数量条款

买卖合同中的数量条款，主要包括成交商品的数量和计量单位。按重量成交的商品，还需订明计算重量的方法。数量条款的内容及其繁简程度，应视商品的特性而定。规定数量条款，需要注意下列事项。

（一）正确掌握进出口商品的数量

在交易磋商时，应正确掌握进出口商品成交的数量，避免心中无数、盲目成交。具体而言，对出口商品数量的掌握，应考虑国外市场的需求量、市场趋势、国内货源的供应量、国际市场的价格变动趋势和国外客户的资信状况和经营能力，在国外市场需求量小、本国货源供应偏紧、国际市场价格看涨时，不能盲目成交。对进口商品数量的把握，则要考虑国内的实际需要和支付能力。此外，还应根据当时国际市场行情的变化来灵活决定采购的数量。

（二）数量条款应当明确具体

为了便于履行合同和避免引起争议，进出口合同中的数量条款应当明确具体。比如，在规定成交商品数量时，应一并规定该商品的计量单位。对按重量计算的商品，还应规定计算重量的具体方法，如“中国大米 1 000 吨，麻袋装，以毛作净”。

此外，在进出口合同中，一般不宜采用“大约、近似、左右”（About，Circa，Approximate）等带伸缩性的字眼来说明成交数量只是一个约数。因为，各国和各行业对这类词语的解释不一，有的理解为 2%的伸缩，也有的理解为 5%甚至 10%的伸缩。众说纷纭，容易引起争议。根据《跟单信用证统一惯例（2007 年修订本）》（国际商会第 600 号出版物，简称为《UCP600》）第 30 条规定，这个约数可解释为交货数量有不超过 10%的增减幅度。鉴于国际上对约数有不同解释，为了明确责任和便于履行合同，某些难以准确地按约定数量交货的商品，特别是大宗商品，可在买卖合同中具体规定数量机动幅度。

案例 8－2

我国某出口公司向某国出口一批黄豆，合同规定：每吨 180 美元，共计 1 000 吨，并且数量可增减 10%。从国外开来的信用证中规定金额为 18 万美元，1 000 吨。我方工作人员认为数量可增减 10%，便以 1 100 吨发货装运。

问题：我方凭单证向银行议付时是否会造成拒付？为什么？

（三）合理规定数量机动幅度

在粮食、矿砂、化肥和食糖等大宗商品的交易中，由于商品特性、货源变化、船舱容量、装载技术和包装等因素的影响，要求准确地按约定数量交货，有时存在一定困难。

为了使交货数量具有一定范围内的灵活性和便于履行合同，买卖双方可在合同中合理规定数量机动幅度，即规定数量增减条款或溢短装条款（More or Less Clause）。按照这一条款规定，卖方在交货时可以溢交或短交合同数量的百分之几。只要卖方交货数量在约定的增减幅度范围内，就视为按合同规定数量交货，买方就不得以交货数量不符为由而拒收或提出索赔。规定溢短装条款需要注意下列几点。

1. 数量机动幅度的大小要适当

数量机动幅度的大小通常都以百分比表示，如3%或5%不等。究竟百分比多大合适，应视商品特性、行业或贸易习惯和运输方式等因素而定。

2. 机动幅度选择权的规定要合理

在合同规定有机动幅度的条件下，由谁行使这种机动幅度的选择权呢？一般来说，是履行交货的一方，也就是由卖方选择。但是，如果涉及海洋运输，交货量的多少与承载货物的船只的舱容关系非常密切。在租用船只时，就得跟船方商定。总之，机动幅度的选择权可以根据不同情况，由买方行使，也可由卖方行使，或由船方行使。因此，为了明确起见，最好是在合同中做出明确合理的规定。

3. 溢短装数量的计价方法要公平合理

目前，对机动幅度范围内超出或低于合同数量的多装或少装部分，一般是按合同价格结算，这是比较常见的做法。在按合同价格计价的条件下，交货时市价下跌，多装对卖方有利；但如果市价上升，多装却对买方有利。因此，为了防止有权选择多装或少装的一方当事人利用行市的变化，有意多装或少装以获取额外的好处，也可在合同中规定，多装或少装的部分按装船时或货到时的市价计算，以体现公平合理的原则。

第三节　商品的包装

一、商品的包装的重要性

在国际贸易中，商品种类繁多，性质、特点和形状各异，因而它们对包装的要求也各不相同。除少数商品难以包装、不值得包装或根本没有包装的必要，而采取裸装（Nuded）或散装（In Bulk）的方式外，其他绝大多数商品都需要有适当的包装。

（一）商品包装是实现商品的使用价值和价值的重要手段

商品包装是商品生产的继续，凡需要包装的商品，只有通过包装，才算完成生产过程，商品才能进入流通领域和消费领域，才能实现商品的使用价值和价值。

（二）商品包装是保护商品在流通中品质完好和数量完整的重要措施

经过适当包装的商品，不仅便于运输、装卸搬运、储存、保管、清点、陈列和携带，而且不易丢失或被盗，为各方面提供了便利。

（三）商品包装已成为加强对外营销的重要手段

在国际市场竞争十分激烈的情况下，良好的包装不仅可以保护商品，而且能宣传美化商品，提高商品身价，吸引顾客，扩大销路，并在一定程度上显示出口国家的科技和文化艺术水平。

（四）商品包装的条件是买卖合同中的一项主要条件

按照某些国家的法律规定，如果卖方交付的货物未按约定的条件包装，或者货物的包装与行业习惯不符，买方有权拒收货物。如果货物虽按约定的方式包装，但却与其他货物混杂在一起，买方可以拒收违反规定包装的那部分货物，甚至可以拒收整批货物。由此可见，做好包装工作和按约定的条件包装，具有重要的意义。

鉴于包装如此重要，所以生产企业和销售部门应共同做好包装工作，使我国出口商品的包装符合科学、经济、牢固、美观、适销和多创外汇的要求。

二、包装的种类

根据在流通过程中所起作用的不同，包装可分为运输包装（即外包装）和销售包装（即内包装）两种类型。

（一）运输包装

运输包装又称外包装、大包装，其主要作用在于保护商品，便于运输、储存、计数，有利于节省货运成本。一般来说，运输包装主要分为：

（1）单件运输包装：货物在运输过程中作为一个计件单位的包装。

（2）集合运输包装：将若干单件运输包装组合成一件大包装。这样做可以更有效地保护商品，提高装卸效率和节省运费。在国际贸易中，常见的集合运输包装有集装包、集装袋、托盘和集装箱。

（二）销售包装

1. 销售包装的种类

销售包装又称内包装、小包装或直接包装，它是直接接触商品并进入消费领域的内包装。它除了起到保护商品的作用外，还具有美化商品、促进销售的功能。所以，提高销售包装的质量，是加强对外营销的一个重要方面。

依据商品的不同特性和形状，常见的销售包装有下列几种：

（1）挂式包装。这类包装带有吊带、挂孔等装置，便于悬挂。

（2）堆叠式包装。这类包装堆叠稳定性强，便于摆设陈列。

（3）携带式包装。这类包装附有手提装置，携带方便。

（4）易开包装。这类包装封口严密，但有特定的开启部位，易于开启。

（5）喷雾包装。这属于流体商品的包装，该商品带有自动喷出流体的装置。

（6）配套式包装。这是指将配套商品装入同一包装中。

（7）礼品包装。这是采用了适合于送礼用的包装。

（8）复用包装。这类包装除可用于包装商品外，还具有其他用途，如观赏、存放其他物品等。

2. 销售包装的装潢和文字说明

销售包装的装潢通常包括图案与色彩。销售包装的装潢应大方美观，富于艺术吸引力，并突出商品的特性。同时，应适应进口国的文化习俗与偏好，以利于出口。文字说明通常包括商品名称、品牌、数量、规格、成分构成、使用说明、生产日期、有效期、产地等内容。文字说明与装潢要密切结合，和谐统一，以达到宣传和促销的目的。销售包装上使用文字说明和制作标签时，要注意有关国家的标签管理条例的规定。如加拿大政府规定，销往该国的商品必须同时使用英语和法语两种文字。

3. 条形码

条形码（Product Code）是一种产品代码，由一组宽窄且间隔不等的平行线条及相应的数字组成。它可以表示商品的许多信息，通过光电扫描输入电脑，便可以判断出某件商品的生产国、制造商、品名规格、价格等一系列产品信息，大大提高商品管理效率。

目前许多国家的超级市场都使用条形码技术进行自动扫描结算，若商品包装上没有条形码，即使是名优商品，也不能进入超级市场，有些国家规定某些包装上无条形码标志，即不予进口。

在国际上通用的条形码有两种：一种是由美国和加拿大共同组织的“统一编码委员会”（Universal Code Council，UCC）编制，其使用的物品标识符号为 UPC 码（Universal Product Code）；另一种是由“欧洲物品编码协会”（European Article Number Association）编制，该组织后改名为国际物品编码协会（International Article Number Association），其使用的物品标识符号为 EAN 码（European Article Number）。2005 年 2 月，EAN 和 UCC 正式合并更名为 GS1。我国于 1991 年 7 月正式加入国际物品编码协会。目前我国的国别代码为 690～699。凡标有“690、691、692……”条形码的商品，即表示是中国的出口商品。

三、运输包装的标志

为了装卸、运输、仓储、检验和交接工作的顺利进行，防止发生错发和损坏货物与伤害人身的事故，以保证货物安全迅速、准确地运交收货人，就需要在运输包装上书写、压印、刷制各种有关的标志，以资识别和提醒人们操作时注意。运输包装上的标志，按其用途可分为运输标志、指示性标志和警告性标志三种。

（一）运输标志

运输标志（Shipping Mark）又称“唛头”，它通常是由一个简单的几何图形和一些字母、数字及简单的文字组成，其主要内容包括：

（1）目的地的名称或代号；

（2）收、发货人的代号；

（3）件号、批号。

此外，有的运输标志还包括原产地、合同号、许可证号和体积与重量等内容。运输标志的内容繁简不一，由买卖双方根据商品特点和具体要求商定。

鉴于运输标志的内容差异较大，有的过于繁杂，因此，联合国欧洲经济委员会简化国际贸易程序工作组，在国际标准化组织和国际货物装卸协调协会的支持下，制定了一项标准的运输标志向各国推荐使用。该标准的运输标志的内容包括：

（1）收货人或买方名称的英文缩写字母或简称；

（2）参考号，如运单号、订单号或发票号；

（3）目的地；

（4）件号。

（二）指示性标志

指示性标志（Indicative Mark）是指根据商品特性，对容易破碎、损坏或变质的商品用简单、醒目的图形成文字做出标志，提醒有关人员在装卸、搬运、储存、清点和查验等操作过程中给予充分注意。如易碎，小心搬运（Fragile，handle with care）；此端朝上（This way up）；保持干燥（Keep dry）；防热（Keep away from heat）；等等。

（三）警告性标志

警告性标志（Warning Mark）又称危险货物包装标志。凡在运输包装内装有爆炸品、易燃物品、有毒物品、腐蚀物品、氧化剂和放射性物质等危险货物时，都必须在运输包装上标明用于各种危险品的标志，以示警告，便于装卸、运输和保管人员按货物特性采取相应的防护措施，以保护物资和人身的安全。根据我国国家标准《危险货物包装标志》的规定，在运输包装上应打警告性标志。

此外，联合国政府间海事协商组织也规定了一套《国际海运危险品标志》，这套规定在国际上已被许多国家采用。有的国家进口危险品时，要求在运输包装上标打该组织规定的危险品标志，否则，不准靠岸卸货。因此，在我国出口危险货物的运输包装上，要标打我国和国际海运所规定的两套危险品标志。

四、中性包装和定牌生产

（一）中性包装

中性包装（Neutral Packing）是指既不标明生产国别、地名和厂商名称，也不标明商标或品牌的包装。中性包装包括无牌中性包装和定牌中性包装两种，前者是指包装上既无生产国别和厂商名称，又无商标、品牌；后者是指包装上仅有买方指定的商标或品牌，但无生产国别和厂商名称。

采取中性包装，是为了打破某些进口国家与地区的关税和非关税壁垒以及适应交易的特殊需要（如转口销售等），它是出口国家厂商加强对外营销和扩大出口的一种手段。

（二）定牌生产

定牌是指卖方按买方要求在其出售的商品或包装上标明买方指定的商标或牌号，这种做法叫定牌生产。

当前，世界上许多国家的超级市场、大百货公司和专业商店对其经营出售的商品，都要在商品上或包装上标有本商店使用的商标或品牌，以扩大本店知名度和显示该商品的身价。许多国家的出口厂商为了利用买主的经营能力及其商业信誉和品牌声誉，以提高商品售价和扩大销路，也愿意接受定牌生产。

五、合同中的包装条款

包装条款一般包括包装材料、包装方式、规格、标志和包装费用的负担等内容。在订立包装条款时，需要注意下列事项。

（一）要考虑商品特点和不同运输方式的要求

商品的特性、形状和使用的运输方式不同，对包装的要求也不相同。因此，在约定包装材料、包装方式、包装规格和包装标志时，必须从商品在储运和销售过程中的实际需要出发，使约定的包装科学、合理，并达到安全、适用和适销的要求。

（二）对包装的规定要明确具体

一般不宜采用“海运包装”（Seaworthy Packing）和“习惯包装”（Customary Packing）之类的术语。

（三）明确包装费由谁负担

（1）由卖方供应包装，包装连同商品一起交付买方。

（2）由卖方供应包装，但交货后，卖方将原包装收回，原包装返回给卖方的运费由何方负担，应作具体规定。

（3）由买方供应包装或包装物料。采用此种做法时，应明确规定买方提供包装或包装物料的时间，以及由于包装或包装物料未能及时提供而影响发运时买卖双方所负的责任。

包装费用，一般包括在货价之中，不另计收。

本章小结

国际贸易合同的品质、数量和包装条款都属于合同的要件，必须本着明确、具体、规范，有利于合同顺利进行和尽量避免发生争议的原则在合同中具体订明。本章详细介绍了商品的品质、数量，包装条款的含义、内容以及订立各项条款应注意的问题。在国际贸易实践中，做好这些方面的工作，是贸易成功的重要保障。

关键概念

对等样品　以毛作净　溢短装条款　中性包装　唛头　公量

思考题

1. 简述表示商品品质的方法。
2. 订立品质条款应注意哪些问题？
3. 订立数量条款应注意哪些问题？
4. 什么是“中性包装”？在国际贸易中为什么会出现中性包装？
5. 为什么在运输包装上要刷写有关标志？

第九章

国际货物运输

本章要点提示

- 国际货物运输方式的种类及各自特点
- 班轮运输的特点及运费的计算
- 国际货物运输买卖合同中装运条款的内容
- 海运提单的性质、种类

引导案例

有一批货物共 1 000 箱，自 A 国港口装运至 B 国某港口，承运人签发了“已装船清洁提单”，但货运到目的港后，收货人发现下列情况：(1) 少 10 箱货；(2) 20 箱包装严重破损，内部货物大部分散失；(3) 50 箱包装外表完好，箱内货物短少。

问题：试问上述三种情况是否应属承运人的责任？为什么？

第一节　运输方式

现代国际贸易中使用的运输方式很多，主要包括海洋运输、铁路运输、航空运输、邮政运输、公路运输、联合运输等。各种运输方式都有其自身的优势及特点。了解各种运输方式的特点，对合理选择和正确利用各种运输方式具有重要意义。

一、海洋运输

（一）海洋运输概述

海洋运输（Ocean Transport）是指使用船舶通过海上航道在不同的国家和地区的港口间运送货物的一种运输方式。它是国际货物运输中运用最广泛的一种运输方式。目前，海运量在国际货物运输总量中占 80%以上。海洋运输具有运载量大、运输成本低、通过能力大、不受轨道和道路的限制等优点。但是，海洋运输容易受到自然条件和气候条件的影响，航行速度较慢，风险也较大。

（二）海洋运输的经营方式

1. 班轮运输

（1）班轮运输的含义。

班轮运输（Liner Transport）指船舶按照预定的航行时间表，在固定的航线和港口往返航行，从事客货运输业务并按事先公布的费率收取运费的一种运输方式。

（2）班轮运输的主要特点。

1）船舶按照固定的船期表（Sailing Schedule），沿着固定的航线和港口来往运输，并按相对固定的运费率收取运费，因此，它具有“四固定”的基本特点。

2）由船方负责配载装卸，装卸费包括在运费中，货方不再另付装卸费，船货双方也不计算滞期费和速遣费。

3）船、货双方的权利、义务与责任豁免，以船方签发的提单条款为依据。

4）班轮承运货物的品种、数量比较灵活，货运质量较有保证，且一般采取在码头仓库交接货物，故为货主提供了更便利的条件。

（3）班轮运费的计算标准。

1）按货物的毛重计收，即按重量吨（Weight Ton）收取，运价表中用“W”表示。

2）按货物的体积计收，即按尺码吨（Measurement Ton）收取，运价表中用“M”表示。

3）按重量或体积计收，即按重量吨或尺码吨两种计算运费，从高收取，运价表中用“W/M”表示。

4）按货物的价格计收，通常称为从价运费，运价表中用“A. V.”或“Ad. Val”表示。从价运费一般按货物在装运地 FOB 价格的百分之几收取。

5）按货物的毛重或体积或从价计收，即在重量吨、尺码吨或 FOB 价格三种计算标准中，选择最高的一种收取，运价表内用“W/M or A. V.”表示。

6）按重量或体积再加一定百分比的从价运费，即在重量或体积标准中选较高的一种计算运费，然后再加上一定百分比的从价运费。运价表中用“W/M plus A. V.”表示。

7）按货物的件数计收，如汽车按辆，活牲畜按头。

8）由船方与货主临时议价，通常在承运粮食、豆类、石、煤炭等大宗货物时采用。在运价表中，用“open”表示。

（4）班轮运费中的附加费。

在基本运费之外，为了弥补损失又规定了各种额外加收的费用。常见的附加费有下列几种：

1）超重附加费（Extra Charges on Heavy Lifts）。

2）超长附加费（Extra Charges on Over Length）。

3）直航附加费（Additional on Direct），是指当运往非基本港的货物达到一定的货量，船公司安排直航该港而不转船时所加收的附加费。

4）转船附加费（Transhipment Surcharge），是指凡运往非基本港的货物，需转船运往目的港，船方因此收取的附加费。

5）港口附加费（Port Surcharge），是指由于有些港口设备条件差或装卸效率低以及其他原因，船公司加收的附加费。

6）港口拥挤费（Port Congestion Surcharge），是指由于有些港口拥挤，船舶停泊时间增加而加收的附加费。

7）燃油附加费（Bunker Surcharge or Bunker Adjustment Factor，BAF），是指在燃油价格突然上涨时加收的费用。

8）选港附加费（Optional Fees），是指托运人托运货物时不能确定具体卸港，要求在预先提出的两个或两个以上港口中选择其中一个港口卸货，船方加收的附加费。

9）绕航附加费（Deviation Surcharge），是指由于正常航道受阻不能通行，船舶必须绕道才能将货物运至目的港时，船方所加收的附加费。

附加费的名目繁多，但计算方法基本分两种：一种是按每运费吨加收若干金额计算；另一种是按基本运费的一定百分率计算。

（5）班轮运费的计算方法。

1）选择相关的船公司价格表。

2）根据货物名称，在货物分级表中查出相应的运费计算标准（Basis）和等级（Class）。

3）在等级费率表的基本部分，找到相应的航线、起运港和目的港，按等级查到基本运价。

4）再从附加费部分查出所有应收（付）的附加费项目和数额（或百分比）及货币种类。

5）根据基本运价和附加费算出实际运价。

6）总运费=实际运价×运费吨。

班轮运费的计算公式为：

运费=基本运费×(1+附加费率)×计费重量(或体积)

例如：出口箱装货物共100箱，报价为每箱4 000美元FOB某港，基本费率为每运费吨26美元或1.5%，以W/M或A.V.选择法计算，每箱体积为1.4m×1.3m×1.1m，毛重为每箱 2 吨，并加收燃油附加费 10%，求总运费。

每箱基本运费：

按“W”计算：26×2 =52 美元

按“M”计算：26×1.4×1.3×1.1=52.05 美元

按“A. V.”计算：4 000×1.5%=60 美元

三者比较，则该批货物每箱的基本运费为 60 美元

总运费为：60×(1+10%)×100=6 600 美元

2. 租船运输

租船运输（Shipment by Chartering）又称不定期船（Tramp）运输，在租船运输业务中，没有预订的船期表，船舶经由航线和停靠的港口也不固定，须按船租双方签订的租船合同来安排，有关船舶的航线和停靠的港口、运输货物的种类以及航行时间等，都按承租人的要求，由船舶所有人确认而定，运费或租金也由双方根据租船市场行市在租船合同中加以约定。

租船运输的经营方式有：定程租船、定期租船和光船租船。

（1）定程租船。

定程租船（Voyage Charter）又称航次租船。是船舶所有人按双方事先议定的运价与条件向租船人提供船舶或部分舱位，在指定的港口之间进行一个或多个航次运输指定货物的租船业务。定程租船的特点如下：

1）在定程租船方式下，船方必须按租船合同规定的航程完成货物运输任务，并负责船舶的经营管理及其在航行中的各项费用开支；

2）租船人应支付双方约定的运费；

3）货物在港口的装卸费用，应在租船合同中明确规定由船方或租方负担。

（2）定期租船。

定期租船（Time Charter）是船舶所有人将船舶出租给承租人，供其使用一定时期的租船方式。按期限租赁船舶，其特点如下：

1）船货双方的权利与义务在定期租船合同中订明；

2）船方提供适航的船舶，船员薪金、伙食等费用以及保持船舶具有适航价值而产生的有关费用；

3）船舶经营过程中产生的燃料费、港口费、装卸费和垫舱物料费等项开支，均应由租船人负担；

4）定期租船的租金，一般是按租期每月每一夏季载重吨若干金额计算。

定程租船与定期租船有许多不同之处，主要表现在下列几方面：

1）定程租船是按航程租赁船舶，而定期租船则是按期限租赁船舶。关于船、租双方的责任和义务，前者以定程租船合同为准，后者以定期租船合同为准。

2）定程租船的船方直接负责船舶的经营管理，除负责船舶航行、驾驶和管理外，还应对货物运输负责。但定期租船的船方，仅对船舶的维护、修理、机器正常运转和船员工资与给养负责，而船舶的调度、货物运输、船舶在租期内的营运管理和日常开支，如船用燃料、港口费、税捐以及货物装卸、搬运、理舱、平舱等费用，均由租船

方负责。

3）定程租船的租金或运费，一般按装运货物的数量计算，也有按航次包租总金额计算的。而定期租船的租金一般是按每月每吨若干金额计算。同时，采用定程租船时要规定装卸期限和装卸率，凭以计算滞期费和速遣费；而采用定期租船时，则船、租双方不规定装卸率和滞期速遣费。

（3）光船租船。

光船租船（Bareboat Charter）是指只租船不租人，在租期内，由租船人配备全套人员，进行船舶经营管理和航行。目前，这种方式很少使用。

二、铁路运输

在国际贸易货物运输中，铁路运输（Rail Transportation）仅次于海运。它的优点在于运输效率和安全性均高于海运，不受气候条件的影响。它包括国内铁路运输和国际铁路联运。

（一）国内铁路运输

国内铁路运输在我国对外贸易中起着重要的作用。我国出口货物经铁路运至港口装船，及进口货物卸船后经过铁路运往各地，均属于国内铁路运输的范畴。而对香港、澳门地区的铁路运输虽属于国内铁路运输，但又与一般国内铁路运输有所不同。它要求发货人首先把货物托运至深圳北站，交由设在深圳北站的外贸机构接货（不卸车），然后由外贸机构通过原车过轨的办法，再转港段铁路运输；或先将出口货物运至广州南站再转船运至澳门。发货人凭外贸运输机构签发的货物承运收据（Cargo Receipt）办理结算货款。

（二）国际铁路联运

国际铁路联运是指根据《国际铁路货物联运协定》（简称“国际货协”）和《国际铁路货物运送公约》（简称“国际货约”）的规定，凡参加这两个公约的国家，从发货国的始发站到收货国的终到站，不论经过几个国家，只需办理一次托运手续，即可进行不同国家之间的货物运输。

三、航空运输

航空运输（Air Transportation）是一种现代化的运输方式，它具有速度快、运输质量高、安全性能高和不受地面条件限制等优点，适宜运输鲜活商品、易腐烂商品、急需物资和精密仪器等。航空运输的方式很多，有班机、包机、集中托运和航空急件传递等方式。

我国与40多个国家签订了政府间的航空协定，并于1974年正式加入了国际民航组织（International Civil Aviation Organization）。

四、邮政运输

邮政运输（Parcel Post Transportation）是通过邮局进行货物运输的一种较为方便的运输方式，各国邮政部门之间订有协定和公约，因此，可以进行国际间的货物运输。它分为普通邮包和航空邮包两种。由于邮政运输具有国际多式联运和“门到门”运输的性质，因此在国际贸易中应用较为普遍。

五、公路运输

公路运输（Road Transportation）是一种“门到门”的现代化运输方式。它具有方便灵活、快捷和直达的特点，缺点是运量小、运输成本高。公路运输不仅可以直接运进和运出对外贸易货物，而且也是车站、港口和机场集散进出口货物的重要手段。我国与许多国家，如俄罗斯、朝鲜、缅甸和越南等都有公路相通。此外，我国内地与香港、澳门地区的部分货物也是通过公路运输的。

六、联合运输

联合运输（Combined Transportation）是指利用两种或两种以上运输方式完成货物运输的连贯运输方式。它包括大陆桥运输、集装箱运输和国际多式联运等，下面仅介绍几种较为重要的运输方式。

（一）大陆桥运输

大陆桥运输（Lined Bridge Transportation）是指将横贯大陆的铁路或公路运输系统作为中间桥梁，把大陆两端海洋运输连接起来的连贯运输方式。

目前世界上主要的几条大陆桥有：美国大陆桥、加拿大大陆桥（这两条称为北美大陆桥）；西伯利亚大陆桥（连接太平洋和大西洋、波罗的海以及黑海，又称欧亚大陆桥）。1980 年我国成功地试办了通过西伯利亚大陆桥的集装箱国际铁路联运。1992 年，第二条欧亚大陆桥开通，它东起我国连云港，西至荷兰鹿特丹，沿途路经莫斯科、华沙、柏林等地。大陆桥的使用，可以节省运费、加快速度、提高运输质量和促进国际贸易的发展。

（二）集装箱运输

集装箱运输（Container Transportation）是以集装箱为运输单位进行运输的一种现代化的运输方式。它的优点是：装卸效率高，运输质量高，成本低，手续简便，把传统单一运输串联成为连贯的成组运输。集装箱运输大大促进了国际多式联运的发展，被认为是“运输领域里的一次革命”。

国际标准化组织为了统一集装箱规格，推荐 13 种规格的集装箱。其中 20 英尺（约 6 米）和 40 英尺（约 12 米）集装箱使用最普遍。集装箱运输有整箱货（Full Container Load，FCL）和拼箱货（Less Than Container Load，LCL）两种，集装箱运输的主要单据有装箱单、场站收据（Dock Receipt D/R）和集装箱联运提单（Combined Transport B/L，CT B/L）。

集装箱运输货物的交接方式主要有四种：

第一，整箱交/整箱收（FCL/FCL）；

第二，拼箱交/拆箱收（LCL/LCL）；

第三，整箱交/拆箱收（FCL/LCL）；

第四，拼箱交/整箱收（LCL/FCL）。

（三）国际多式联运

按照《联合国国际货物国际多式联运公约》，国际多式联运（International Multimodal Transportation）的定义为：国际多式联运是按照国际多式联运合同，以至少两种运输方式，由国际多式联运经营人将货物从一国境内接收货物的地点运至另一国境内指定交付货物的地点。由此可得出构成国际多式联运应具备四个条件：第一，有一个国际多式联运合同，合同中明确规定有关当事人的权利和义务；第二，使用国际间的至少两种不同运输方式的连贯运输；第三，使用一份包括全程的多式联运单据，并由国际多式联运经营人对全程负责；第四，实行全程单一运费费率。

开展国际多式联运是实现“门到门”运输的有效途径，它具有手续简便、安全准确、运输快速、节约费用、提早收汇等优点。

第二节 装运条款

装运条款是买卖合同的重要条款之一，它关系到买卖双方的权益，在交易磋商和签订合同时，必须加以具体明确的规定。由于海洋运输在国际贸易货物运输中占有绝大比重，因此，这里仅以海洋运输装运条款为例加以说明，它主要包括装运时间、装运港和目的港、分批装运和转船、装运通知、装卸时间、装卸率、滞期费、速遣费以及 OCP 条款等内容。

一、装运时间

装运时间（Time of Shipment）又称装运期，是指货物在装运港装船的时间。装运时间与交货时间（Time of Delivery）通常是一致的，但在目的港交货以及目的地交货的贸易术语下，装运与交货是两个不同的概念。

案例 9－1

我国出口孟加拉国一批货物，以 CFR 价格条件成交，该货于 8 月 15 日开始装船，8 月 18 日装毕，8 月 20 日启航，9 月 6 日抵达目的港，9 月 8 日客户提货。

问题：我国交货日期是哪一天？

规定装运时间有以下几种方法：

（1）明确规定装运期。

1）限于某月或某几个月内装运。例如：2018 年 3 月装运、2018 年 3 月/4 月装运。

2）限于某月某日以前装运。例如：2018 年 5 月 15 日以前装运。

（2）规定收到信用证后若干天或若干月装运。例如：收到信用证后 45 天内装运。

（3）近期装运。例如：立即装运、即刻装运、尽快装运等。按照《跟单信用证统一惯例》的解释，在规定装运日期时，不应使用诸如“迅速”“立即”“尽快”之类的词语，如使用此类词语，银行将不予置理。

在规定装运期时，要充分考虑货源情况，根据货源确定装运期，装运期的长短应适度。同时为了保证按期装运，装运期应与信用证开证日期相互衔接起来。

二、装运港和目的港

装运港（Port of Shipment）是指货物起始装运的港口，目的港（Port of Destination）是指最终卸货港口。在海运进出口合同中，一般都注明装运港和目的港。

（一）规定装卸港的方法

（1）在一般情况下，只规定一个装运港和一个目的港，并列明港口名称。

（2）在大宗商品交易条件下，可酌情规定两个或两个以上的装运港和目的港，并分别列明港口名称。

（3）在交易磋商时，如果明确规定一个或几个装运港和目的港有困难，也可以采取“选择港口”（Optional Ports）的办法。规定选择港又有两种方式：一是从两个或两个以上列明的港口中任选一个；二是笼统规定某一航区为装运港或目的港。选择港最多不得超过 3 个。这些港口必须是同一条航线上，且班轮一般都能停靠的基本港口。在船只抵达第一选择港的规定时间前，买方应将最后选定的目的港通知船公司或其代理人。核定运费以确定出口单价时，应按选择港中最高费率和附加费率计算，且额外费用由买方承担。

（二）规定装卸港应注意的问题

（1）必须考虑港口的具体情况和装卸条件，如有无直达班轮航线、港口设施和装卸条件、运费以及附加费（如选港附加费等）的水平等。

（2）对港口的规定应力求明确具体。一般不写“欧洲主要港口”这种笼统的条款，因各港口间相距甚远，费用悬殊。

（3）不能接受以国名或内陆城市作为装卸港口。

（4）对于同名的装卸港，应在前面冠以国家和地区的名称。

三、分批装运和转船

分批装运（Partial Shipment）是指一笔成交的货物，分若干批装运。《跟单信用证统一惯例》规定，同一船只同一航次中多次装运货物，即使提单表示不同的装船日期及（或）不同装货港口，也不作为分批装运论处。

转船（Transhipment）是指货物在中途港换装其他船舶转运至目的港。买卖双方可以在合同中商订"允许转船"（Transhipment to be Allowed）的条款。

国际商会《跟单信用证统一惯例》规定，除非信用证有相反规定，可准许分批装运和转船；信用证规定在指定不同期限内分期装运，如果其中任何一期未按信用证所规定的期限装运，则本期及以后各期均视为失效。

案例 9-2

我国出口新加坡 2 000 吨大米，国外开来信用证规定：不允许分批装运。如果我们在规定的期限内分别在烟台、连云港各装 1 000 吨于同一航次的同一船上，提单也注明了不同的装运地和不同的装船日期。

问题：这种做法是否违约？银行能否议付？

四、装运通知

装运通知（Advice of Shipment）是装运条款中不可缺少的一项重要内容。在 FOB 条件下，卖方应在规定的装运期开始之前（一般 30 天或 45 天），向买方发出货物备妥通知，以便买方及时派船接货，买方也应按约定的时间将船名和船舶到港时间等通知卖方，以便卖方交货。

货物装船后，卖方应向买方发出装船通知，在卖方办理保险的情况下，对装运通知的时间要求不高。但在买方办理保险的情况下，如 CFR，卖方必须立即通知买方，以便买方及时办理保险，否则货物在装船后发生风险而遭受的损失，由卖方负责。

五、装卸时间、装卸率、滞期费和速遣费

在班轮运输下，船方管装管卸，因此，一般不需规定装卸时间、装卸率、滞期费和速遣费。在定程租船运输下，船方为了约束承租人，在出租船舶时都要对上述问题加以规定。因此，买卖双方在签订买卖合同时，也要就上述问题达成协议。

（一）装卸时间

装卸时间（Lay Time）是指允许完成装卸任务所约定的时间，有以下几种规定方法：

（1）按日或连续日（Running or Consecutive Days）计算。所谓连续日是指连续 24 小时的时间，即日历日数，这种计算方法对租船人不利。

（2）按工作日（Working Days，WD）计算。即按港口习惯属于正常工作的日子，星期日和节假日除外。

（3）按好天气工作日（Weather Working Days，WWD）计算。即扣除星期日、节假

日以及因天气不能进行装卸作业的日子。

（4）按连续 24 小时好天气工作日（Weather Working of 24 Days Consecutive Hours）计算。即连续 24 小时为一个工作日，扣除星期日、节假日和不能装卸的坏天气。目前，这种方法在国际贸易中普遍采用。

（二）装卸率

装卸率是指每天装卸货物的数量。装卸率的高低，关系到装卸时间的长短和运费水平。装卸率高就能提前完成任务，得到船方的速遣费。反之，不能按时完成装卸任务，要被罚滞期费。因而装卸率要根据货物的特点和港口实际情况来适当确定。

（三）滞期费和速遣费

滞期费（Demurrage）是指实际装卸时间超过合同规定的装卸时间，使船方遭受损失，租船人应向船方支付一定的补偿金。如果按合同规定的时间提前装完或卸完货物，使船方减少了船舶在港时间，节省了费用，船方给予租方一定金额的奖励叫速遣费（Despatch Money）。按惯例，速遣费一般是滞期费的一半。

六、 OCP 条款

除上述条款外，有时根据需要在装运条款中还规定“OCP”（Overland Common Point）条款，也叫“内陆地区”条款。所谓“内陆地区”是指以美国落基山脉为界，其以东地区，均为内陆地区范围。

按 OCP 条款达成的交易，出口方既可以享受美国内陆运输的优惠费率，又可以享受 OCP 海运优惠费率。因此，在对美国贸易中，采用 OCP 条款对买卖双方都有利。采用 OCP 条款，应注意下列事项：货物最终目的地必须是 OCP 地区。货物必须经由美国西海岸港口中转。因此，在签订 CFR 或 CIP 出口合同时，目的港必须是美国西海岸港口。提单上必须有“OCP”字样，并且在提单的目的港标明美国西海岸港口和内陆地区的城市名称。

第三节 运输单据

运输单据是承运人收到承运货物后签发给出口商的证明文件，是交接货物及出口结汇的重要单据，在进出口业务中有很多种运输单据，下面介绍主要的几种。

一、海运提单

（一）海运提单的性质和作用

海运提单（Bill of Lading，B/L）简称提单，是船方或其代理人在收到货物后签发给托运人的，证明双方订立运输合同并保证货物运至指定目的港并交付给收货人的一种书面凭证。其作用表现在以下三个方面：

（1）海运提单是货物承运人或其代理人在收到货物后签发给托运人的货物收据。确认已按提单上所记载的有关商品的标志、数量，以及商品表面状况收到商品，从而承运人就有责任在正常情况下，按提单上所列明的情况，向收货人交付货物。

（2）海运提单是承运人和托运人之间订立运输契约的证明。托运人向承运人办妥订舱或租船手续时即表明双方运输合约关系的建立。

（3）海运提单是物权凭证。海运提单代表了货物。提单的转移，就是货物的转移。提单的合法持有者有权要求承运人交货，若承运人把货物交给了非提单持有人，承运人就要承担被提单持有人追索及赔偿的风险。

（二）海运提单的格式和内容

提单虽由不同的船公司自行设计，但内容基本相同。完整的提单一般包括正面和背面内容。

1. 提单的正面

提单正面的记载内容可以分为三个部分：

（1）由托运人填写部分。这是在货物装运前托运人从船公司取得空白提单后需填写的内容。它包括了托运人、承运人、收货人和被通知人的名称和地址；提单号码；船名及船次、装运港和目的港；货物描述，包括货物名称、唛头、件数、重量、体积、包装、表面状况等；全套正本提单份数；等等。

（2）由承运人、船长或他们的代理人填写部分。其内容包括在核对托运人实际装货情况后加注的运费交付情况，如“运费已付”、“运费待收”或“运费在目的港支付”等；提单签发的地点与日期；船公司、船长或其代理人的签章；等等。

（3）契约文句。这是承运人接受委托货物的若干带契约性的印定声明文字。一般有四项条款：第一，装船条款，说明承运人收到外表状况良好的货物，并已装在船上待运。第二，内容不知悉条款，说明承运人只对货物的表面状况进行核实，对内部容物概不知情，并不负核对之责，因此承运人只是负责在目的港交付表面状况与提单描述相符的货物。第三，承认接受条款，说明托运人、收货人和提单持有人表示同意接受提单上的一切记载，包括背面的契约条款。第四，签署条款，表明提单正本一式几份，其中一份提货后，其余各份即行失效。

2. 提单的背面

提单的背面印就的是具体运输条款，它对有关当事人的责任、索赔和诉讼等均有详细的规定。国际上曾经先后签署了几个有关提单的国际公约，统一了提单背面条款的内容，这些国际公约包括：

（1）1924 年签署的《关于统一提单的若干法律规则的国际公约》，简称《海牙规则》（Hague Rules）。

（2）1968 年签署的《布鲁塞尔议定书》，简称《维斯比规则》（Visby Rules）。

（3）1978 年签署的《联合国海上货物运输公约》，简称《汉堡公约》（Hamburg

Rules)，该公约于1992年12月1日正式生效。与前两个公约相比，它较合理地规定了承运人、托运人对货物运输所承担的责任和义务。

（三）海运提单的种类

1. 已装船提单和备运提单

根据货物是否已经装船，提单分为已装船提单（Clean B/L）和备运提单（Received for Shipment B/L）。

（1）已装船提单是指船公司已将货物装上指定的船舶后签发的提单，其特点是提单上有载货船舶名称和装运日期。

（2）备运提单是指船公司收到货物后，等待装船期间签发给托运人的提单，这种提单上没有装船日期，也无载货具体船名。

2. 清洁提单和不清洁提单

根据货物表面状况，提单分为清洁提单（Clean B/L）和不清洁提单（Unclear B/L）。

（1）清洁提单是指货物装船时，承运人或其代理人未在提单上加注任何有关货物受损或包装不良等不良批注的提单。

（2）不清洁提单是指提单上有货物外表状况不良或包装破损等批注，如“…Packages in damage condition”。

3. 记名提单、不记名提单和指示提单

根据提单抬头填写方式不同，提单分为记名提单（Straight B/L）、不记名提单（Bare B/L or open B/L）和指示提单（Order B/L）。

（1）记名提单又称收货人抬头提单，是指提单上的收货人一栏，写明具体的收货人名称，这种提单只能由该收货人提货，不能背书转让。因此，在国际贸易中很少使用。

（2）不记名提单是指提单收货人一栏不填写任何收货人或只填写“To Bearer”（来人），这种提单在转让时仅凭交付即可转让，不需任何背书手续，承运人交货也是只凭单，不凭人，谁持有提单，谁就可以提货。因此，这种提单风险很大，很少使用。

（3）指示提单是指提单的收货人一栏填写“凭指定”（To order）或“凭某人指定”（To order of…）字样。这种提单经背书后可转让，因此，在国际贸易中使用得最多。“凭指定”并经空白背书的提单，叫“空白抬头、空白背书”提单。

4. 全式提单和略式提单

根据提单内容的繁简不同，提单分为全式提单（Long form B/L）和略式提单（Short form B/L）。

（1）全式提单又称繁式提单，是指既有提单正面条款又有背面条款的提单，背面列有承运人和托运人权利、义务的详细条款。

（2）略式提单又称简式提单，是指仅有正面条款而没有背面条款的提单。班轮公司一般使用全式提单，在租船运输时，租船公司所签发的提单往往是略式提单，此时应在提单上注明“所有条件根据×年×月×日签订的租船合同办理”。

5. 直达提单、转船提单和联运提单

根据运输方式不同，提单分为直达提单（Direct B/L）、转船提单（Transportation

B/L）和联运提单（Touch B/L）。

（1）直达提单是指轮船中途不转船，直接将货物从装运港运至目的港卸货的提单。

（2）转船提单是指货物在起运港装船后，在中途港换装别的船舶，再运往目的港的提单。

（3）联运提单是指海运和其他运输方式相结合将货物运至目的地的提单，该提单由第一承运人签发，包括全程运输，但第一承运人在签发提单时一般都在提单中写明，只承担他负责运输的一段航程内的货损责任。

6. 其他提单

（1）过期提单（Stale B/L）。按照《跟单信用证统一惯例》的解释，卖方超过提单签发日期后 21 天才向银行提交的提单属于过期提单。除非信用证有相反规定，否则银行将拒绝接受这种过期提单。另外，在近洋运输时，提单往往晚于货物到达目的港，这种提单也属于过期提单，因此，在近洋国家间的贸易合同中，一般都规定“过期提单可以接受”（Stale B/L is Acceptable）。

案例 9－3

信用证有如下规定：

开证日期：2020 年 4 月 1 日

信用证到期日：2020 年 5 月 31 日

最迟装运期：2020 年 5 月 1 日

问题：受益人的最迟交单期是哪一天？并简要说明理由。

（2）舱面提单（On Deck B/L）。它是指货物装在甲板上的提单，又称甲板货提单。由于货物装在甲板上风险较大，故进口方和银行一般不愿接受舱面提单。但是如果信用证规定接受舱面提单，则银行将接受这种提单。

（3）倒签提单和预借提单（Antedated B/L & Advanced B/L）。前者是指签发提单的日期早于实际装船日期的提单；后者是指货物还没有装船就开立的已装船提单。这两种提单都属于违法的。

二、其他运输单据

（一）铁路运输单据

铁路运输单据分为国际铁路货物联运运单和国内铁路运单两种。对港、澳地区出口，国内铁路运单不能作为对外结汇的凭证，必须使用承运货物收据。

1. 国际铁路货物联运运单

国际铁路货物联运运单是铁路与货主间缔结的运输契约，它从始发站随同货物直至送到终点站并交给收货人，它不仅是铁路部门承运货物出具的凭证，也是铁路同货主交接货物、核收运杂费以及处理索赔和理赔的依据。运送快件时，使用正反面上下边加印红线的正本和副本；运送慢件时，使用不加红线的运单和运单副本。运单副本在铁路加盖承运日期戳记后发还给发货人，卖方凭此向银行结算货款。

2. 承运货物收据

承运货物收据（Cargo Receipt）是内地通过铁路向港澳地区出口货物时使用的一种货运单据，它是承运人出具的货物收据，也是承运人与托运人之间的运输契约证明。当出口货物装车发运后，对外贸易运输公司签发给托运人一份承运货物收据，作为对外办理结汇的凭证。

承运货物收据的格式及内容与海运提单基本相同，主要区别是它只有第一联为正本。它不仅适用于铁路运输，也可用于其他运输方式。

（二）航空运单

航空运单（Air Waybill）是承运人与托运人之间签订的运输契约，也是承运人签发的货物收据。与海运提单不同的是，它不是物权凭证，不可背书转让，收货人提货不是凭航空运单，而是凭航空公司的提货通知单。在航空运单的收货人栏内，不能做指示性抬头，必须填写收货人的全称和地址。

航空运单可分为主运单和分运单。前者由航空公司签发，后者由航空货运代理公司签发。

（三）邮包收据

邮包收据（Parcel Post Receipt）是邮包运输的主要单据，它既是邮局收到寄件人的邮包后所签发的收据，也是收件人凭以提取邮件的凭证。邮包收据不是物权凭证。邮包运输的手续简单，费用也不太高，但运量有限，只适用于运输重量轻和体积小的商品。

（四）集装箱提单

集装箱提单（Container B/L）是以集装箱装运货物时所签发的提单，有两种形式：一种是在普通的海运提单上加注“用集装箱装运”；另一种是使用“多式联运提单”，在该提单上增加集装箱号码和封号。集装箱多式联运提单通常是由承担海运任务的船公司签发的，也可以由其他承运人签发。

（五）国际多式联运单据

国际多式联运单据（Multimodal Transport Document，MTD 或 Combined Transport Document，CTD）是在多式联运情况下所使用的一种运输单据。这种单据在许多方面与联运提单相同，但也有两点不同：

（1）国际多式联运可以是任意两种或两种以上运输方式相结合；而联运提单必须包括海运。

（2）在国际多式联运中，由多式联运经营人对货物运输全程负责；而联运提单中，各段分别由不同的承运人负责。

本章小结

在当前的国际贸易中，随着海、陆、空运输业务的全面发展，逐步形成了外贸的综合运输体系，国际货物买卖目前的主要方式仍为海运。本章重点讲述海洋运输的分类和特点、海洋运输单据的性质和作用。海运提单是承运人或其代理人签发的货物收据，是承运人与托运人之间运输契约的证明，是货物所有权的凭证。另外，本章还对国际铁路运输、航空运输等其他运输方式的运输单证做了简要说明。

关键概念

班轮运输　租船运输　海运提单　指示性提单　清洁提单　已装船提单　滞期费　速遣费

思考题

1. 何谓班轮运输？它有什么特点？
2. 班轮运费如何计算？
3. 定程租船与定期租船有哪些区别？
4. 在运输合同中对装运港和目的港的规定应注意哪些事项？
5. 海运提单的性质与作用是什么？有哪些分类？
6. 我国某外贸公司出口箱装货物共500箱，报价为每箱3 000美元FOB鹿特丹港，基本费率为每吨26美元或1.5%，以W/M或A.V.选择法计算，每箱体积为1.5m×1.6m×1.6m，毛重为每箱2吨，并加收燃油附加费10%，试计算总运费。

第十章

国际货物运输保险

本章要点提示

- 风险的含义及其主要范围
- 海损的分类及其主要范围
- 中国海洋货物运输的基本险和保险责任起讫条款
- 保险金额的确定、保险费的计算及保险索赔

引导案例

某载货船舶在航运途中一货舱起火，船员们在船长的指挥下实施灭火。大火扑灭后，在清理现场时发现该货舱内甲公司的1 500箱货物均有烧焦的痕迹，损失严重。附近乙公司的2 000包货物中，400包遭不同程度烧坏，800包在灭火时遭水淹。

问题：甲、乙公司分别遭受到全损还是部分损失，单独海损还是共同海损？投保平安险能否获得保险公司的赔偿？

第一节　海上货物运输保险的风险与损失

在对外贸易中，由于买卖双方往往是远隔重洋，商品从卖方转到买方手中，通常需要长时间、远距离的运输，并且在整个运输过程中，又要经过多次的装卸、存储、搬运，商品难免会遇到这样或那样的风险而遭受损失。为了保障货物遭到损失后能得到一定的经济补偿，买方或卖方一般都在货物装运之前向保险公司投保货物运输保险。但保险公司并非对任何风险都予以承保，也不是对什么损失都给予赔偿。要深入了解和掌握海运

保险知识，必须首先熟悉海运的风险与损失。

一、海运风险

海运风险的类型如图 10－1 所示。

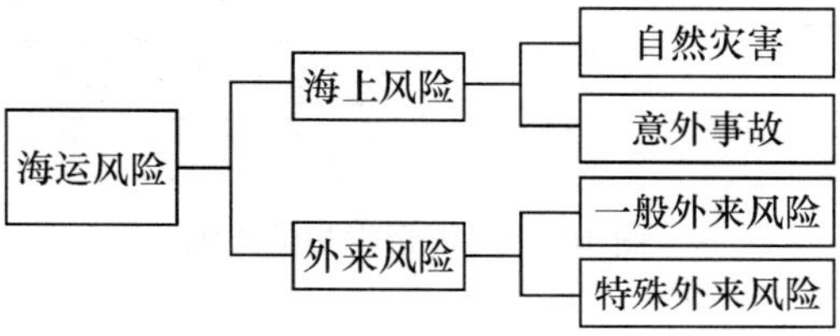

图 10－1　海运风险的类型

（一）海上风险

海上风险（Perils of the Sea）是指海上发生的自然灾害和意外事故，但并不包括海上的一切危险。

1. 自然灾害

自然灾害（Natural Calamities）是指由于自然界力量造成的灾害，但在海运保险业中，它并不是泛指一切由于自然力量而造成的灾害，而是仅指恶劣气候、雷电、地震、海啸或火山爆发等人力不可抗拒的自然力量造成的灾害。

2. 意外事故

意外事故（Fortuitous Accident）一般指由于意料之外的原因所造成的事故。但意外事故并不是泛指海上所有的意外事故，而是仅指运输工具搁浅、触礁、沉没，船舶与流冰或其他物体碰撞，以及失踪、失火、爆炸等。

（二）外来风险

外来风险（Extraneous Risks）是指自然灾害和意外事故以外的其他外来原因所造成的风险，但不包括货物的自然损耗和本质缺陷。

外来风险可分为如下两类。

1. 一般外来风险

一般外来原因所造成的风险为一般外来风险，主要包括：偷窃、渗漏、短量、碰损、破碎、钩损、生锈、沾污、串味、淡水雨淋、受热受潮等。

2. 特殊外来风险

特殊外来风险是指由于社会政治原因所造成的风险，主要包括：战争、罢工、拒收以及交货不到等。

二、海运损失

有风险就会有损失，不但有货物本身的损失，而且也有施救遭遇风险的货物而支出的费用损失。海运损失也分为两大类，即海损和外来损失，如图 10－2 所示。

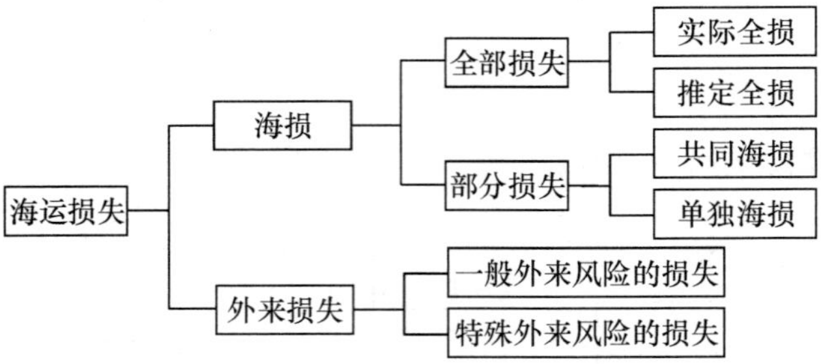

图 10－2　海运损失的类型

（一）海损

海损（Average）是指货物在海洋运输过程中遇到海上风险所造成的各种损失。就货物损失的程度而言，海损可分为全部损失和部分损失。

1. 全部损失

全部损失（Total Loss）简称全损，是指被保险货物遭受全部损失。全损又分为实际全损和推定全损两种：

（1）实际全损（Actual Total Loss）是指货物全部灭失或受损后全部不能复原，或完全变质已失去了原有的使用价值。主要有四种情况：第一，被保险货物已经无余地完全灭失，如整船货物沉入海底；第二，被保险货物遭受严重损害完全丧失原有用途，已不具有任何使用价值，如水泥遭水泡后结成硬块，茶叶串味后不能饮用等；第三，被保险货物虽未灭失，但被保险人已失去这些财产，无法挽回，如船、货物被海盗劫去或被敌对国捕获；第四，载货船舶失踪已达半年却仍无任何音信。

（2）推定全损（Constructive Total Loss）是指被保险货物虽未完全灭失，但对被保险人来说已没有什么用途或价值。凡有下列情况之一者即为推定全损：第一，被保险货物遭受严重损害，完全灭失已不可避免；第二，被保险货物遭受严重损害之后，如果修复，则复修费用超过货值；第三，被保险货物遭受严重损害之后，继续运抵目的地的运费已超过货物到达目的地的完好货物价值；第四，被保险货物由于失火，施救费用超过残存货物的价值。

发生推定全损时，只有办理委付手续，保险公司才能按照全损给予补偿。所谓委付（Abandonment），是指在发生保险事故造成保险标的的推定全损时，被保险人明确表示将该保险标的的一切权利转移给保险人，而请求保险人赔偿全部保险金额的法律行为。

2. 部分损失

部分损失（Partial Loss）是指被保险货物的一部分在运输途中遭到损失或灭失。部分损失又可分为共同海损和单独海损。

（1）共同海损（General Average）是指在海运途中载货船遇到危险，这种危险威胁到船、货各方的共同利益，为了维护船、货各方的共同安全或使航程得以继续完成，船长有意并且合理地做出某些特殊牺牲或支付额外费用，这种特殊的牺牲和额外的费用就叫共同海损。

构成共同海损的必备条件是：第一，危及船、货、运费各方共同安全的危险真实存在；第二，所采取的措施是为了解除共同危险，有意地并且合理地做出的；第三，所造成的损失是一种特殊牺牲或是额外支出费用，即损失是由解除危险的措施造成的，而不是由危险本身造成的。

共同海损要由船、货、运费各方共同承担责任，即在最后获救价值的基础上按比例分摊。这种分摊就称为共同海损分摊（General Average Contribution）。

（2）单独海损（Partial Average）是指除共同海损以外的，由海上风险所造成的保险标的的部分损失。这种损失仅属于特定利益方，而不属于所有其他的货主或船方，由受损方单独承担。如在整船货物运输中，有面粉、机器设备、钢材，途中遇到暴风雨，海水浸泡了部分面粉，使其变质，这种损失仅属于面粉货主一方，其他货主和船方并没有遭到损失，这种损失属于单独海损。

（3）共同海损与单独海损的区别。

第一，造成海损的原因不同。单独海损是承保风险所直接导致的船或货的损失，而共同海损则不是承保风险所直接导致的损失，它是为了解除船货的共同危险，有意采取合理措施而造成的损失。

第二，损失的承担方不同。单独海损由受损害方自行承担，而共同海损则由各受益方按比例共同分摊。

案例 10－1

某货轮从天津新港驶往新加坡，在航行途中船舶货舱起火，大火蔓延到机舱，船长为了船、货的共同安全，决定采取紧急措施，往舱中灌水灭火。火虽被扑灭，但由于主机受损，无法继续航行，于是船长决定雇用拖轮将货船拖回新港修理。检修后重新驶往新加坡。事后调查，这次事件造成的损失有：1 000 箱货被火烧毁；600 箱货由于灌水灭火受到损失；主机和部分甲板被烧毁；拖船费用；额外增加的燃料和船长、船员工资。

问题：从上述各项损失性质来看，这次事件造成的损失属于共同海损还是单独海损？

（二）外来损失

外来损失是指外来风险造成的保险标的损失。一般外来风险所造成的损失就称作一般外来风险的损失；特殊外来风险所造成的损失就称作特殊外来风险的损失。前者如偷窃、雨淋、短量等风险所造成的保险标的的损失，后者如战争、罢工所造成的保险标的的损失。

三、损失的保障费用

保险公司除对货物损失进行经济赔偿外，还要支付由于损失而产生的费用。保障费用是指保险人所承担保障的费用，主要包括施救费用和救助费用两种。

（一）施救费用

施救费用（Sue and Labour Expenses）是指在遭遇保险责任范围内的灾害事故时，被保险人或他的代理人、雇佣人员和保险单受让人等为抢救被保险的标的物（指船舶或货物），以防止其损失扩大采取措施而支出的费用。保险人对这种施救费用负责赔偿。

（二）救助费用

救助费用（Salvage Charges）是指被保险标的物遭遇保险责任范围内的灾害事故时，由保险人和被保险人以外的第三者采取救助行为而向其支付的报酬费用。

第二节　海上货物运输保险条款与险别

世界上主要国家都有自己的保险条款，其中影响最大的是英国伦敦保险协会制定的《协会货物条款》（Institute Cargo Clause，ICC），目前世界上约有三分之二的国家在海运货物保险方面直接采用了该条款，还有许多国家在制定自己的保险条款时全面参考了该条款。中国人民保险公司（PICC）制定的《中国保险条款》（China Insurance Clause，CIC）是中国人民保险公司参照国际通常做法结合我国实际情况拟定的，在实际业务中也得到较多运用。本节重点介绍《中国保险条款》和《协会货物条款》。

一、中国保险条款

《中国保险条款》包括海洋、陆地、航空等多种运输方式的货运保险条款。海运货物保险条款是其中之一，包括基本险、附加险的责任范围、除外责任及责任起讫期等内容。海运保险的承保范围如图 10－3 所示。

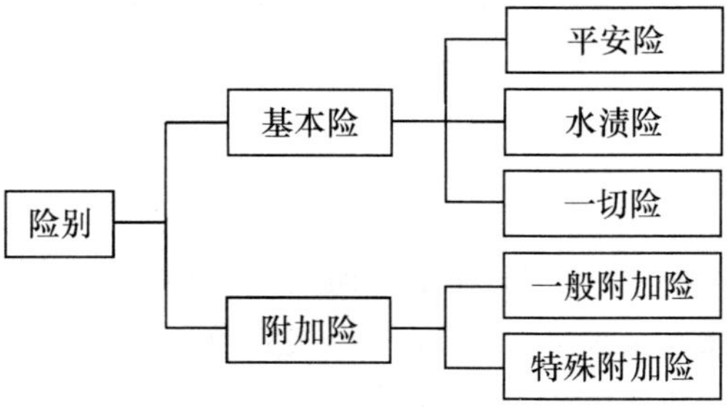

图 10－3　海运保险的承保范围

（一）基本险

1. 基本险的责任范围

基本险是指可以独立投保的险别，依据承保的不同责任范围，又分为平安险、水渍险和一切险三种。

（1）平安险（Free From Particular Average，FPA）。平安险的英文原意是“单独海损不赔”。平安险的责任范围如下：

第一，被保险货物在运输途中由于恶劣气候、雷电、海啸、地震、洪水等自然灾害造成整批货物的实际全损或推定全损。

第二，由于运输工具遭到搁浅、触礁、沉没、互撞、与流冰或其他物体相撞以及失火、爆炸等意外事故造成被保险货物的全部或部分损失。

第三，只要运输工具曾经发生搁浅、触礁、沉没、焚毁等意外事故，不论这意外事故发生之前或者以后曾在海上遭遇恶劣气候、雷电、海啸等自然灾害造成的被保险货物的部分损失。

第四，在装卸或转船过程中一件或数件货物落海所造成的全损或部分损失。

第五，发生承保责任范围内的危险，被保险人对货物采取抢救、防止或减少货损的措施而支付的合理费用。但以不超过该货物的保险金额为限。

第六，运输工具遭受海难后，需在中途港口或避难港口停靠而引起的卸货、装货、存仓以及运送货物而产生的特别费用。

第七，由于共同海损造成的牺牲、分摊和救助费用。

第八，运输契约订有“船舶互撞责任”条款，根据该条款规定应由货方偿还船方的损失。

（2）水渍险（With Particular Average，WPA 或 With Average，WA）。其责任范围除包括平安险的各项责任外，还负责被保险货物由于恶劣气候、雷电、海啸、地震、洪水等自然灾害所造成的部分损失。

案例 10－2

某外贸公司按 CIF 术语出口一批货物，装运前已向保险公司按发票金额的 110%投保平安险，6 月初货物装妥顺利开航，载货船舶于 6 月 13 日在海上遇到暴风雨，致使一部分货物受到水渍，损失价值为 2 100 美元。数日后，该轮又突然触礁，致使该批货物又遭到了部分损失，价值为 8 000 美元。

问题：保险公司对该批货物的损失该如何赔偿？为什么？

水渍险与平安险的主要区别是：平安险对由于自然灾害造成的全部损失才负责赔偿。而水渍险不仅对由于自然灾害所造成的全部损失负责赔偿，而且对所造成的部分损失也负责赔偿。

案例 10－3

我方对澳大利亚出口坯布 100 包，按合同规定加一成投保水渍险。货在运输途中船舱内食用水管漏水，致使该批坯布中的 30 包浸有水渍。

问题：对此损失应该向保险公司索赔还是向船公司索赔？

（3）一切险（All Risks，AR）。一切险除包括水渍险的各项责任外，还负责赔偿被

保险货物在运输途中由于一般外来原因所致的全部损失或部分损失，但不包括特殊外来风险的损失。

2. **基本险的责任起讫期限**

基本险的责任起讫期限通常采用国际保险业惯用的“仓至仓条款”（Warehouse to Warehouse Clause），即保险人承保货物从保险单所载明起运地发货人仓库开始，直至该项货物被运抵保险单所载明的目的地收货人仓库时为止。当货物从目的港卸离海轮时起算，满60天时，则不论货物是否进入收货人仓库，保险责任均告终止。

案例10-4

有一份FOB合同，货物在装船后，卖方向买方发出装船通知，买方已向保险公司投保仓至仓条款一切险，但货物在卖方仓库运往码头的途中，因意外而致使10%的货物受损，事后卖方以保险单有仓至仓条款，要求保险公司赔偿，但遭拒绝，后来卖方又请求买方以买方的名义凭保险单向保险公司提赔，但同样遭保险公司拒绝。

问题：在上述情况下，保险公司有无拒赔的权利？为什么？

（二）附加险

附加险是对基本险别的补充和扩展，其承保范围是外来风险所造成的损失。附加险不能单独投保，只能在投保了基本险别的基础上加保。根据损失的性质，附加险分为一般附加险和特殊附加险。

1. **一般附加险**

一般附加险（General Additional Risk）是指由于一般外来原因所引起的一般风险而造成的各种损失的险别。目前，中国人民保险公司承保的一般附加险共有11种。

（1）偷窃、提货不着险（Theft，Pilferage and Non-Delivery Risk，TPND）指对偷窃行为及货抵目的地后全部或整件未交的损失负责按保险价值赔偿。

（2）淡水雨淋险（Fresh Water Rain Damage Risk）指对货物在运输过程中由于淡水、雨水以及冰雪融化所造成的损失负责赔偿。

（3）短量险（Shortage Risk）指对因外包装破裂或散装货物发生数量散失和实际数量短少负责赔偿。

（4）混杂、沾污险（Intermixture and Contamination Risk）指对被保险货物在运输过程中混进杂质或受到油脂类沾污所造成的损失负责赔偿。

（5）渗漏险（Leakage Risk）指对流质、半流质的液体货物及一些粉状物质在运输途中因容器损坏而引起的渗漏损失负责赔偿。

（6）串味险（Taint of Odour Risk）指对被保险货物在运输途中因受其他带异味货物的影响而造成串味的损失予以赔偿。如中药材、化妆品因受到一起堆储的牛皮、樟脑等异味货物的影响而使品质受到损失。

（7）碰损、破碎险（Clash and Breakage Risk）指对因震动、碰撞、受压而造成货物碰损和破碎的损失负责赔偿。如电视机在运输途中由于受到震动、颠簸，玻璃、瓷器等由于野蛮装卸或运输工具的颠震而造成的损坏。

(8) 受潮受热险 (Sweat and Heating Risk) 指对货物在运输途中因受气温变化或水蒸气的影响而使货物变质的损失负责赔偿。

(9) 钩损险 (Hook Damage Risk) 指对被保险货物在装卸过程中因为使用手钩、吊钩等工具被钩坏所造成的损失负责赔偿。不宜用钩的货物常需加保钩损险。

(10) 包装破裂险 (Breakage of Packing Risk) 指对因装运或装卸不慎，包装破裂所造成的损失，以及为续运安全需要对包装进行修补或调换所支付的费用，均负责赔偿。

(11) 锈损险 (Rust Risk) 指对运输过程中发生的锈损负责赔偿。

上述 11 种附加险，不能独立投保，只能在投保平安险和水渍险的基础上加保，但若投保“一切险”时，因上述险别均包括在内，故无须加保。

2. 特殊附加险

特殊附加险 (Special Additional Risk) 是指承保由于军事、政治、国家政策法令以及行政措施等特殊外来原因所引起的风险和损失的险别，目前中国人民保险公司承保的特殊附加险共有 8 种：

(1) 战争险 (War Risk)。根据我国《海洋运输货物战争险条款》的规定，战争险的承保责任范围包括：直接由于战争、类似战争行为和敌对行为、武装冲突或海盗行为以及由此而引起的捕获、拘留、扣留、禁制、扣押所造成的损失，或由于各种常规武器 (包括水雷、鱼雷、炸弹) 所致的损失以及由于上述责任范围而引起的共同海损的牺牲、分摊和救助费用，但对原子弹、氢弹等热核武器所造成的损失不负赔偿责任。

(2) 罢工险 (Strikes Risk)。对因罢工者，停工工人，参加工潮、暴动和民众战争的人员采取行动所造成的承保货物的直接损失。已投保战争险后另加保罢工险，可不另增收保险费。

(3) 舱面险 (On Deck Risk)。对载于甲板上的货物被抛弃或被风浪冲击落水的损失负责赔偿。

(4) 进口关税险 (Import Duty Risk)。对货物遭受承保责任范围以内的损失，而被保险人仍须按完好货物价值纳税时，对损失部分货物的进口关税负责赔偿。

(5) 交货不到险 (Failure to Deliver)。对不论任何原因，已装船货物不能在预定抵达目的地的日期起 6 个月内交货的损失负责按全损赔偿。

(6) 黄曲霉素险 (Aflatoxin Risk)。对被保险货物因所含黄曲霉素超过进口国的限制标准，而被拒绝进口、没收或强制改变用途所遭受的损失负责赔偿。

(7) 拒收险 (Rejection Risk)。对被保险货物在进口港被进口国政府或有关当局依照该国法令拒绝进口或没收，按货物的保险价值由保险公司赔偿。

(8) 出口货物到香港 (包括九龙在内) 或澳门存仓火险责任扩展条款 (Fire Risk Extension Clause for Storage of Cargo at Destination Hong Kong, Including Kowloon or Macao)。被保险货物到达目的地卸离运输工具后，如直接存放于保险单载明的过户银行所指定的仓库，该保险对存仓保险的责任至银行收回押款解除货物的权益为止或运输责任终止时起满 30 天为止。

3. 战争险的责任起讫期限

战争险的保险责任起讫不采用“仓至仓条款”，而是以水上危险为限，即自保险单所载明的起运港装上海轮或驳船时开始，到保险单所载明的目的港卸离海轮或驳船时为止。如货物不卸离海轮或驳船，则以海轮到达目的港的当日午夜起算满 15 天保险责任自行终止，如在中途港转船，则不论货物在当地卸载与否，保险责任以海轮到达该港或卸货地点的当日午夜起算满 15 天为止。

二、伦敦保险协会货物条款

《协会货物条款》(Institute Cargo Clause，ICC) 由伦敦保险协会于 1912 年制定，是世界上影响最大、最具有代表性的海运货物保险条款。ICC 经过多次修订，现行版本是 1982 年 1 月 1 日公布的。ICC 共设六种险别：

(1) 协会货物 (A) 险条款，即 ICC (A)；

(2) 协会货物 (B) 险条款，即 ICC (B)；

(3) 协会货物 (C) 险条款，即 ICC (C)；

(4) 协会货物战争险条款（货物）(Institute War Clause—Cargo)；

(5) 协会罢工险条款（货物）(Institute Strikes Clause—Cargo)；

(6) 恶意损害险条款 (Malicious Damage Clause)。

以上六种险别中 ICC (A)，(B) 和 (C) 三种险别是基本险，类似于我国《海洋运输货物保险条款》中的一切险、水渍险和平安险。战争险、罢工险及恶意损害险是附加险别。但是，协会的战争险和罢工险在需要时能单独投保，而恶意损害险则不能单独投保。ICC (A)，(B)，(C) 险别的承保范围可用表 10－1 说明。

表 10－1 ICC (A)，(B)，(C) 险别的承保范围

承保范围	ICC (A) 险	ICC (B) 险	ICC (C) 险
火灾或爆炸	√	√	√
船舶或驳船搁浅、触礁、沉没或倾覆	√	√	√
陆上运输工具的倾覆或出轨	√	√	√
在避难港卸货	√	√	√
抛货	√	√	√
共同海损的牺牲	√	√	√
船舶、驳船或其他运输工具同除水以外的任何外界物体碰撞或接触	√	√	√
地震、火山爆发或雷电	√	√	
浪击落海	√	√	
海水、湖水或河水进入船舶、驳船、运输工具、集装箱、大型海运箱或贮存处所	√	√	
货物在装卸时落海或跌落造成任何整件的全损	√	√	
被保险人以外的其他人的故意行为所致被保险货物的灭失和损失	√		
海盗行为	√		
一般外来原因造成的损失	√		

注：“√”表示承保责任；空格表示免责或除外责任。

第三节　其他运输方式的货物保险

在国际贸易中，除了海洋运输的货物需要保险外，陆运、空运货物与邮包运输也需要保险。现将陆、空、邮货物运输保险的险别及其承保责任范围分别作简要介绍。

一、陆运货物保险

（一）陆运风险与损失

货物在陆运过程中，可能遭受各种自然灾害和意外事故。常见的陆运风险有：车辆碰撞、倾覆和出轨，路基坍塌，桥梁折断，道路损坏以及水灾和爆炸等意外事故；雷电、洪水、地震、火山爆发、暴风雨以及霜雪冰雹等自然灾害；战争、罢工、偷窃、货物残损或短少、渗漏等外来风险所造成的风险。这些风险会使运输途中的货物造成损失。货主为了转嫁风险损失，就需要办理陆运货物保险。

（二）陆运货物保险的险别

根据中国人民保险公司制定的《陆上运输货物保险条款》的规定，陆运货物保险的基本险别有陆运险（Overland Transportation Risks）和陆运一切险（Overland Transportation All Risks）两种。此外，陆上运输冷藏货物险也具有基本险性质。

陆运险的承保责任范围同海运水渍险相似。陆运一切险的承保责任范围同海运一切险相似。上述责任范围均适用于铁路和公路运输，并以此为限。陆运险与陆运一切险的责任起讫，也采用“仓至仓”责任条款。

陆运货物在投保上述基本险之一的基础上可以加保附加险。如投保陆运险，则可酌情加保一般附加险和战争险等特殊附加险；如投保陆运一切险，就只能加保战争险，而不能再加保一般附加险。陆运货物在加保战争险的前提下，再加保罢工险，不另外收保险费。陆运货物战争险的责任起讫，是以货物置于运输工具时为限。

二、空运货物保险

（一）空运风险与损失

货物在空运过程中，有可能因自然灾害、意外事故和各种外来风险而导致货物全部或部分损失。常见的空运风险有：雷电、火灾、爆炸、飞机遭受碰撞或倾覆、坠落、失踪、战争破坏以及被保险物由于飞机遇到恶劣气候或其他危难事故而被抛弃等。为了转嫁上述风险，空运货物一般都需要办理保险。当货物遭到承保范围内的风险损失时，可以从保险公司获得赔偿。

（二）空运货物保险的险别

空运货物保险的基本险别有航空运输险（Air Transportation Risks）和航空运输一切险（Air Transportation All Risks）。这两种基本险都可以单独投保，在投保其中之一的基础上，可以加保战争险等附加险，加保时须另付保险费。在加保战争险前提下，再加保罢工险，则不另外收保险费。

航空运输险与航空运输一切险的责任起讫也采用“仓至仓”责任条款。航空运输货物战争险的责任期限，是自货物装上飞机时开始至卸离保险单所载明的目的地的飞机时为止。

三、邮包运输保险

（一）邮包运输风险与损失

邮包运输通常须经海、陆、空辗转运送，实际上属于“门到门”运输，在长途运送过程中易遭受自然灾害、意外事故及各种外来风险。办理了邮包运输保险，可以转嫁邮包在运送当中的风险损失，在发生损失时能从保险公司得到承保范围内的经济补偿。

（二）邮包运输保险的险别

根据中国人民保险公司制定的《邮政包裹保险条款》的规定，有邮包险（Parcel Post Risks）和邮包一切险（Parcel Post All Risks）两种基本险，其责任起讫是，自被保险邮包离开保险单所载起运地点寄件人的处所运往邮局时开始生效，直至被保险邮包运达保险单所载明的目的地邮局发出通知书给收件人当日午夜起算为止。但在此期限内，邮包一经递交至收件人处所时，保险责任即告终止。

在投保这两种基本险之一的基础上，经投保人与保险公司协商可以加保邮包战争险等附加险。加保时，也须另付保险费。在加保战争险的基础上，如加保罢工险，则不另外收保险费。邮包战争险承保责任的起讫，是自被保险邮包经邮政机构收讫后自储存处所开始运送时生效，直至该邮包运达保险单所载明的目的地邮政机构送交收件人为止。

第四节　国际货物运输保险条款

在国际贸易当中，从买卖双方的角度看，货物运输的保险实务主要包括申请投保、选择投保险别、计算保险金额、交付保险费、取得保险单证以及保险索赔等内容。

一、合同中保险条款的内容

进出口合同中的保险条款的内容，应视合同中所使用的贸易术语而定。常用的

FOB，CFR 等合同，由买方承担货物在运输途中的风险，并负责办理保险和支付保险费，不涉及卖方利益，因此合同中的保险条款，只要明确由买方办理即可。例如，订明“保险由买方自理”（Insurance to Be Covered by the Buyers）。

凡以 CIF，CIP 条件成交的出口合同，均需向中国人民保险公司按保险金额、险别和适用的条款投保，并订明由卖方负责办理保险。例如：“由卖方按发票金额的×%投保××险，××险（险别）按照中国人民保险公司 1981 年 1 月 1 日的有关海洋运输货物保险条款为准。”

在 FOB 或 CFR 合同下，如果买方委托卖方代办保险，由买方负担保险费时，则应订为“由买方委托卖方按 CIF 发票金额的×%投保海洋运输险，按 1982 年 1 月 1 日协会货物条款（A）负责，保险费由买方负担”。

二、保险金额的确定与保险费的计算

（一）保险金额的确定

保险金额（Insured Amount），是投保人与保险人之间实际投保和承保的金额，是保险费的计收依据，是投保人或其受让人索赔和保险人赔偿的最高限额。按照国际保险市场的习惯，一般是按照货物发票的 CIF 或 CIP 价另加 10%的预期利润作为保险金额。若合同对加成率未作规定，按《2020 年通则》和《跟单信用证统一惯例》规定，卖方有义务按 CIF 或 CIP 价格的总值另加 10%作为保险金额。

保险金额的计算公式是：

保险金额＝CIF(或 CIP)价×(1＋投保加成率)

在实际工作中，如已有成本价，要计算出 CIF 价格，可先计算出运费额，与成本价相加，得出成本加运费价 CFR，然后再按下列公式计算出 CIF 价。

CIF 价＝CFR 价/[1－保险费率×(1＋投保加成率)]

也可利用中国人民保险公司的保险费率常用表，由 CFR 价得到 CIF 价。

（二）办理投保和交付保险费

出口企业在向当地的保险公司办理投保手续时，应根据买卖合同或信用证规定，在备妥货物并确定装运日期和运输工具后，按规定格式逐笔填制投保单，单上填明货物名称、保险金额、运输路线、起运日期和投保险别等项。由于外贸出口业务量较大，为了节省手续，在征得保险公司同意后，有时可利用现成单据的副本如出口货物明细单、货物出运分析单或发票副本等来代替保单，仅在这些单据上加列一些必要的项目即可。

投保人交付保险费，是保险合同生效的前提条件，是保险人经营业务的基本收入，也是保险人所掌握的保险基金的主要来源。

保险费率是计算保险费的依据。我国进出口货物保险费率是我国保险公司在货物损失率和赔付率的基础上，参照国际保险费率水平，并根据我国对外贸易发展的需要制定的。

保险费的计算公式为：

保险费＝保险金额×保险费率

三、保险单证

保险单证是保险人与被保险人之间权利、义务的契约，是被保险人索赔和保险人理赔的依据，也是进出口贸易结算的主要单据之一。我国常用的保险单证有保险单、保险凭证、联合凭证和预约保险单。

（一）保险单

保险单（Insurance Policy）又称大保单，是一种正规的保险合同，使用最为普遍。其内容一般包括：（1）当事人（投保人名称、地址）；（2）保险标的（品名、数量、包装、标记）；（3）船名或运输工具名称；（4）保障的风险和事故种类；（5）保险金额、保险费率、保险费；（6）保险责任起讫日期、期限；（7）出单日期；（8）保险公司签章；（9）出险后索赔所须提供的证据及规定应立即通知保险人查勘。保险单背面载有保险人与被保险人之间权利和义务方面的保险条款，如保险责任范围、除外责任、责任期限、损失处理、索赔理赔、争议处理等。

（二）保险凭证

保险凭证（Insurance Certificate）俗称小保单，是保险公司签发给被保险人的证明货物已经投保和保险合同已经生效的证明文件。保险凭证除了背面不载明保险人与被保险人双方的权利与义务等保险条款外，其余内容与保险单大致相同。保险凭证是一种简化了的保险单。

（三）联合凭证

联合凭证（Combined Certificate）是比保险凭证更为简化的保险单证。即在出口货物的发票上由保险公司加注承保险别、保险金额和保险编号，它只能在新加坡、马来西亚、我国的香港和澳门地区的部分华商中使用，其他地区除非双方另有约定，一般均不使用。

（四）预约保险单

预约保险单（Open Policy）是由保险公司与被保险人双方签订的预约保险合同，规定总的保险范围、保险期限、保险种类、保险限额、航程区域、运输工具、保险条件、保险费率和保险的结算办法等。在这个范围内的被保险货物，一经起运保险公司即自动承保。不过被保险人应将每批起运货物的品名、价值、包装、数量、起讫港口、运输工具、起运日期通知保险公司，以便签发保险凭证。这对于经常有进出口货物的单位来说极为方便，既可防止漏保，又可消除逐笔投保的若干手续。

四、保险索赔

保险索赔（Claim）是指被保险货物遭受承保责任范围内的风险而造成损失时，被保险人向保险人提出赔偿要求的行为。中国人民保险公司承保的出口货物，在到达国外目的地以后被发现损失后，收货人或其代理人一般都按照保险单规定委托指定的检验人检验货损，出具检验报告，由国外收货人凭检验报告连同有关权益证明书、保险单正本，直接向保险公司或其代理人索赔。

中国人民保险公司承保的进口货物运抵国内后，如果发现残损或短缺，在港口的收货单位应立即通知当地的保险公司。在内地的收货单位则应立即通知当地的保险公司或中国人民银行，会同有关部门进行联合检验，出具联合检验报告。申请联合检验的期限，一般最迟不能超过保险责任终止日前 10 天。收货单位应根据残损货物联合检验报告的损失金额或程度，向卸货港的保险公司索赔。为了分清国内、国外相关单位的责任，防止国外不法商人以劣货充好货和国外承运人失职所造成的货损，保险公司应会同有关贸易单位、港口和运输部门加强港口检验工作，及时发现国外商人的责任事故，立即办好对外索赔手续。

本章小结

国际货物运输保险的基本险别主要包括海上货物运输保险、陆上货物运输保险、航空货物运输保险和邮包货物运输保险。其中，海上货物运输保险是起源最早、使用频率最高的一种国际货物运输保险。本章重点讲述了风险、损失的含义和分类，阐述了《中国保险条款》和《协会货物条款》各种险别的保险范围。保险单是保险公司与投保人之间所订立的保险合同。

关键概念

单独海损　共同海损　推定全损　仓至仓条款　平安险　水渍险　一切险　保险金额

思考题

1. 简述实际全损与推定全损的构成条件和主要区别。
2. 什么是共同海损？应满足哪些条件？
3. 共同海损与单独海损有什么区别？
4. 我国海洋货物运输保险有哪些基本险别？分别承保哪些责任？
5. 我出口一批货物，发票总金额为 USD12 000，假设加一成投保一切险和战争险，费率分别为 0.6%、0.4%，该笔的投保保险费是多少？

第十一章

国际货款的支付

本章要点提示

- 国际货款支付工具的种类及各种支付工具之间的异同
- 汇付方式的种类和程序
- 托收结算方式的特点和种类
- 信用证结算方式的内容、种类和程序
- 银行保函的含义和特点
- 《UCP600》与《UCP500》的对比

引导案例

我国某公司对南非出口一批化工产品 2 000 吨，采用信用证支付方式。国外来证规定："禁止分批装运，允许转运。"该证并注明：按《UCP600》办理。现已知：装期临近，已订妥一艘驶往南非的"黄石"号货轮，该船先停靠新港，后停靠青岛。但此时，该批化工产品在新港和青岛各有 1 000 吨尚未集中在一起。

问题： 如你是这笔业务的经办人，最好选择哪种处理方法？为什么？

国际贸易货款的支付是指国际贸易货款及从属费用如何计价、结算以及在什么时间、地点，采用什么方式收付。简单地说，国际贸易货款的支付涉及两个方面的内容，即支付工具和支付方式。

第一节　支付工具

国际贸易货款的支付工具包括货币（现金）和票据。现金结算方式在国际贸易中只限于少量、零星费用的支付，其应用范围不广泛，大多使用的是作为信用工具的票据来结算。它代替现金作为流通手段和支付手段清算国际间的债权、债务。国际贸易中使用的票据主要有汇票、本票和支票，其中以使用汇票为主。

一、汇票

汇票（Bill of Exchange，Draft，B/E）是由一个人向另一个人签发的、开给另一个人的一张无条件的书面支付命令，要求对方立即或在将来的某一时间，或可以确定的时间支付一定的金额给特定的人或其指定的人或持票人。

（一）汇票的主要内容

汇票的主要内容有以下几方面：

（1）出票人（Drawer），即签发汇票的人。在进出口业务中，通常是出口人或者银行。

（2）受票人（Drawee），又称付款人（Payer），即接受支付命令付款的人。在进出口业务中，通常是进口人或者指定的银行。

（3）受款人（Payee），即受领汇票所规定的金额的人。在进出口业务中，通常是出口人或其指定的银行。

（4）汇票金额。汇票的大写金额和小写金额完全一致。汇票金额不许涂改或盖核对章。

（5）出票日期和地点。出票地点应该是议付地点，它的位置一般在汇票上方和出票日期连在一起。

（6）付款期限。它是付款人履行付款义务的日期，有即期和远期之分。

（7）付款地点。它是汇票金额支付地，也是请求付款地，或拒绝证书做出地。

（8）出票条款。也就是出票根据。一般内容是：开证行名称、信用证号码和开证日期。

（9）票据上应有“汇票”（Exchange）字样。

（10）无条件支付命令。

（11）汇票编号。汇票编号应与发票号完全一致。因为信用证支付方式项下的发票是整套单据的中心单据。

（12）出票人签字。汇票要有出票人签字才能生效。

汇票一般一式四份。银行寄单大部分都采取二次寄出，如果一份邮寄遗失，另一份还有效，如果一份付讫，另一份自动失效。香港和澳门地区的联行开来信用证也可以开具单独一份的汇票，因为中国银行对港、澳联行采取一次寄单。但开具单独一张汇票，须将汇票格式中的二联式字号改为“Sole”，以表示一联式汇票。

（二）汇票的种类

汇票从不同的角度可以分为如下几种：

（1）按照有无附属单据，汇票可分为光票和跟单汇票。

1）光票（Clean Bill），是指不附带任何货运单据的汇票。银行汇票大多是光票。

2）跟单汇票（Documentary Bill），是指附带有货运单据（主要是提单、发票、保险单等）的汇票。在国际贸易中，大多使用跟单汇票。商业汇票一般多为跟单汇票。

（2）按照付款时间的不同，汇票可分为即期汇票和远期汇票。

1）即期汇票（Sight Draft，Demand Draft），是指在提示或见票时立即付款的汇票。

2）远期汇票（Time Bill，Usance Bill），是指在一定期限或特定日期付款的汇票。远期汇票的时间计算，不包括见票日或出票日，但包括付款日，即算尾不算头。

（3）按照出票人的不同，汇票又分为银行汇票和商业汇票。

1）银行汇票（Banker's Draft），是指出票人是银行，受票人也是银行的汇票，它一般是银行应汇票人的要求，开立以汇入行为付款人的汇票，这种汇票由汇票人直接寄交收款人凭票向汇入行取款，银行汇票属于银行信用范畴。

2）商业汇票（Commercial Draft），是指出票人是商号或个人，付款人可以是商号、个人，也可以是银行的汇票。商业汇票属于商业信用范畴。

（4）按承兑人的不同，汇票可分为商业承兑汇票和银行承兑汇票。

1）商业承兑汇票（Commercial Acceptance Bill），是以工商企业为付款人的远期汇票，经付款人承兑后，称为商业承兑汇票。

2）银行承兑汇票（Banker's Acceptance Bill），是以银行为付款人所承兑的远期汇票，称为银行承兑汇票。

（三）汇票的使用

汇票的使用一般要经过出票、提示、承兑和付款等程序。如需转让，还需要背书手续。当汇票遭到拒付时，还要涉及出具拒绝证书和行使追索权等法律问题。

1. 出票

出票（Issue，to Draw）是指出票人在汇票上填写付款人、付款金额、付款日期和地点以及受款人等项目，经签字后交给受款人的行为。在出票时，对汇票“受款人”一栏，通常有三种写法：

（1）限制性抬头。例如，“仅付××公司”（Pay ×× Co. only）或“付××公司，不能流通”（Pay ×× Co. not negotiable）。这种抬头的汇票不能流通转让，只有××公司收取货款。

（2）指示性抬头。例如，“付××公司或其指定人”（Pay ×× Co. or order 或 Pay to

the order of ×× Co.）。这种汇票可以经过背书转让。

（3）持票人或来人抬头。例如，“付给来人”（Pay Bearer）。这种抬头的汇票无须由持票人背书，仅凭交付汇票即可转让。

2. **提示**

提示（Presentation）是指持票人（Holder）将汇票提交付款人要求承兑或付款的行为。付款人见到汇票叫作见票（Sight）。如果是即期汇票，付款人见票后立即付款；如果是远期汇票，付款人见票后办理承兑手续，到期时付款。

3. **承兑**

承兑（Acceptance）是指付款人对远期汇票表示承担到期付款责任的行为。其手续是由付款人在汇票正面写上“承兑”（Accepted）字样，注明承兑日期，由付款人签字后交还给持票人。付款人对汇票做出承兑，即成为承兑人。承兑人有在远期汇票到期时付款的责任。

4. **付款**

对即期汇票，在持票人提示汇票时，付款人即应付款（Payment），无须经过承兑环节。对远期汇票，付款人经过承兑后在汇票到期日付款。付款后，汇票上的一切债务即告终止。

5. **背书**

在国际市场上，汇票又是一种流通工具，可以在票据市场流通转让。背书（Endorsement）是转让汇票权利的一种手续，就是由汇票抬头人在汇票背面签上自己的名字，或再加上受让人即背书人（Endorsee）的名字，并把汇票交给受让人的行为。经背书后，汇票的收款权利便转移给受让人。

在国际市场上，一张远期汇票的持有人如想在付款人付款前取得票款，可以经过背书将汇票转让给银行或贴现行或金融公司，由它们扣除一定贴现息后将票款付给持有人，这叫作贴现（Discount）。银行贴现票款后，就成为汇票的持有人。它或者在市场上继续转让，或者在到期日向付款人索取票款。

6. **拒付**

当汇票在提示时，遭到付款人拒绝付款（Dishonour by non-Payment）或拒绝承兑（Dishonour by non-Acceptance）即称为拒付（Dishonour），也称退票。

除了拒绝付款和拒绝承兑外，付款人不见汇票，死亡或宣告破产，以致付款事实上已不可能时，也称拒付。

按照有关法律解释，汇票上所列付款人所以有履行付款的义务，并不是由于出票人对他开立了汇票，而是由于在出票之前，他与出票人之间存在债权债务关系，并事先约定采用汇票付款的办法。因此，当付款人拒付汇票时，出票人要根据买卖合同，而不是根据拒付的汇票进行交涉。如果汇票经过转让，一旦被拒付时，最后的持有人有权向所有的前手追索，一直追索到出票人。持票人为了行使追索权（Right of Recourse），应及时到当地法院或公证机构做出拒付证书（Protest），凭以作为向其前手进行追索的法律依据。有时汇票的出票人或背书人为了避免承担被追索的责任，可在出票或背书时加注“不受追索”（Without Recourse）字样。凡加注这种文字的汇票，在市场上一般很难转让流通。

二、本票

本票（Promissory Note）是一个人向另一个人签发的，保证于见票时或定期或在可以确定的将来的某一时间，对某人或其指定人或持票人支付一定金额的无条件的书面承诺。简言之，本票是出票人对受款人承诺无条件支付一定金额的票据。

本票只有两个当事人，即出票人与受款人。出票人就是付款人，处于债务人的地位，对受款人或其背书人或持票人负有绝对清偿的责任。

（一）本票的主要内容

本票的主要内容有以下几方面：

（1）表明是“本票”的文字；

（2）一定的金额；

（3）出票人签名盖章；

（4）受款人及受款地点；

（5）签发日期；

（6）到期地点和日期；

（7）注明无条件支付字样。

（二）本票的种类

（1）按出票人的不同，本票可以分为银行本票和商业本票。

1）银行本票（Banker's Promissory Note，Casher's Order）是由银行签发的，或者是为了适应顾客的请求，代替现金解付，或者是银行为了节省现金的使用而发出。银行本票只有即期一种，而无远期本票。

2）商业本票也称一般本票（General Promissory Note），是工商企业或个人在交易活动中签发的远期债务凭证，与借款契约相类似，所不同的是借款契约不能背书流通，而本票经过背书可以流通。商业本票有即期和远期两种。

（2）按受款人的限制不同，本票可分为记名本票和不记名本票。

1）记名本票即受款人必须是票面上注明的特定人或其指定人的本票。

2）不记名本票即受款人是持票人的本票。

（3）根据付款期限的不同，本票又可分为即期本票和远期本票。

1）即期本票就是见票即付的本票。

2）远期本票是指必须到约定的时日方可付款的本票。远期本票又称期票，其又可细分为定期本票、出票后若干日付款的本票和见票后若干日付款的本票三种。

（三）本票与汇票的主要区别

本票与汇票主要有以下几方面的区别：

（1）本票是承诺；汇票是支付命令。

（2）本票只有两个基本当事人，即出票人和受款人；汇票有三个基本当事人，即出票人、受票人和受款人。

（3）本票的主要债务人是出票人；汇票的主要债务人是受票人或承兑人。

（4）远期本票无须经过承兑；而远期汇票则要办理承兑手续。

三、支票

支票（Cheque；Check）是银行存款户对银行签发的授权银行对特定的人或其指定人或持票人在见票时无条件支付一定的金额的书面命令。

支票是以银行为付款人的即期汇票。支票的出票人必定是在付款银行设有存款的存户，出票人在签发支票时，应在付款银行存有不低于票面金额的存款。如存款不足，支票持有人在向付款银行提示支票要求付款时，就会遭到拒付。这种支票叫作空头支票。开出空头支票的出票人要负法律上的责任。

（一）支票的内容

支票的主要内容有以下几方面：

（1）必须有“支票”字样；

（2）无条件支付命令；

（3）付款银行名称；

（4）出票人签字；

（5）出票日期和地点（未载明出票地点者，出票人名字旁的地点视为出票地）；

（6）付款地点（未载明付款地点者，付款银行所在地视为付款地点）；

（7）写明“即期”字样（如未写明“即期”者，仍视为见票即付）；

（8）金额；

（9）受收人或其指定人。

（二）支票的种类

支票主要有以下几种：

（1）记名支票（Cheque to Order）。

（2）不记名支票（Cheque to Bearer）。

（3）划线支票（Crossed Cheque）。

（4）保付支票（Certified Check）。

（5）旅行支票（Traveler's Cheque）。

（6）银行支票（Banker's Check）。

（三）支票与汇票的主要区别

支票与汇票主要有以下几点区别：

（1）支票是存款人对银行签发的无条件支付命令；汇票是出票人对付款人签发的无条件支付命令。

（2）支票的付款人必须是银行；汇票的付款人可以是个人、企业，也可以是银行。

（3）支票是即期付款，不需要承兑；汇票有即期付款，也有远期付款，远期付款必须办理承兑。

第二节 支付方式

支付方式（Modes of Payment）涉及信用、付款时间和付款地点等问题。我国在对外贸易中，使用的支付方式主要有汇付、托收、信用证。有时也使用银行保函、国际保理等方式或各种方式结合的办法进行收付。

支付方式从资金的流向与支付工具的传递方向，可以分为顺汇（Remittance）和逆汇（Honour of Draft）两种方法。顺汇是指资金的流动方向与支付工具的传递方向相同。汇付方式采用的是顺汇方法。逆汇是指资金的流动方向与支付工具的传递方向相反。托收和信用证方式采用的是逆汇方法。

国际贸易的支付方式都通过银行办理，但是不同的支付方式，银行有不同的义务。汇付和托收，银行一般不承担进口人付款或出口人提交装运单据的义务，而由买卖双方根据买卖合同互相提供信用，这种信用是商业信用。信用证是银行保证付款的文件，它是银行信用。

一、汇付

（一）汇付的含义及当事人

汇付（Remittance）又称汇款，它是指付款人主动通过银行或其他途径将款项交给收款人。对外贸易的货款如果采用汇付方式支付，一般是由进口方按合同约定的条件（如收到单据或货物）和时间，将货款通过银行交给出口方。

一笔汇付业务中，通常涉及汇款人（Remitter）、收款人（Payee or Beneficiary）、汇出行（Remitting Bank）、汇入行（Paying Bank）四个基本当事人。一般情况下，汇款人即是进口商，汇出行通常是进口地银行，汇入行通常是出口地银行，收款人即是出口商。

（二）汇付的方式

汇付可分为信汇、电汇、票汇三种。

1. 信汇

信汇（Mail Transfer，M/T）是付款人将款项交给当地汇出行，汇出行开具《付款委托书》，通过邮递方式将《付款委托书》寄交收款人所在地的汇入行，委托其向收款人付款。采用信汇方式收汇比较慢，但费用较低。

2. **电汇**

电汇（Telegraphic Transfer，T/T）是指付款人要求银行用电报或电传委托国外的汇入行向出口人付款。采用电汇其费用较信汇为高，但出口人可以迅速收到货款。

3. **票汇**

票汇（Demand Draft，D/D）是指进口人向本地银行购买银行汇票，自行寄给出口人，出口人凭以向汇票上指定的银行取款。银行汇票用于银行的代客拨款，所以出票人和付款人是同一银行或代理行。

票汇与电汇、信汇相比有两个特点：第一，票汇的汇入行不必通知收款人取款，收款人收到汇票后自行到银行提取款项；第二，票汇除有限制转让和流通的规定外，经收款人背书后可以转让，到银行领取汇款的，很可能不是汇票上列明的收款人本人，而是其他人。因此，票汇牵涉到的当事人较多。

（三）汇付方式的业务种类

在国际贸易中，汇付方式通常用于预付货款（Payment in Advance）、随订单付款（Cash with Order）、货到付款（Payment after Arrival of the Goods）、交货付款（Cash on Delivery）和赊销（Open Account）等业务。

（四）汇付支付方式的特点

1. **风险大**

对于预付货款的买方及货到付款的卖方来说，一旦付了款或发了货就失去了制约对方的手段。他们能否收货或收款，完全依赖对方的信用；如果对方信用不好，很可能银货两空。

2. **资金负担不平衡**

对于预付货款的买方及货到付款的卖方来说，资金负担较重，整个交易过程中需要的资金，几乎全部由他们来提供。

3. **手续简便，费用少**

汇付支付方式的手续是最简单的，就像一笔没有相对给付的非贸易业务，银行的手续费也最少，只有一笔数额很小的汇款手续费。

二、托收

（一）托收的含义及当事人

托收（Cllection）是指出口人于货物装运后，开具以进口人为付款人的汇票，连同有关单据（如提单、发票、保险单等）交给当地银行，委托它通过它在国外的分支行或代理行向进口人收取货款的方式。代收行要求进口人按照委托书的指示付款，代收行将收妥之款项拨交给托收行，托收行再转付给出口人。

托收方式的当事人有四个：

(1) 委托人（Consigner/Principal），是在托收业务中委托银行向进口人收款的人，一般是出口人，如委托时开立汇票，则又是汇票的出票人（Drawer）。

(2) 托收银行（Remitting Bank），是接受出口人的委托，并转托国外银行代为收款的银行，又称出口方银行（Exporter's Bank）。

(3) 代收银行（Collecting Bank），是接受托收银行的委托，代向进口人收款的银行，如代收银行原来是由进口人事先指定的，则又可称为进口方银行（Importer's Bank）。

(4) 付款人（Drawee/Payer），是托收业务中的付款人或是托收汇票的受票人，一般就是进口人（Importer）。

委托人与托收行是委托代理关系，是由委托书建立的；托收行与代收行也是委托代理关系，他们之间通常订有代理合同；付款人与代收行则不存在任何法律关系，付款人所以向代收行付款是根据买卖合同的规定。

按照一些国家银行办理托收业务的做法，委托人在送交银行办理托收时，需填写一份托收申请书，申请书中应提出确切的指示。银行接受委托后，则按照申请书规定的内容办理，银行在执行中遇到困难，有权不予照办，但必须立即转告委托人。托收申请书的内容一般包括：托收方式的种类；是否允许分期付款和分批提货；货物到达目的港而付款人拒付时，是否请代收行代办存货和投保火险；拒付时是否暂代保管装运单据，并代办拒付证书；托收费用负担问题；等等。

（二）托收的种类

根据随附商业单据的不同，托收可分为光票托收和跟单托收。

1. **光票托收** (Clean Bill for Collection)

凡是出口人仅开具汇票，不随附商业单据的托收，叫作光票托收，仅附非货运单据（如发票、垫收清单等）的托收，也属光票托收。光票托收方式通常用于收取出口货款尾数、样品费、佣金、代垫费用、其他贸易从属费用、进口索赔款以及非贸易各个项目的托收等。

光票托收的汇票有即期和远期之分。对即期汇票，代收行在收到汇票后，应立即向付款人提示要求付款。付款人如无拒付理由，应立即付款赎票。对远期汇票，代收行在收到汇票后，应向付款人提示要求承兑，以确定到期付款的责任。付款人如无拒绝承兑的理由，应即承兑。承兑后，代收行取回原票，在到期日再作付款提示要求付款。如付款人拒绝承兑或付款，除托收委托书另有规定外，应由代收行在法定期限内，做成拒付证书，并及时将拒付情况通知托收行转告委托人，以便委托人采取适当措施。

2. **跟单托收** (Documentary Bill for Collection)

凡是出口人将汇票连同商业票据一起交给银行委托代收的，叫作跟单托收。国际贸易中，货款的收取大多采用跟单托收。根据交付单据的条件不同，跟单托收又分为付款交单和承兑交单两种。

(1) 付款交单（Document against Payment，D/P）是指出口人的交单以进口人的付款为条件，即出口人将汇票连同货运单据交给银行托收时，指示银行只有在进口人付清货款时，才能交出货运单据，在汇票上当然也要注明“D/P”字样。付款交单根据付款的时间不同又可分为即期付款交单和远期付款交单两种。

即期付款交单（D/P Sight），是由出口人开具即期汇票，通过银行向进口人提示，进口人见票后即需付款领取货运单据。

远期付款交单（D/P after Sight），是由出口人开具远期汇票，通过银行向进口人提示，由进口人承兑，于汇票到期日付清货款后领取货运单据。

在远期付款交单条件下，如果付款日期和实际到货日期基本一致，仍不失为对买方的一种资金融通，进口人可以不必在到货之前，就提前付款。但如果付款日期晚于到货日期，那么对于付款后才交单的条件，买方在没有付清货款之前，仍然无法取得提单。在这种情况下，买方为了抓住有利行市，不失时机转售货物，可以采取两种做法：一种做法是在付款到期日之前付款赎单，扣除提前付款日至原付款到期日之间的利息，作为买方享受的一种提前付款的现金折扣。另一种做法是代收行对于资信较好的进口人，允许其凭信托收据（Trust Receipt）借取货运单据，先行提货，待汇票到期时再由进口人付款赎回。所谓信托收据（T/R），就是进口人借单时提供一种书面信用担保文件，用来表示愿意以代收行的受托人身份代为提货、报关、存仓、保险、出售并承认货物所有权仍属银行。货物售出后所得的货款应交给银行，这是代收行自己向进口人提供的一种信用，而与出口人无关。因此，如代收行借出单据后，汇票到期不能收到货款，则代收行应对委托行负全部责任。但如果是出口人指示代收行借单，就由出口人主动授权银行凭信托收据借给进口人，即所谓付款交单凭信托收据借单（D/P・T/R），那么进口人在承兑汇票后可以凭信托收据先行借单提货。日后如果进口人在汇票到期拒付，则与银行无关，应由出口人自己承担风险。在这种情况下，对出口人来说，D/P・T/R 方式之风险与采用承兑交单没有多大差别。因此，除非出口人对进口人的信用、资力和作风等情况充分了解，并确信能如期付款，一般不宜采用付款交单凭信托收据借单的方式。

(2) 承兑交单（Document against Acceptance，D/A）是指代收行向进口人交单以进口人的承兑（Acceptance）汇票为条件，进口人承兑汇票后即可向银行索取全部单据，而待汇票到期时再进行付款。因为只有远期汇票才需要办承兑手续，所以承兑交单条件只适用于远期汇票的托收。

采用这种付款方式，出口人所承担的风险很大，因为进口人在未付款之前即取得全部单据，提走货物，一旦到期拒不付款，代收行不负任何责任，出口人将遭受银货两空的损失。因此，出口人对接受这种方式一般采用很慎重的态度。承兑交单与远期付款交付的程序基本一致，其唯一区别是承兑交单进口人在汇票上履行承兑手续后即可取得全部单据，而远期付款交单必须在付款后才能取得单据。但如办理付款交单托收手续时指示代收行可凭进口人出具的信托收据预借单据（D/P ・T/R），则两者之间的风险基本相同。

案例 11－1

天津M出口公司出售一批货给香港G公司，价格条件为CIF香港，付款条件为D/P见票30天付款，M出口公司同意G公司指定香港汇丰银行为代收行，M出口公司在合同规定的装船期限内将货装船，取得清洁提单，随即出具汇票，连同提单和商业发票等委托中行通过香港汇丰银行向G公司收取货款。5天后，所装货物安全抵达香港，因当时该商品的行市看好，G公司凭信托收据向汇丰银行借取提单，提取货物并将部分货物出售。不料，因到货过于集中，货物价格迅即下跌，G公司以缺少保险单为由，在汇票到期拒绝付款。

问题：你认为M出口公司应如何处理此事？并说明理由。

（三）托收方式的支付程序

下面简要图示几种托收方式的业务程序。

1. 即期付款交单

即期付款交单的业务程序如图 11－1 所示。

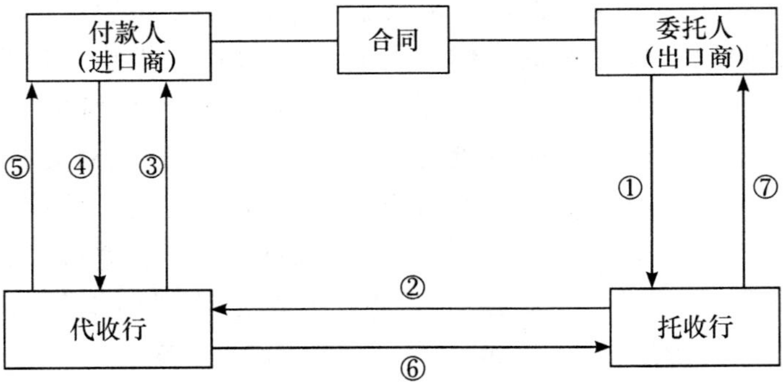

图 11－1　即期付款交单的业务程序

注：
①委托人向托收行填写跟单汇票托收申请书；
②托收行向代收行制作并航寄托收委托书及跟单汇票；
③代收行向付款人提示单据，要求付款；
④付款人向代收行付款；
⑤代收行向付款人交单；
⑥代收行向托收行汇回收妥的贷款；
⑦托收行将款项记入委托人账户。

2. 远期付款交单

远期付款交单的业务程序如图 11－2 所示。

3. 承兑交单

承兑交单的业务程序如图 11－3 所示。

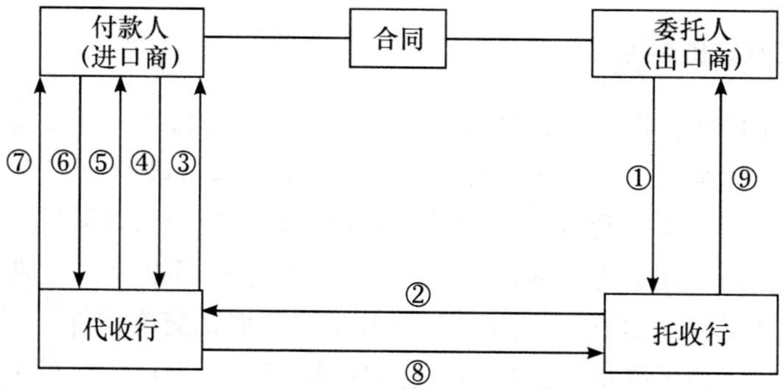

图 11－2 远期付款交单的业务程序

注：
①委托人向托收行填写跟单汇票托收申请书；
②托收行向代收行制作并航寄托收委托书及跟单汇票；
③代收行向付款人提示单据，要求承兑；
④付款人向代收行提交承兑汇票；
⑤代收行在到期日向付款人提示汇票，要求付款；
⑥付款人向代收行付款；
⑦代收行向付款人交单；
⑧代收行向托收行汇回收妥的贷款；
⑨托收行将款项记入委托人账户。

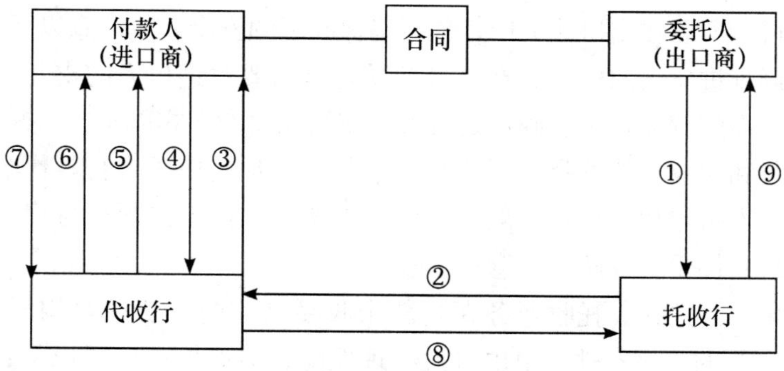

图 11－3 承兑交单的业务程序

注：
①委托人向托收行填写跟单汇票托收申请书；
②托收行向代收行制作并航寄托收委托书及跟单汇票；
③代收行向付款人提示单据，要求承兑；
④付款人向代收行承兑并退回汇票；
⑤代收行向付款人交单；
⑥代收行在期日向付款人提示汇票，要求付款；
⑦付款人向代收行付款；
⑧代收行向托收行汇回收妥的贷款；
⑨托收行将款项记入委托人账户。

案例 11－2

某公司出口 3 批货物，合同分别规定以 D/P 即期、D/P30 天、D/A30 天托收方式结算。寄单之邮程为 7 天，托收日为 8 月 1 日。

问题：这 3 笔托收业务的提示日、承兑日、付款日、交单日各为何日？（不计银行合理工作时间）

（四）托收方式的特点

托收方式属于商业信用，银行办理托收业务时，只是按委托人的指示办事，没有检查单据的义务，也无承担付款人必然付款的义务。如进口人破产或丧失清偿债务的能力，出口人则可能收不回或晚收到货款。在进口人拒不付款赎单后，除非事先约定，银行没有义务代为保管货物。如货物已到达，还会有在进口地办理提货、交纳进口关税、存仓、保险、转售以致被低价拍卖或被运回国内的损失。在承兑交单条件下，进口人只要在汇票上办理承兑手续，便可取得货运单据，凭以提取货物。出口人收款的保障就是进口人的信用，一旦进口人到期不付款，出口人便会遭到货款全部落空的损失。所以对出口人来说，承兑交单比付款交单的风险更大，但对进口人很有利，可免去开立手续和预付押金，减少费用支出，有利于资本融通和周转。目前，在发达国家市场上，出口商竞相通过保理业务采用承兑交单来加强对外竞争，扩大出口。

（五）使用托收方式应注意的问题

托收方式纯粹是建立在商业信用的基础上的，对出口人来说，风险较大，对进口人较为有利。它实质上是出口人对进口人的资金融通，常被出口人用作对外商争取的手段，有利于扩大出口。所以在出口业务中，为了确保收汇的安全，应注意以下几个问题：

（1）深入调查进口人的资信。在签订贸易合同前要对进口人的支付能力、经营作风和商业信誉作全面的调查，然后确定是否可以使用托收的方式以及应掌握的成交额度。

（2）托收行和代收行的选择。托收行一般都为当地的中国银行，代收行大多由托收行选定，如进口人指定代收行，一般应满足对方要求，但事先须征得代收行的同意后再作决定，不要盲目接受，以防发生意外事故。

（3）价格条件的选择。托收业务在货款未收妥之前的一切风险均属出口人，因此，原则上应选用 CIF 的价格条件，由出口人办理保险。但如果进口国规定必须由进口人办理保险，而不得不采用 CFR 或 FOB 条件者，为了保障出口人的利益，可以投保“卖方利益险”（Contingency Insurance Clause for Seller’s Interest）。

（4）提单抬头人的做法。托收业务在货物装运后收款尚无绝对把握，为了掌握货物的所有权，提单的收货人应做成发货人指示或空白指示抬头，由发货人即出口人背书，而不要做成进口人指示或记名式，以防万一遭到拒付，货权已转移，出口人处于被动地位。

（5）注意了解进口国的贸易法令、外汇管理条例和银行习惯，以免影响安全收汇。

（6）在托收过程中，出口人应随时与托收行密切联系，要健全托收记录和账户检查制度，了解进口人承兑付款的情况，如到期不付抓紧催款。

（7）办理托收要参照国际商会的《托收统一规则》，即《URC522》出版物的各项规定，填写委托申请书。

（六）托收的国际惯例

在托收业务中，银行与委托人之间的关系，往往由于当事人各方对权利、义务和责任的解释不同，以及世界各银行的业务对托收的处理也不同，常常出现纠纷。为了统一托收规则，国际商会于1958年草拟了《商业单据托收统一规则》（Uniform Rules for Collection of Commercial Paper）（即第192号出版物），并建议各国银行采用。1967年国际商会订立并公布该规则（即第254号出版物）。1978年对该规则再度修订，并改名为《托收统一规则》（Uniform Rules for Collection，Publication NO. 322），即第322号出版物，于1979年起实施。20世纪80年代以来各国国内和国际上的国际托收程序、技术、法律和规则都发生了很大变化，并为了在文本和语言上与《跟单信用证统一惯例》（第500号出版物）相协调，特别是考虑到当今EDI（电子数据交换）的广泛发展和应用，1993年起国际商会再度对该规则进行了修订。在吸纳30多个国家的约2 500条建议和意见后，于1995年完成修订，公布了新的《托收统一规则》，简称《URC522》，该规则于1996年1月1日起正式实施。这个托收规则虽然不是国际上公认的法律规则，但此项规则在世界各国银行的托收业务中已经被广泛采用。它在一定程度上解答和统一了在国际贸易货款的支付方式中采用托收形式所遇到的问题，起到了调和与统一各国银行之间不同解释和不同做法的作用。

《托收统一规则》的主要精神是，银行在办理托收业务时，完全按照委托人的指示行事。托收过程中所遇到的一切风险、开支费用、意外事故等均由委托人负责。

《托收统一规则》的全文包括总则和定义，共26条，其主要内容有：

（1）委托人应受国外法律和惯例规定的义务和责任所约束，并对银行承担该项义务和责任，负赔偿之责任。

（2）银行除了要检查所收到的单据是否与委托书所列一致外，对单据无审核责任。但银行必须按照委托书的指示行事，如无法照办时，应立即通知发出委托书的一方。银行对由于任何消息、信件和单据在寄送途中的延误和失落，或由于电报、电传、电子传送系统在传送中的延误、残缺和其他错误，或对由于专门性术语的翻译和解释上的错误所产生的一切后果，概不承担义务和责任。

（3）发货人未经银行的事先同意，货物不能直接发给银行或以银行为收货人。如发货人未经同意就将货物发给银行或以银行为收货人，银行无义务提取货物，仍由发货人承担货物的风险和责任。

（4）远期付款交单下的委托书，必须指明单据是凭承兑还是凭付款交付。如未指明，银行只能凭付款后交单，但提示行应负责查看汇票上的承兑形式是否完整和正确。对其签名的真实性或签名人是否有签署承兑的权限概不负责。

（5）如果汇票被拒付，托收行应在合理的时间内做出进一步处理单据的指示。如在代收行发出拒绝通知书后90天内未能接到托收行的任何指示，可将单据退回托收行。

三、信用证

（一）信用证的含义

信用证（Letter of Credit，L/C）是银行应进口人的请求，开给出口人的一种有条件的书面付款保证。即开证银行保证在收到受益人支付全部符合信用证规定的单据的条件下，向第三者（受益人）或其指定人履行付款的责任。因此，信用证属于银行信用。

按照国际商会《跟单信用证统一惯例》的解释，信用证是由银行（开证行）应客户（申请人）的要求和指示或以其自身的名义，在符合信用证的条件下，凭规定的单据，向第三者（受益人）或其指定人付款，或承兑并支付受益人出具的汇票；或授权另一家银行付款、或承兑并支付该汇票；或授权另一家银行议付。

（二）信用证的当事人

（1）开证申请人（Applicant），是指向银行申请开立信用证的人，即买方（进口人），在信用证中往往又称开证人（Opener）。如由银行自己主动开立信用证，此种信用证可涉及的当事人则没有开证申请人。

（2）开证银行（Issuing Bank，Opening Bank），是指接受开证申请人的委托，开立信用证的银行，它承担保证付款的责任。它一般是进口人所在地的银行。

（3）通知银行（Advising Bank，Notifying Bank），是指受开证行的委托，将信用证转交出口人的银行。它只证明信用证的真实性，并不承担其他义务。通知银行一般是卖方所在地银行。

（4）受益人（Beneficiary），是指信用证上所指定的有权开具汇票向开证行或其指定的银行索取货款的出口人。

（5）议付银行（Negotiating Bank），是指愿意买单或办理押汇或垫付货款或贴现受益人提交的跟单汇票并负责向开证银行或开证银行所指定的付款银行转交装运单据的银行。议付银行可以由开证银行指定，也可以是非指定银行。

（6）付款银行（Paying Bank，Drawee Bank），是指信用证上指定的付款银行。付款银行一般是开证行，也可以是开证银行指定的另一家银行。

除上述 6 个当事人外根据需要还可能涉及的当事人有保兑行、偿付行、承兑行与转让行等。

保兑行（Confirming Bank），是应开证行或受益人之请在信用证上加批保证兑付的银行，它和开证行处于相同的地位，即对于汇票承担不可撤销的付款之责，保兑行有必须议付和代付之责，在已经议付或代付之后，无论开证行倒闭或无力拒付，都不能向受益人追索。

偿付行（Reimbursing Bank），只是代开证行付款，本身并无对受益人必须付款的义务。付款后责任即终止，不受追索，不负单证不符的责任。

（三）信用证支付的一般程序

使用信用证结算货款，从开证申请人向银行申请开立信用证到开证行付清货款，需要经过很多业务环节，并办理各种手续。由于信用证种类不同，信用证条款有着不同的规定，其业务环节和手续也不尽相同。信用证的业务程序如图 11－4 所示。

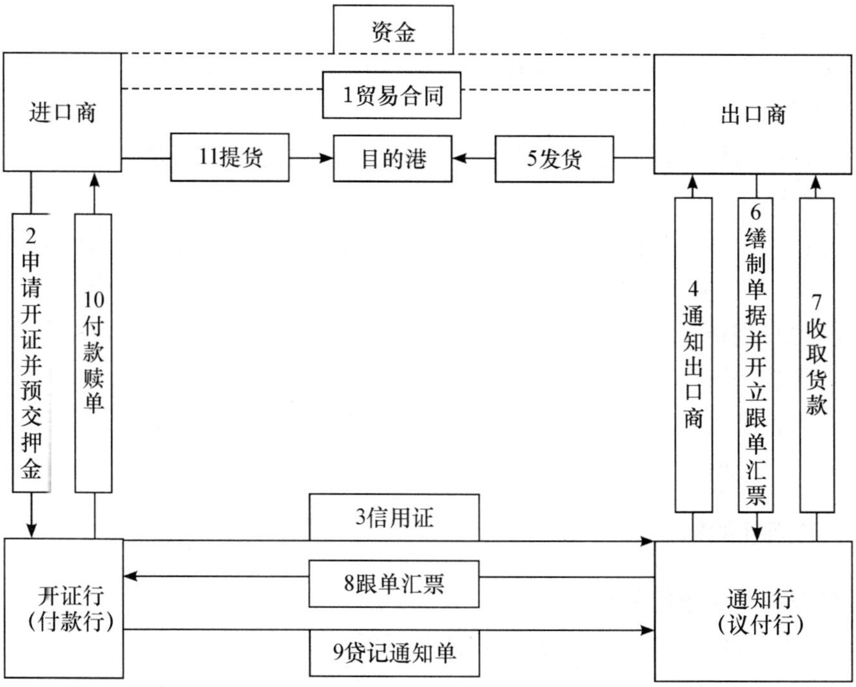

图 11－4 信用证的业务程序

（四）信用证的主要内容

信用证的内容主要包括以下方面：

（1）开证行的名称。开证行的全称一般在信用证的首部标明，有的还注明登记的国别。

（2）开证地点与时间，一般在信用证的右上方注明。

（3）信用证的种类和号码。如可撤销或不可撤销、可转让或不可转让等，信用证开立时，必须注明属于何种类型。信用证的号码是开证行开立信用证时的编号。

（4）受委托开证文句。说明信用证受何人委托开立的。

（5）受益人名称。受益人一般是出口商，其名称要在信用证上标明。

（6）开证申请人。开证申请人一般是进口商，其名称也要在信用证上标明。

（7）有效期及到期地点。有效期是指信用证发生效力的期限，只有在该期限内发货、交单，受益人才可获得款项的支付。到期地点是指信用证的到期以什么地方为准。

（8）信用证金额。信用证金额是开证行保证向受益人支付的款项数额，包括货款及一些手续费等。

（9）汇票条款。汇票条款规定受益人的汇票金额限度、汇票付款人、出票条款。

（10）主要跟单种类和份数。这是开证申请人及开证行要求受益人提示的单据种类及每种单据的份数。单据主要有三类：第一类，货物单据，以发票为中心，包括装箱单、重量单、产地证、商检证明书等；第二类，运输单据，如提单；第三类，保险单据，如保险单。此外，还有其他单据，如寄样证明、装船通知电报副本、领事发票等。

（11）所运货物的说明。简要介绍开证人与受益人买卖的货物情况，一般包括品名、规格、数量、包装、唛头、单价等。

（12）装运条款。这是对货物运输方面的规定，一般包括装运地与目的港、装运期、分运与转运准许与否等。

（13）开证行对议付行的指示条款。指开证行对议付行提出的要求，主要包括议付金额、寄单的方法等。

（14）开证银行的付款保证。这是开证行对自己承担的付款责任做出的声明，保证只要受益人按照信用证的条款履行了自己的职责，开证行一定及时对其付款。

（15）其他特别条款。这是指除了一般的规定外，根据特殊需要而设立的条款。

（16）关于按照国际商会《跟单信用证统一惯例》办理的文句。

（17）开证行负责人签字。信用证开出后，开证行负责人须在信用证上签名，以对信用证的真实性予以证明。

（五）信用证的特点

1. 信用证是一种银行信用

信用证是由开证行以自己的信用做出的付款保证，所以开证行负有第一性付款责任。在其他支付方式中，银行不提供信用担保，款项的偿付完全由债务人负责。如果债务人拒付，银行不负责偿还。在其他的银行担保业务中，银行不担任第一付款人。只有在被担保人不履行自己的责任、拒绝付款的条件下，银行才代为付款。在信用证形式下，开证行对出口商的责任是一种独立的责任。

2. 信用证是一项自足文件

与贸易合同彼此独立，它虽然以贸易合同为基础，但它一经开出，就成为独立于贸易合同以外的一项契约。信用证业务的一切关系人只受信用证条款约束，由于银行不是贸易合同的当事人，所以银行不受贸易合同的约束。

3. 只凭单据而不管货物

在信用证方式下，实行的是凭单付款的原则。信用证业务是一种单据买卖，银行只看单据，而不管货物，它只要求受益人所提交的单据表面上与信用证条款相符合，而对于所装货物的实际情况如何、是否中途损失、能否如期到达目的港等均不负责。

案例 11－3

国内某出口公司收到由香港某银行所开立的不可撤销跟单信用证，开证申请人为香港某进口公司。信用证内容中关于货物的包装条款与销售合约有不同之处。销售合约规定，货物包装条款为：“均以三夹板盛放，每箱净重 10 公斤，2 箱一捆，外套麻袋。”而信用证却规定：“均以三夹板盛放，每箱净重 10 公斤，2 箱一捆。”与合约不同的是，在信用证中没有要求在包装货物时外套麻袋。受益人在包装货物时，完全按照信用证条款的规定，即没有外套麻袋。货抵达香港后，香港进口商称货物未套麻袋而拒绝付款。

问题：开证行应如何对待？

（六）信用证的作用

1. 银行的保证作用

对进口人来说，信用证可以保证进口人在支付货款时即可取得代表货物的单据，并可通过信用证条款来控制出口人的按质、按量、按时交货；对出口人来说，信用证可以保证出口人在履约交货后，按信用证条款规定向银行交单取款，即使在进口国实施外汇管理的情况下，也可保证凭单收到外汇。

2. 资金融通作用

对进口人来说，开证时只需缴纳部分押金，单据到达后才向银行赎单付清差额；如为远期信用证，进口人还可用信托收据向开证行借单先行提货，到期向开证行付款；对出口人来说，在信用证项下，货物装运后即可凭信用证及所需单据向出口地银行做押汇（即通常所说的议付），取得全部货款。在西方国家，出口商收到信用证后还可凭此向当地银行要求货款，预支部分资金以供备货之需。

（七）信用证的种类

信用证的种类很多，但最基本的是可撤销与不可撤销两类，其他的都是在不可撤销的基础上演变而来的。

1. 不可撤销信用证

不可撤销信用证（Irrevocable L/C），是指信用证一经开出，在有效期内，未经受益人及有关当事人的同意，开证行不得片面修改或撤销信用证。只要受益人提供的单据符合信用证规定，开证行必须履行付款义务。这种信用证对受益人收款提供了可靠的保障，在国际贸易中被广泛使用。凡是不可撤销信用证，在信用证标题上都必须注明“不可撤销”（Irrevocable）字样，并载有规定，凡信用证上未写明“不可撤销”或“可撤销”字样的应视作不可撤销的信用证。

2. 跟单信用证和光票信用证

这是以信用证项下的汇票是否附有货运单据划分的。

（1）跟单信用证（Documentary L/C），是凭跟单汇票或仅凭单据付款的信用证。单据是指代表货物产权或证明货物已交运的单据而言。前者指提单、保险单等，后者指铁路运单、邮包收据等。国际贸易所使用的信用证绝大多数是跟单信用证。

（2）光票信用证（Clean L/C），是凭不附单据的汇票付款的信用证。有的信用证要求汇票附有非货运单据，如发票、垫款清单等，也属光票信用证。在采用信用证方式预付货款时，通常是用光票信用证。

3. 保兑信用证和不保兑信用证

这是按有没有另一家银行加以保证兑付划分的。

（1）保兑信用证（Confirmed L/C），是指另一家银行即保兑行（Confirming Bank）应开证行或受益人的要求对已经开出的信用证加以保兑，即由保兑行保证对符合信用证条款规定的单据履行付款责任。经过保兑的信用证叫作保兑信用证。

（2）不保兑信用证（Unconfirmed L/C），是指未经其他银行加以保兑的信用证。不保兑信用证由开证行负不可撤销的保证付款责任。

4. 可转让信用证和不可转让信用证

这是根据受益人对信用证的权利可否可转让划分的。

（1）可转让信用证（Transferable L/C），是指受益人（第一受益人）可以要求授权付款、承担延期付款责任、承兑或议付的银行（统称“转让银行”），或当信用证是自由议付时，可以要求信用证中特别授权的转让银行，将信用证全部或部分转让给一个或数个受益人（第二受益人）使用的信用证。信用证转让后由第二受益人办理交货。

（2）不可转让信用证（Non-transferable L/C），是指受益人不能将信用证的权利让给他人的信用证。凡信用证中未注明“可转让”者则不可转让。

5. 即期信用证和远期信用证

这是按付款时间的不同来划分的。

（1）即期信用证（Sight L/C），是指凡信用证内规定银行凭受益人开立的即期汇票和全套单据即期付款的信用证。这种信用证对出口人来说，收汇迅速安全，有利于资金周转，是国际贸易的货物收付中使用最普遍的一种信用证。

（2）远期信用证（Usance L/C），是指凡受益人开立远期汇票并提交货运单据后，在一定期限内银行保证付款的信用证。

6. 循环信用证

循环信用证（Revolving L/C），是指当受益人全部或部分使用信用证金额后，其使用信用证金额的权利能够重新恢复到原金额再度被使用，周而复始，直至该证规定的次数和总金额用完为止。

循环信用证一般适用于定期分批均衡供应，分批结汇的长期合同。这对买方来说，可避免每批交货分别开证，从而可节省开证费用，减少押金，有利于资金周转；对卖方来说，可减少逐批催证、审证手续，只要能按照信用证规定如期交货即可保证及时、安全地收回全部货款。

循环信用证又分为按时间循环信用证和按金额循环信用证。前者是指受益人在一定的时间内可多次支取信用证规定的金额。后者是指信用证金额议付后，仍恢复到原金额可再度使用，直至用完规定的总额为止。

按金额循环的信用证，恢复到原金额通常有三种做法：

（1）自动循环（Automatic Revolving），即信用证内金额被用完之后，无须开证行通知而自动恢复原金额。

（2）半自动循环（Semi-automatic Revolving），即信用证内金额被用完以后，开证行如未在一定期限内提出不能恢复原金额时，即可恢复原金额被受益人使用，对这种信用证，开证银行保留停止使用信用证的权利。

（3）非自动循环（Non-automatic Revolving），即信用证内的金额被用完以后，即需开证行通知后才能恢复到原金额。

7. 对背信用证

对背信用证（Back to Back L/C），是指中间商收到进口人开来的信用证后，要求该证的原通知行或其他银行，以原证为基础，另开立一张内容近似的新证给供货人，这另开的新证称为对背信用证。

8. 对开信用证

对开信用证（Reciprocal L/C），是用于买卖双方进行对等贸易，进出口人相互向对方开证。其特点是，第一张信用证的受益人和开证申请人，就是第二张回头信用证的开证申请人和受益人，两张信用证的开证时间有先有后，但应同时生效，即第一张信用证先开，但不生效，须等到对方开来第二张回头信用证并经受益人认可后，第一张信用证才能生效。两张信用证的金额大体相等。对开信用证多用于易货贸易或补偿贸易和来料加工业务。

9. 预支信用证

预支信用证（Anticipatory L/C），是指开证行授权议付行（通常是通知行）向受益人预付信用证金额的全部或一部分，由开证行保证偿还并负担利息。预支信用证与远期信用证恰好相反，进口人付款在先，出口人交货、交单在后。预支信用证可分为全额预支和部分预支。

10. 付款信用证、承兑信用证与议付信用证

这是按付款方式的不同来划分的。

（1）付款信用证（Payment L/C），是开证行保证当受益人向开证行或其指定的付款行提交符合信用证规定的单据时即行付款的信用证。付款信用证一般不要求受益人开具汇票，而仅凭受益人提交的单据付款。因此，如不要求开具汇票即称为凭单付款信用证。

（2）承兑信用证（Acceptance L/C），是使用远期汇票的跟单信用证。开证行或指定付款行在收到符合信用证规定的汇票和单据时，先履行承兑手续，等汇票到期再付款。这种信用证又称银行承兑信用证。

（3）议付信用证（Negotiation L/C），是信用证指定某一银行或任何银行都可议付的信用证。

议付与付款的主要区别在于议付行如因单证不符等原因而未能收回款项时，可向受益人追索；而付款行一经付款就无权向受益人追索。

11. 备用信用证

备用信用证（Stand-by L/C），是一种特殊的光票信用证，用途广泛，最通常的是用于保证方面，如借款保证、投标保证、履约保证、赊购保证等。受益人在信用证的有效期和金额内，如开证人违约，得根据信用证规定开具汇票，连同一份声明书说明或证明开证申请人未能履约的情况，提交开证行要求付款，以取得所受损失的补偿；如开证人守信履约，则该信用证就不需使用，故称“备用”。

四、银行保函

银行保函（Banker's Letter of Guarantee，L/G），又称银行保证书，它是指银行应申请人要求，向受益人开出的担保履行某项义务的、有条件的承担经济赔偿责任的书面承诺文件。银行保函同信用证一样，也属于银行信用。

（一）银行保函的当事人

银行保函的当事人一般有三方：

（1）委托人（Principal），又称申请人，即为要求银行开立保证书的一方，一般是债务人。根据他与保函受益人之间的合同，在某种条件成立时，如未按质量交货，他必须以金钱偿还债务。

（2）受益人（Beneficiary），即为收到保证书并凭以要求银行担保的一方。当委托人不履行或不完全履行买卖合同时，他有权根据保证书的保证条款向保证人提出偿付其损失的要求，但索偿的金额以保证金额为限。

（3）保证人（Guarantor），也称担保人，即保证书的开立人。他是根据委托人的请求承担委托人不履行合同而使受益人遭受损失的赔偿人。银行保证书的保证人一般为银行，有时也可能是保险公司或信托投资公司等金融机构。

委托人、受益人和保证人是一份银行保证书的基本当事人。

除上述主要当事人外，根据保证书的具体情况，有时还有以下几个当事人：

（1）转递行（The Transmitting Bank），即根据开立保证书的银行的要求将保证书转递给受益人的银行。一般情况下，转递行对保证书只负责核对印鉴或密押，不负任何经济责任。但按规定可收取一定的转递手续费。

（2）保兑行（The Confirming Bank），是指在保证书上加以保兑的银行。保兑行只有在保证人不按保证书规定履行赔付义务时，才向受益人赔付。所以受益人可得到双重担保。

（3）转开行（The Reissuing Bank），是指接受担保银行的要求，向受益人开出保函的银行。这种保函发生赔付时，受益人只能向转开行要求赔付。

（二）银行保函的种类

1. 投标保函 (Tender Guarantee)

投标保函通常是应招标者（受益人）的要求而由投标人（委托人）委托担保人（银行）出具的担保。一旦投标者不履约（当中标时拒绝签约），担保人将在保证书的担保范围内支付招标者规定的金额（一般占货物价值的5%～10%）。

2. 履约保函 (Performance Guarantee)

履约保函主要是向保证书的受益人担保在委托人不履行他在买卖合同固定的义务时，对产生的一切损失进行赔偿。履约保函又分为进口履约保函和出口履约保函两种。

（1）进口履约保函是指银行（保证人）应进口人（委托人）的请求开给出口人（受益人）的保证函。在函中规定，出口人按有关合同交货和交来与规定相符的单据时，如果进口人未能付款或未及时付款，由银行保证付款。进口保函还可分为成套设备进口保函、补偿贸易银行保函和来件装配进口保函等。

（2）出口履约保函是指出口地银行为卖方向买方开立的保证书，保证卖方成交或投标后一定签约或履约。保证书规定，如卖方未能按期交货，银行负责赔偿买方的投资。

3. 还款保函 (Repayment Guarantee)

还款保函是担保人应投标人或出口商的要求开立给招标人或进口商的一项担保。通常在购买资本商品时，因商品造价较高，出口商或投标人要求进口商或招标人预付一定比例的货款。预付货款的还款保函的担保金额与预付金额相同，担保人向进口人或招标人担保，如果出口商或投标人不能按买卖合同履行责任，担保人保证在受益人的第一次书面或电报要求下，把全部预付货款连同利息归还受益人。

（三）银行保函的主要内容

银行保函并无统一格式，主要内容有以下几项：

（1）基本栏目：保函的编号；开立日期；各当事人的名称、地址、国家的名称；有关合约或标书的编号、日期；有关工程项目或担保标的物。

（2）担保金额。

（3）索偿条件，是指受益人在什么情况下才能向保证人提出索偿。

（4）担保期限，银行保函一般都规定一个明确的生效日期和失效日期，以明确保函的责任期限。

（5）担保人的责任，这是银行保函的主体。

（四）银行保函的特点

（1）银行保函属银行信用，保证人所承担的付款责任是第二性的。保证人的责任是在委托人未能履行保证书所规定的条件时才负责赔偿，如委托人已按照保证书规定履约，保证人的责任即解除。而信用证的开证银行向受益人承担第一性付款责任。

（2）银行保函是不受合同约束的独立法律文件。一般情况下，保证人只是根据保证书的条款来确定是否赔付，而不受合同的约束，即保证人的偿付以受益人的声明为准，而不过问申请人事实上是否违约，更不参与合同双方当事人的争议或纠纷。

（3）保函只有在违约情况发生时才会支付。保函只有在委托人违约时，受益人才会在保函下索偿，因此，保函下的支付不一定发生。而在信用证下，如交易情况正常，支付是一定会发生的。

（4）银行保函一般不可作为融资的抵押品。

（五）银行保函与信用证的异同

银行保函与信用证有相同之处，但又有所不同。

银行保函与信用证的相同之处主要有以下三点：

（1）银行保函和信用证均属银行信用，银行的付款责任都是第一性的；

（2）都规定有金额限制；

（3）皆有有效期限和保付条款等。

银行保函与信用证的不同主要有以下两点：

（1）适用范围不同。信用证主要适用于货物的买卖；而银行保函的用途较为广泛，除用于货物贸易，还可用于工程承包、投标与招标、借贷与融资等业务。

（2）对单据的要求不同。在信用证方式下与信用证相符的货运单据是付款的主要依据；在银行保函方式下单据则不是付款的依据，而是凭符合保函条款的索赔书或保函中规定的其他文件承担付款。

五、国际保理

（一）国际保理业务的含义和当事人

1. 国际保理业务的含义

国际保理业务（International Factoring），是指保理商为国际贸易赊销方式提供的将出口贸易融资、销售账务处理、应收账款收取和买方信用担保融为一体的金融服务。

2. 国际保理业务的当事人

国际保理业务一般包括四个当事人：

（1）出口商或称销售商或称供货商。他提供货物或劳务，出具发票，他的应收账款则由出口保理商叙做保理业务。

（2）进口商或称买方或称债务人。他是对提供货物或劳务所产生的应收账款负有付款责任的当事人。

（3）出口保理商。他是对出口商的应收账款叙做保理业务的当事人。

（4）进口保理商或称代理保理商。他是同意代收由出口商出具发票表示的，并转让给出口保理商的应收账款，依照保理规则，对已承担信用风险的受让应收账款，有义务支付的当事人。

（二）保理服务项目

1. 出口贸易融资

出口保理商为出口商装运的商品融通资金，可以根据有关应收账款做出预付款项，或立即付款购买应收账款，使出口商能够及时获得所需要的营运资金。保理商受让一笔应收账款，对有关的债权或物权拥有充分权利，故融资风险小、时间短，对于保理商是很有利的。

2. 销售账务处理

保理商收到出口商提交的销售发票后，在电脑中设立有关分户账，并输入必要信息和数据，实行电脑化自动处理承担账务管理工作，诸如记账、催收、清算、计息、收费、统计报表及打印账单等会计财务工作。

3. 收取应收账款

出口商不善于收取账款工作，会使大量营运资金占压在应收账款上。为解决这个问题，请保理商负责收取账款，使销售与收款两个环节分离开来，各负其责。

4. 买方信用担保

保理商要对进口商的债务逐一核定，预先评估信用额度，在执行保理合同的过程中，保理商要根据每一进口商的资信变化情况、收款考核实绩和出口商的业务需要，定期或经常为每个进口商核准或调整信用额度。凡在信用额度内的销售债权，称为核准应收账款，超过信用额度的销售债权称为未核准应收账款。保理商只对已核准应收账款提供买方信用担保的服务，对因进口商无力支付而导致的坏账，保理商在已核准应收账款的范围内承担赔偿责任。

（三）出口保理的操作程序

出口商以赊销方式出卖商品，为能将其应收款项售予保理组织，以便取得资金融通的便利，一般先与保理组织签订协议。协议签订后，保理公司通过下列程序进行业务操作：

（1）买卖双方通过交易磋商，出口商愿以商业信用出卖自己的商品，则出口商首先将进口商的名称及有关交易情况通知本国保理商；

（2）出口方的保理公司将出口商提供的资料整理后通知进口方保理公司；

（3）进口方的保理公司对进口商的资信进行调查，并将调查结果及可以向进口商提供赊销金额的具体建议通知出口方的保理组织；

（4）出口方的保理组织将调查结果通知出口商，若进口商资信可靠，向其提供赊销的金额建议数字也可行，则出口商与进口商签订合同，出口方的保理公司对该合同加以确认；

（5）出口商按合同规定装运货物后，把有关单据售予出口方的保理公司，并在单据上注明应收货款转让给出口方的保理公司；

（6）出口保理商在收到出口商交来的全套单据后，按保理协议向出口商预付约定的货款；

（7）出口保理商将单据转交给进口保理商；

（8）进口保理商负责向进口商催收货款，并将款项拨交给出口保理商；

（9）出口保理商将货款扣除预付款及利息后将差额付给出口商。

（四）保理业务的积极作用

1. 在信用额度内具有百分之百的安全收汇保证

信用额度是出口商委托保理商对进口商进行资信调查，保理商按进口商的业务规模大小及资信情况审批给进口商一定的信用额度，在这个额度内，保理商承担出口商向进口商出口货物的收汇风险。另外，出口商也可在保理协议下委托保理商调查该国其他进口商的资信状况，以及代收应收账款，有利于开拓新市场，扩大进出口贸易量，同时提高收汇的安全性。

2. 应收账款的付款期限可以得到保证

出口商只要按合同发货，保理商即可对出口商的账款进行管理，并按合同规定的结汇日期向进口商催收货款，以保证按期结汇。

3. 便利出口商获得融资

出口商将货物发票提交给保理商后，即可向保理商申请提供其发票金额50％～90％的融资，虽然融资需要由出口商支付一定的融资利息，但是它为企业解决了资金的困难，加快了资金的周转，提高了企业的经济效益。同时，这种融资方式也大大减少了贸易商申请贷款所需的种种烦琐的审批手续。

4. 减少托收方式的进出口风险

因为保理商一般都是银行的全资附属性机构，信誉较高，所以做保理业务，实质上把承兑交单（D/A）、记账赊销（O/A）方式进出口的商业信用又加上了银行信用，从而减少了收汇与付汇的风险。

5. **提供多种货币的分类服务**

做保理业务的进出口商可以选择使用成交货币，并可利用保理商的金融服务优势，把有关货币进行转换，以满足结算方面不同货币的需求。

6. **利用银行优势，使客户避免外汇风险**

因为保理业务一般是远期收汇，有一定的汇价变动风险，而保理商作为大银行的全资附属机构，可以利用其丰富的金融业务知识和经验，对国际金融市场变化做出比较准确的判断和预测，建议防范措施，使客户避免远期收汇的风险。

7. **事先对进出口商进行资信调查**

保理商对进出口商进行资信调查，提供信用额度，可以使贸易商掌握时机，取得进出口贸易收、付汇的主动权。

第三节　国际货款支付方式的选择

国际贸易中采用的支付方式主要有前面所讲述的信用证、托收和汇付三种。信用证是银行保证付款的一种凭证，属于银行信用。这对出口商收取货款有一定的保证作用，但进口商在申请开证时，要缴纳开证押金和银行开证手续费，占用进口商的资金，影响周转。托收和汇付都属商业信用，银行不承担付款义务。因此，出口商收取货款有一定风险，但对进口商则较为有利。当今，随着国际贸易买方市场的普遍形成以及信息产业的兴起和发展，国际市场竞争日益加剧。其具体表现是竞争的范围已从商品质量、价格等发展到了付款条件方面。越来越多的进口商拒绝开信用证，强烈要求使用更灵活的信用付款方式，即承兑交单（D/A）或记账交易（O/A）等的结算方式。

一、各种支付方式的综合运用

在进出口业务中，一般情况下支付方式都以单一的支付方式出现。为了扩大贸易，有利成交，有时可以在付款时间和支付方式上采取灵活方式。

（一）信用证和银行保函结合使用

在国际工程承包和大型成套设备的交易中，除了支付货款以外，还会有预付款和保留款的收取。一般货款可以用信用证支付，出口商违约时预付款的退还和保留款的支付可以采用银行保函。

（二）汇付和银行保函结合使用

对于预付和货到付款都可采用银行保函来防止不交货或不付款。

（三）信用证和托收结合使用

把一笔交易分为两部分支付，一部分采用信用证，另一部分采用 D/P 托收，这样可以减少开证申请人的开证费和押金，又不至于影响收款，但这样做手续复杂。

（四）信用证和汇付结合使用

部分货款用信用证支付，余数用汇付方式结算。

（五）托收和银行保函结合使用

为了使出口商收款有保障，由进口商开具保证托收付款的银行保函，一旦进口商收到单据后未在规定时间内付款，出口商有权向开立银行保函的银行索取出口货款，这样可以免去使用信用证的麻烦。

（六）汇付、银行保函、信用证结合使用

对于成套设备、大型机械产品和交通工具的交易，成交金额大，周期长，一般按进度付清货款。买卖双方签订合同后，买方一般要预付部分货款作为定金，可以采用汇付方式，在买方付出定金前，卖方应向买方提供出口许可证影印本和银行开具的银行保函。定金以外的其余货款可按不同阶段分期支付，买方开立不可撤销的信用证即期或远期付款。

二、分期付款和延期付款

（一）分期付款

在成套设备、大型机械产品和交通工具的交易中，因为成交金额较大，往往采取按工程进度和交货进度分若干期付清货款，即分期付款（Pay by Installments）。例如，双方签约后，卖方向买方提供出口许可证影印件和银行保函，买方预付部分定金，其余货款则按不同阶段分期支付，最后一笔货款一般都是在交货时或卖方承担的保质期满时付清。货物所有权在付清所有货款时转移给买方。因此，按分期付款条件所签订的合同是一种即期合同，买方没有利用卖方的资金。

（二）延期付款

在上述类似交易中，若买方要求卖方予以资金融通，可采用延期付款方式（Deferred Payment）。具体是，买卖双方签订合同后，买方一般要预付一小部分货款作定金，其余大部分货款是在交货后若干年内分期偿还。买方应承担延期付款的利息。延期付款的特点是物权转移在先（交货时），大部分货款支付在后，买方利用了卖方的资金。

第四节 国际商会《跟单信用证统一惯例》

一、《跟单信用证统一惯例》的发展

随着国际贸易的不断发展，信用证方式逐渐成为国际贸易中通常使用的一种支付方式。但是，由于对跟单信用证有关当事人的权利、责任、条款的定义和术语在国际上缺乏统一的解释和公认的准则，世界各国银行都根据各自的习惯和利益自行规定。因此，信用证的各有关当事人之间的争议和纠纷经常发生。为了解决这方面的问题和矛盾，国际商会于1930年拟定了一套《商业跟单信用证统一惯例》（Uniform Customs and Practice for Commercial Documentary Credits），并于1933年正式公布，建议世界各银行采用，之后于1951年和1962年对该惯例进行了两次修改。1974年又进行了一次修改，更名为《跟单信用证统一惯例》（Uniform Customs and Practice for Documentary Credits），又称《国际商会290号出版物》。随着国际贸易的进一步发展，新的运输方式相继出现，货运单据和贸易术语随之也有新的变化，国际商会于1983年再一次对《跟单信用证统一惯例》进行了修订，又称《国际商会400号出版物》。

随着国际上运输工具和运输方式的发展变化，通信工具的电子化、网络化和电脑的广泛使用，国际贸易、运输、保险、单据处理和结算工作也发生了巨大变化。为了适应新的形势，国际商会于1993年又着手对《国际商会400号出版物》进行了修订，称为《国际商会500号出版物》（即《UCP500》），并于1994年1月1日起正式生效。

自《UCP500》生效以来，国际商会银行技术委员会注意到银行实务中围绕《UCP500》产生的争议层出不穷。由于未能正确地运用某些条文，其结果严重妨碍了按照《UCP500》开立的跟单信用证的使用。多份研究报告显示，高比例、高频率发生的信用证拒付现象日益威胁信用证在国际结算中的地位。为此，ICC于2002年初成立了UCP修订工作小组，提出修订《UCP500》的动议。《UCP600》于2007年7月1日正式生效。《跟单信用证统一惯例》的变动情况如表11－1所示。

表11－1 《跟单信用证统一惯例》的变动情况

国际商会编号	开始实施日期	实施结束日期	实际实施时间
222（1962年修订本）	1963/7/1	1975/9/30	12年3个月
290（1974年修订本）	1975/10/1	1984/9/30	9年
400（1983年修订本）	1984/10/1	1993/12/1	9年3个月
500（1993年修订本）	1994/1/1	2007/6/30	12年6个月
600（2007年修订本）	2007/7/1		

UCP的修订带动了ISBP（关于审核跟单信用证项下单据的国际标准银行实务）等的相应修订和升级，也同时对信用证产生较大的影响。除了银行、进出口方受影响外，还影响到如国际贸易中的运输方、保险方、司法界等许多当事人。

二、《UCP600》和《UCP500》的区别

（一）遣词造句和结构的变化

《UCP600》从条款文字措辞上显现了通俗易懂、简约化特点，如“合理时间”条款的删除，从根本上消除了《UCP500》规定的不确定性，同时也消除了司法部门以“不合理”为由干涉正常银行业务的隐患。把一些条款合并或增减，与《UCP500》的 49 条相比，《UCP600》的条款减少到了 39 条。

（二）对有关跟单信用证的概念进行了定义

《UCP600》第一次系统地对有关跟单信用证的 14 个概念进行了定义，如兑付定义了开证行、保兑行、指定银行在信用证项下除议付以外的一切与支付相关的行为。

三、《UCP600》的意义

事实上，如果单从结构、遣词造句来看，《UCP600》和《UCP500》区别不大，而《UCP600》的意义表现在以下几方面。

（一）可撤销信用证的提法被取消

在实务操作中，因为当事人开的都是不可撤销的信用证，所以，可撤销信用证不再有存在的必要。

（二）《UCP600》出现了一个新定义——“承付”

“承付”概括了在即期付款、延期付款和承兑信用证下，开证行、保兑行或指定行除议付外的其他向受益人进行支付的行为。同时，“议付”的定义也进行了修订，争议颇大的“给付对价”的说法被删除，在新条款中被称为“购买”，明确了议付是对票据和单据的“购买”，属于对受益人的预付或承诺预付。实际上，这个说法就意味着对“议付”的解释又回到了俗称的“买单”之说法。如此设计使“议付”从《UCP500》中规定的四种支付方式中单列出来，用“买单说”来解释议付行的行为也表明了其融资的性质，从而将议付信用证对受益人的融资功能纳入了统一惯例的保护范围。

（三）单据处理天数出现变化

对于出口商的利益而言，这是极大的维护。首先，《UCP500》中“合理时间”的概念在《UCP600》中被删去，因为在各国的银行惯例中，何为“合理时间”存在很大争议，同时对“合理”的长度没有明确的规定，在实务中容易产生纠纷。实际上，在《UCP600》中，尽可能地将《UCP500》中一些容易产生争议的问题规范化，比如定义了 14 个概念，如讲到通知行、议付行等当事人的时候，明确了各自的职能，可以最大化

地避免了因为概念不清产生职责方面的纠纷，同时也节省了当事人因为职能不清而造成的大量的法庭诉讼费负担。此外，《UCP500》中各当事银行处理单据的时间为“不超过收到单据之日起七个工作日”，由于信用证业务流程中涉及多个当事银行，受益人收到款项的周期较长。而《UCP600》将银行处理单据的时间改为“最多为收到单据次日起第五个工作日”，明显缩短了单据处理的时间，有助于受益人提前收汇，并将促使银行更有效率地处理信用证业务。

（四）信用证业务一旦开立是独立于合同的

信用证业务精神在《UCP500》里被表述为：“单证相符、单单不得互不一致。”一旦出现单证不相符、单单不一致的情况，就造成了信用证的不符点，意味着银行不需要再承担付款的责任。于是，导致银行在审单证时，为避免付款责任，实施“严格相符”，甚至故意寻找不符点，使信用证丧失了原本功能，进而使得进出口商在外贸结汇时，对信用证不再信任，信用证业务大量萎缩。目前，各国银行开立的信用证大多通过SWIFT电报传递。按照SWIFT口径统计，从全球范围看，信用证的使用量呈现下降趋势，2005年下降幅度约为2%。鉴此，《UCP600》有了变更。《UCP600》根据第14条d款，表明：即使在单证间也不要求“等同”，仅要求“不得矛盾”，这样比过去单单之间“不得互不一致”的说法更体现了审单标准宽松化的倾向。从这点上来讲，《UCP600》的最大作用就是扶持信用证的使用，规范信用证业务的实施。而这个才是《UCP600》最大和最重要的意义。

从整体上讲，《UCP600》更加适应了国际贸易发展的需求，给国际贸易发展松了绑，便于企业参与国际贸易。

本章小结

国际贸易货款的支付是指国际贸易货款及从属费用如何计价、结算以及在什么时间、地点，采用什么方式收付。简单地说，国际贸易货款的支付涉及两个方面的内容，即支付工具和支付方式。

国际贸易货款的支付工具包括货币（现金）和票据。国际贸易中使用的票据主要有汇票、本票和支票，其中以使用汇票为主。

国际贸易中采用的支付方式主要有信用证、托收和汇付等三种。信用证是银行保证付款的一种凭证，属于银行信用。这对出口商收取货款有一定的保证作用，但进口商在申请开证时，要缴纳开证押金和银行开证手续费，占用进口商的资金，影响周转。托收和汇付都属商业信用，银行不承担付款义务。因此，出口商收取货款有一定风险，但对进口商则较为有利。当今，随着国际贸易买方市场的普遍形成以及信息产业的兴起和发展，国际市场竞争日益加剧。

本章介绍了《跟单信用证统一惯例》的发展。《UCP600》更加适应了国际贸易发展的需求，给国际贸易发展“松了绑”，便于企业参与国际贸易。

关键概念

汇票　承兑　本票　支票　顺汇　逆汇　汇付　托收　信用证　银行保函　国际保理　D/D　T/T　D/A

思考题

1. 试述托收的含义及性质。
2. 简述在国际贸易中，采用托收方式的利弊。
3. 试述信用证支付的一般程序。
4. 简述信用证的特点和种类。
5. 什么是银行保函？其与信用证有何区别？
6. 简述国际保理的作业流程。
7. 简述《UCP600》的意义。

第十二章

商品检验、索赔、不可抗力和仲裁

本章要点提示

- 商品检验的意义及范围
- 贸易合同中的检验条款
- 争议、违约、索赔和理赔的含义
- 不可抗力的含义和范围及条款的订立
- 仲裁的特点及仲裁协议

引导案例

某公司以CIF鹿特丹出口食品1 000箱，即期信用证付款。货物装运后，凭已装船清洁提单和已投保一切险和战争险的保险单，向银行收妥货款。货到目的港后经进口人复验，发现下列情况：

(1) 该批货物共有10个批号，抽查20箱，发现其中2个批号涉及200箱内含沙门氏细菌超过进口国标准。

(2) 收货人共收998箱，短少两箱。

(3) 有15箱货物外表状况良好，但箱内共短少货物60千克。

问题：分析以上情况，进口商应分别向谁索赔？并说明理由。

第一节　商品检验

一、商品检验及其作用

国际货物买卖中的商品检验（Commodity Inspection），简称商检，是指在商品检验机构对卖方拟交付的货物或已交付的合同规定货物进行品质、规格、数量、重量、包装、卫生、安全等项目所进行的检验、鉴定和管理工作。

国际贸易交货的全过程，可以分为货物的交付、货物的检验以及货物的最后交接三个环节，货物的检验是货物最终交接的必备条件。从事国际贸易活动的买卖双方，大都远隔重洋，一般难以当面交接货物，商品在长途运输中难免发生残损或短缺。为了便于查明事故的起因，分清有关当事人的责任，长期以来形成了一种习惯做法，即由一个有资格的、与有关当事人无任何利害关系的第三者对商品的品质、数量、包装以及装运技术条件或货损、货差等进行检验和鉴定，并出具证书以作为交接货物、结算货款、处理索赔的依据。一般来说，在国际商品买卖过程中，买方在接受货物之前，有权检验货物。对此，许多国家和有关国际组织都制定了商品检验的法律或政府法令。

《中华人民共和国进出口商品检验法》（2018 年修正，简称《商检法》）明确规定：商检机构和国家商检部门、国家商检部门指定的检验机构，依法对进出口商品实施检验。列入必须实施检验的进出口商品目录（简称目录）的进口商品未经检验的，不准销售、使用；列入目录的出口商品未经检验合格的，不准出口。

《联合国国际货物销售合同公约》则规定：买方必须在按情况实际可行的最短时间内检验货物或由他人检验货物。

目前，商检已成为国际商品买卖的一个重要环节和买卖合同中不可缺少的一项内容。但买方对货物的检验权并不是强制性的，不是接收货物的前提条件。如果买卖双方另有协议，或是买方没有利用合理的机会进行检验，买方就是放弃其检验权。在前一种情况下，货物的检验必须根据双方达成的协议进行。在后一种情况下，买方就丧失了拒收货物的权利。这样有关国家或国际公约就以立法的形式对买方检验货物的权利予以支持和保护，表明商检工作在国际贸易中的重要性。

检验条款是交易双方权利与义务的具体体现，是处理双方货物交接、货款的支付和索赔、理赔的重要依据。因此，货物的检验也是进出口合同中的重要条款之一。

二、商品检验的内容和范围

《商检法》规定，进出口商品实施检验的内容，包括商品的品质、规格、数量、重量、包装以及是否符合安全、卫生要求；对动植物及其产品实施病虫害检疫；对进口商品的残损状况和装运某些商品的运输工具等进行检验。

实施进出口商品检验必须正确掌握检验依据，一般情况下主要以买卖合同（包括信用证）中所规定的有关条款为准；如合同未规定或规定不明确的，出口商品按照国家标准或部颁标准或企业标准检验，也可按生产、外贸与商检机构商定的标准进行检验；进口商品可按生产国标准检验，卖方未提供生产国标准的，按国际通用标准或按我国标准进行检验。

我国商品检验检疫部门对进出口商品检验主要实施法定检验、监督管理、办理委托检验和公证鉴定业务。

法定检验是指根据国家法律、法规的规定，对大宗的、关系国计民生的重点进出口商品、容易发生质量问题的商品、涉及安全卫生的商品以及国家指定由商检机构统一执行检验的商品等实施的强制性检验。属于法定检验范围的进出口商品，有关单位需及时向商检机构办理报验，待商检机构发证放行后，方准离境或入境。目前，我国实施法定检验的范围包括：

（1）列入《商检机构实施检验的进出口商品种类表》内的进出口商品。

（2）根据《中华人民共和国食品安全法》的规定，应实施卫生检验的出口食品和食品原料。

（3）根据《中华人民共和国进出境动植物检疫法》规定的商品。如进境动植物、动植物产品和其他检疫物的木质包装材料；进境非动植物、非动植物产品货物的木质包装材料，来自植物危险性病虫害疫区的，均实施检疫。

（4）根据《商检法》的规定，装运易腐食品出口的船舱和集装箱。

（5）列入《国际海上危险货物运输规则》内的危险品的包装检验。对海运出口危险品的包装容器实施性能鉴定和使用鉴定。使用未经检验合格的包装容器的危险货物，不准出口。

（6）对外贸易合同规定由国家商检机构实施检验的进出口商品。

（7）根据国外法规要求强制检验和认证的商品。

此外，根据《商检法》规定，凡其他法律、行政法规规定须经商检机构或由其他检验机构实施检验的进出口商品和检验项目，亦属法定检验的范畴。

三、合同中的商检条款

国际贸易合同中的商检条款，主要包括检验时间、地点，商检机构，检验证书，检验方法与检验依据等内容。

（一）检验时间和地点

在国际贸易合同中，关于商品检验的时间和地点有各种不同的规定办法，通常有以下几种。

1. 在出口国工厂检验

由出口国工厂人员会同买方验收人员于货物在工厂发货前进行检验或验收。在这种情况下，卖方只承担产品在离厂前的责任，至于货物在运输途中的品质、数量等方面的风险概由买方负责。这是国际贸易中普遍采用的习惯做法。

2. 装船前或装船时在装运港检验

出口货物在装运港装运前，以双方约定的商检机构检验后出具品质、重量（数量）和包装等检验证明，作为决定商品品质和重量的最后依据。这又称离岸品质和离岸重量（Shipping Quality and Shipping Weight）。所谓最后依据是指买方取得商检机构出具的各项检验证书时，就意味着所交货物的品质、重量与合同规定相符，买方对此无权提出任何异议，从而否定了买方对货物的复验机会。应该指出，离岸品质和离岸重量所代表的是风险转移时的质量和重量（数量），至于风险转移后，货物在运输途中所发生的货损或其他风险，买方仍然有权向有关责任方面索赔。至于装船时检验，是指用传送带或机械操作的办法进行装船的散装货，在装船的过程中抽样检验或衡量，也与装船前检验一样，也属离岸品质和离岸重量。

3. 目的港卸货后检验

目的港卸货后检验又称到岸品质和到岸重量（Landed Quality and Landed Weight）。按此规定，货物到达目的港卸货后由目的港的商检机构进行检验，其出具的品质和重量检验证书作为决定交货品质和重量的最后依据。如检验证明货物与合同规定不符确属卖方责任，并经买方提出索赔，卖方应负责理赔。这种做法，卖方承担的风险较大，对卖方不利。对于一些不便于在目的港卸货时检验的货物，例如，密封包装或大型机器设备等，一般不能在目的港卸货时进行检验，需要将检验时间和地点，推延到用户所在地进行。货物的品质和重量以用户所在地检验为准。

4. 装运港检验、目的港复验

这种做法是货物在装船前进行检验，以装运港商检机构出具的检验证书，作为卖方议付货款的单据之一，而不作为最后依据。货到目的港后，买方有权复验，以目的港商检机构出具的检验证书作为买方向有关当事人对货损、货差提出异议、索赔的依据。这种做法对买卖双方都有好处，且较为公平合理，因而国际贸易中应用广泛。

案例 12-1

某工厂进口原料一批，合同规定在卸货目的港后 120 天内，买方有复验权，如发现品质不符合合同规定，有权凭当地商检机构出具的证明向卖方提出索赔。货抵目的港后，因厂方急需此项原料使用，未经复验即运回厂内使用，一次投料近 30%，在加工过程中发现品质不良，当即洽请商检部门对其余原料进行检验，证明到货品质与合同规定不符。

问题：买方可否根据合同规定向卖方提出索赔？

5. 装运港检验重量、目的港检验品质

这种做法是以装运港商检机构验货后出具的重量证书作为最后依据，以目的港商检机构出具的品质证明为最后依据。这种做法又称离岸重量、到岸品质（Shipping Weight and Landed Quality）。这种做法多应用于大宗商品交易的检验中，以调和买卖双方在检验问题上存在的矛盾。

（二）商检机构

商检机构的选定，涉及由谁实施检验和提出有关证书的问题，关系到买卖双方的利益。因而在检验条款中必须予以明确。在国际贸易中，从事商检的机构大致有以下四类：

（1）卖方或生产制造厂商；

（2）国家设立的商品的商检机构；

（3）民间的独立的公证行或公证人，以及同业公会附设的商检机构；

（4）买方或使用单位。

至于在具体交易中如何确定商检机构，应根据各国规章制度、商品的性质、交易条件、买卖双方的交易习惯予以确定，一般是和检验时间、地点联系在一起的。在出口国检验时，一般是由出口国的商检机构进行检验；反之，则由进口国的机构负责进行检验。但是，在某些情况下，双方也可约定由买方派人到制造厂商所在地或出口地验货；或约定必要时由买卖双方派人联合检验。在前一种情况下，买方的验收人员是作为买方代表验收货物的，经过该人验收的货物，买方就无权再就品质和数量问题提出异议，在有些国家，有的商品合同还订有由双方当事人联合抽样、交由指定的第三方负责检验的条款。

（三）检验证书及其作用

检验证书是商检机构签发的、证明检验结果的书面文件。在我国进出口业务中所使用的检验证书有以下几种：

（1）品质检验证书（Inspection Certificate of Quality），证明进出口商品品质、规格、等级的证书。

（2）重量检验证书（Inspection Certificate of Weight），证明进出口商品重量的证书。

（3）数量检验证书（Inspection Certificate of Quantity），证明进出口商品数量的证书。

（4）包装检验证书（Inspection Certificate of Packing），证明进出口商品包装情况的证书。

（5）兽医检验证书（Veterinary Inspection Certificate），证明出口动物产品在出口前经过兽医检验，符合检疫要求，而出具的证书。

（6）卫生（健康）检验证书（Sanitary Inspection Certificate/Inspection Certificate of Health），证明出口供食用的动物产品、食品经卫生检验，未受传染疾病感染，可供食用。例如，罐头食品、蛋品、乳制品、冻鱼、肠衣等食品，即可使用此种证明。

（7）消毒检验证书（Disinfection Inspection Certificate），证明出口动物产品经过消毒。例如，检验猪鬃、马尾、羽毛、山羊及人发等商品，即可使用此种证书。

（8）产地检验证书（Inspection Certificate of Origin），合同规定须出具产地证明或给惠国要求我方出具原产地证明时，由商检机构签发原产地证书。

（9）价值检验证书（Inspection Certificate on Damaged Cargo），有些商品需要证明其价值时，证明出口商品价值或发货人提供的发票上价值完全正确，由商检机构出具的证书。

（10）验残检验证书（Inspection Certificate on Damaged Cargo），证明进出口商品残损情况，估定残损贬值程度，判断致损原因，供索赔时使用，由商检机构出具的证书。

（11）普惠制产地证书（Generalized System of Preference Certificate of Origin），适用于我国建立关税普遍优惠待遇关系的国家。

此外，还有验舱检验证书、货载衡量等。如果国外商人要求提供其他证书时，可建议对方采用上述其中一种或两种证书，不另出具其他证书。如果外国商人坚持要求出具其他证书时，可与商检机构协商，经商检机构同意，方可按对方要求提供。

商检机构签发的各种检验证书、鉴定证书和证明书，是国际贸易中对外贸易、运输、保险契约的有关各方进行交接、结算、通关、计费、纳税、处理索赔的具有法律约束力和经济效用的有效凭证。

（四）检验方法与检验依据

检验方法和检验依据与商品的品质条件有直接关系，对有的商品品质项目使用不同的检验方法，就会得出不同的结果，直接决定其品质是否合乎规定。在合同中订明检验方法和检验依据，对于检验是十分重要的。有些检验项目同时有几种检验方法，更应在合同中订明检验方法。有的商品同时在合同中规定抽样的数量和方法，使检验有明确的依据。一般情况下，商检机构在商品检验、鉴定工作中，是按买卖合同规定检验，按信用证方式成交的商品，以信用证规定作为检验的依据。如合同或信用证中未订明检验方法和检验依据，或者规定不够明确的，进口商品首先采用生产国现行标准；如果没有生产国标准的，可采用国际通用标准，如果这两项标准都没有时，则采用进口国家的检验标准。

在进出口业务中，商品的检验要以合同规定的标准作为检验的依据。如合同中未规定或规定不明确的，按国家标准（无国家标准的按部标准，无部标准的按企业标准）检验。目前尚无标准的，一般参照同类商品的标准或由国内生产部门与商检机构共同研究后确定。如国外买方要求按对方或第三方的标准实施检验时，亦须与有关部门研究后再确定。

第二节 索赔

在进出口贸易交易过程中，买卖双方往往会因彼此间的权利和义务等问题产生业务纠纷，引起争议，并有可能导致索赔、仲裁，甚至诉讼等问题的发生，为防止发生争议以及产生争议后能获得妥善和圆满的解决，除在双方洽商交易时就各自的责任和义务予以明确外，还应在合同中对索赔、不可抗力和仲裁等问题予以详细规定。

一、争议

争议（Disputes），是指贸易的一方认为另一方未能全部或部分履行合同规定的责任而引起的业务纠纷。究其原因主要有以下几方面：

（1）卖方不交货，或未按合同规定的时间、品质、数量、包装等条款交货，货单证不符等；

（2）买方不开或迟开信用证，不付款或不按时付款赎单，无理拒收货物，在 FOB 条件下不按时派船接货等；

（3）合同条款的规定欠明确，买卖双方国家的法律或国际贸易惯例的解释不一致，甚至对合同是否成立有不同的看法；

（4）在履行合同过程中，遇到了买卖双方不能预见或无法控制的情况，如某种不可抗力因素，双方有不一致的解释等。

总体上看，争议产生的原因：一是当事人一方的主观故意行为所导致；二是由于当事人一方的疏忽、过失而引起；三是在订立合同时，双方均有疏忽。因此，在订立合同时，双方应非常仔细而严谨。

二、索赔

索赔（Claim）是指贸易中交易的一方因对方不履行或未正式履行契约上所规定的义务而受到损失时向对方提出赔偿损失的一种行为，在法律上是指主张权利。

违约的一方受理遭受损失的一方所提出的赔偿要求就是理赔。索赔与理赔是一个问题的两个方面，在受害一方是索赔，在违约一方就是理赔。

涉及国际货物买卖的索赔一般有三种，即货物买卖索赔、运输索赔和保险索赔。

（一）货物买卖索赔

货物买卖索赔是指出口商与进口商之间由于贸易纠纷所引起的索赔，这是最常见的一种索赔。当买卖的一方认为另一方未能全部或部分履行合同所规定的责任与义务时就会产生争议而引起纠纷。

（二）运输索赔

运输索赔又称装运索赔，是指货物遭受的损害直接起因于运输（海运、陆运或空运）而要求承运公司给予的赔偿。造成运输索赔的原因有：货物运输时发生的破损，货物堆积不良造成的损失，货物短少（运输过程中的短少）、处理不当发生的损失，货物脱离航线造成的损失，更改船期、取消入港等导致的损失，以及货物数量少于提单载明的数量或收款持有清洁提单而货物发生残损短缺等。运输索赔必须先经查验出证再向承运公司索赔。运输索赔的针对对象自然是运输公司。因为海运提单及租船合同内部都订有广泛的免责条款，所以事实上货主对于承运人能提出赔偿的范围是有限制的。

（三）保险索赔

保险索赔是指对货物的损失应照保险单向保险公司要求赔偿损失。凡在承保范围内的货物损失，应向保险公司索赔。但如果货物损失的起因是由船方造成的，保险公司在向被保险人理赔后可向船方追索。

三、违约及其法律后果

不同法律对违约行为有不同解释。违约（Breach of Contract）是指买卖双方中任何一方违反合同的行为。买卖合同是对缔约双方具有约束力的法律性文件，一方违约，就应承担违约的法律责任，而受害方（Injured Party）有权根据合同或有关法律规定提出损害补偿要求，这是国际贸易中普遍遵循的原则。但是，对违约方的违约行为及其应承担的法律后果如何，则取决于有关法律对此所做的解释和所确定的法律责任。

（一）英国的法律对违约的规定

英国的法律把违约分成违反要件（Breach of Condition）与违反担保（Breach of Warranty）两种。违反要件是指违反合同的主要条款，受害方有权因之解除合同并要求损害赔偿。违反担保是指违反合同的次要条款，受害方有权因之要求损害赔偿，但不能解除合同。至于合同中哪些条款属于要件，哪些条款属于担保，英国法律并无明确规定，需要根据合同所做的解释来判断，即“根据合同推定出的双方意愿和依法可采纳来作为解释合同的证据的具体事实”来决定。不过一般认为与商品有关的品质、数量和交货期等条件属于要件，与商品不直接联系的为担保。值得注意的是，英国《货物买卖法》却规定，受害方有权把“卖方的违反要件当作违反担保处理，而不把它作为废弃合同的理由”。

（二）《联合国国际货物销售合同公约》对违约的规定

1980 年《联合国国际货物销售合同公约》（以下简称《公约》）把违约按其性质和程度分为“根本违约”（Fundamental Breach）和“非根本违约”（Non-fundamental Breach）两类。根本违约是指“一方当事人违反合同的结果，如使另一方当事人蒙受损害，以至于实际上剥夺了他根据合同规定有权期待得到的东西，即为根本违反合同”。这种根本违反合同是由于当事人的主观行为造成的，以致给另一方当事人造成实质性的损害，如卖方不完全交付货物，或买方无理拒收货物、拒付货款等。如果由于当事人不能预知会发生这种结果，那么就不构成根本违约，即非根本违约。《公约》规定，如果一方当事人根本违反合同，另一方当事人可以宣告合同无效，并要求损害赔偿。否则，不能解除合同，只能要求损害赔偿。

总之，目前各国对违约的法律后果所做出的规定基本上没有什么差别，但是对于违约的划分方法却有较大的分歧。如英国法律是从合同条款本身来判断，而《联合国国际货物销售合同公约》则是从其后果及严重程度来确定。因此，为了便于执行，避免引起不必要的纠纷，对于一些比较重要的合同，倾向于明确规定违约的处理办法。例如，英国的一些标准合同格式就明确规定，如卖方交货的品质低于合同规定，买方不得拒收或撤约，但可根据一定标准扣价。

四、合同中的索赔条款

进出口合同中的索赔条款有两种规定方式：一个是异议与索赔条款（Discrepancy and Claim Clause）；另一个则是罚金条款（Penalty）。在一般的货物买卖合同中，多数只订异议与索赔条款，只有在买卖大宗商品和机械设备一类商品的合同中，除订明异议与索赔条款外，再另订罚金条款。

（一）异议与索赔条款

异议与索赔条款的内容，除规定一方如违反合同，另一方有权索赔外，还包括如下几项内容。

1. **索赔的期限**

索赔的期限是指索赔的一方向违约方提出索赔要求的有效期。一般来讲，如果逾期提出索赔，除非是经对方同意，对方可以不予理赔。索赔期限的长短根据不同商品的特点而有所不同。对于有质量保证期限的商品，合同中加订保质期。保质期可规定为 1 年或 1 年以上。

索赔期限的规定，除一些性能特殊的产品（如机器设备等）外，一般不宜规定过长，以免使卖方承担过重的责任；也不宜规定太短，以免使买方无法行使索赔权。要根据商品的性质及检验所需时间多少等因素而定。

规定索赔期限时，还应对索赔期限的起始时间做出具体规定，通常有如下几种起算方法：货物到达目的港后××天起算；货物到达目的港卸离海轮后××天起算；货物到达买方营业地或用户所在地后××天起算；货物经检验后××天起算。

2. **索赔的依据及出证机构**

此项规定了提出索赔必须具备的证据以及出具证据的机构。如果证据不全、不清，出证机构不符合要求，都可能遭到对方拒赔。

索赔依据包括法律依据和事实依据两个方面。前者是指贸易合同和有关国家的法律规定；后者则指违约的事实真相及其书面证明，以证实违约的真实性。索赔依据和索赔期限在异议和索赔条款中要明确地加以规定，并与检验条款相结合。

3. **解决索赔的办法和赔偿金额**

关于这个问题，除个别情况外，通常在合同中只作一般笼统规定。因为违约的情况比较复杂，事先对违约的环节、性质、程度等均无法预知，因而，对于违约处理办法和赔偿金额也难以预知和确定，所以，在合同中不作具体规定。

（二）罚金条款

罚金条款又称罚则，它的内容是指一方如果没有履行或未完全履行合同时应向对方支付一定金额的罚金，作为对对方损失的补偿。所以，罚金从其性质来看，就是违约金。罚金条款可以有不同的规定办法，一般应包括其适用范围，如卖方延期交货、买方延迟开立信用证、买方延期接货、计算方法、最高限额等。如有的合同规定，如果卖方不能如期交货，每延误 7 天买方应收取 0.5%罚金，不足 7 天者按 7 天算，延误 10 周时，买方有权撤销合同，并要求卖方支付延期交货罚金，罚金数额不得超过货物总金额的 5%。卖方支付罚金后并不能解除继续履行合同的义务，所以，违约的一方支付罚金后，仍继续履行合同。

罚金的起算日期有两种计算方法：一种是以合同规定的交货期或开证期终止后立即起算；另一种是规定优惠期，即在合同规定的有关期限终止后再宽限一段时间，在优惠期内免予罚款，待优惠期届满后起算罚金。

当前各国法律对罚金的解释和规定还存在着一定的分歧。大陆法系的国家的法律承认并执行合同中的罚金条款，但如金额过大，法院有权酌情减少。而英美法系的国家的法律则有不同解释：如果违约金是作为一种预定损害赔偿，即事先估算的金额是违约可能造成的损失的合理估算；或约定的金额确实是作为损失的补偿；或从合同的情况看，事后证明实际损失的确很困难的，法院可予以承认和执行。但如果胁迫当事人而带有惩罚性的，就得不到法律的承认，一旦违约，只能依法重新确定赔偿金额。

除订立上述两种索赔条款外，有时根据具体情况，还可以单独订立“索赔处理”条款。即如货物不符合本合同规定，应由卖方负责，同时买方按本合同规定在索赔期限或质量保质期内提出索赔，卖方在取得买方同意后，按以下方式予以补救：

（1）同意买方退货，将退货金额以成交的计价货币偿还买方，并负担因退货而发生的一切直接损失和费用，包括利息、银行费用、运费、保险费、商检费、包租、码头装卸费以及为保管退货而发生的一切其他必要费用。

（2）按照货物次劣程度、损坏的范围和买方所遭受的损失，降低货价。

（3）调换有瑕疵的货物，换货必须全新并符合本合同规定的规格、质量和性能，卖方并负担因此而产生的一切费用和买方遭受的一切直接损失。对换货的质量，卖方仍必须按本合同的质量要求规定，保证期为1年。

第三节　不可抗力

一、不可抗力的含义及内容

（一）不可抗力的含义

不可抗力（Force Majeure）又称人力不可抗拒，它是指在货物买卖合同签订后，不是由于订约者任何一方当事人的过失或疏忽，而是由于发生了双方当事人不能预见的、无法避免的、无法事先采取预防措施的意外事故，以致不能履行或不能如期履行合同，遭受意外事故的一方可以免除履行合同的责任或延期履行合同。

（二）不可抗力的内容

不可抗力事件内容和范围比较广，一般来说，包括两种类型：一种是由于“自然力量”引起的，如水灾、火灾、冰灾、暴风雨、大雪、地震等；另一种是由于“社会力量”引起的，如战争、罢工、政府禁令等。其中对于自然力引起的各种灾害，国际上的解释比较一致；而对于社会原因引起的意外事故，在解释上经常发生分歧。这一方面是由于社会现象比较复杂，解释起来有一定困难；另一方面，由于不可抗力是一项免责条款，买卖双方通常主要是卖方都可以援引它来解释自身所承担的合同义务，这种援引在多数情况下是扩大不可抗力的范围，以减少自身的合同责任。有的卖方除把各种自然灾害列入外，还把火灾、爆炸、生产制作过程中的意外事故、政府禁令、各种限制性国家行为、战争预兆、战争状态、停船命令、罢工、怠工、关闭工厂、流行病、货物集运中的事故、原材料匮乏、能源危机、原配件供应不及时等生产过程中的事故，以及航空陆运结构的怠慢、未按预定日期出航等，都统统归入不可抗力的范围。因此，从卖方的观点出发，这种不可抗力范围的扩大，对其是有好处的。相反，却对买方产生了诸多不利。所以，在签订合同时，如何确定不可抗力的含义及内容，往往成为买卖双方讨论的问题之一。

二、不可抗力的法律规定

不可抗力既是合同中的一项条款，同时也是一项法律原则。在国际贸易中，不同的法律、法规对此都有自己的规定。

（一）《联合国国际货物销售合同公约》对不可抗力的规定

1980 年《联合国国际货物销售合同公约》在其免责一节中作了如下的规定："如果他能证明此种不履行义务，是由于某种非他所能控制的障碍，而且对于这种障碍没有理由预期他在订立合同时能考虑到或能避免或克服它的后果。"该《公约》指明了一方当事人不能履行义务，是由于发生了他不能控制的障碍，而且这种障碍在订约时是无法预见、避免或克服的，可予免责。

（二）英美法系国家法律对不可抗力的规定

英美法系国家的法律有"合同落空"（Frustration of Contract）原则的规定，其意思是说合同签订以后，不是由于当事人双方自身的过失，而是由于事后发生了双方意想不到的根本性的不同情况，致使订约目的受到挫折，据此而未履行合同义务，当事人得以免除责任。否则，就不能构成"合同落空"。

（三）大陆法系国家法律对不可抗力的规定

大陆法系国家的法律有关"情势变迁"或"契约失效"原则的规定，它的意思是指不属于当事人的原因而发生了预想不到的变化，致使合同不可能再履行或对原来的法律效力需作相应的变更。不过，法院对于以上原则为理由请求免除履约责任的要求是很严格的。

由此我们可以看出，尽管在国际贸易中不同法律、法规对不可抗力的确切含义在解释上并不统一，叫法上也不一致，但其精神原则大体相同。大致包括如下三个方面：意外事故必须发生在签订合同以后；不是因为合同当事人双方自身的过失或疏忽而造成的；意外事故是当事人双方所不能控制的，无能为力的。

三、合同中的不可抗力条款

国际货物买卖合同中不可抗力条款的确定，主要是为了避免当事人之间因意外事故而出现分歧，产生纠纷，同时也防止一方当事人任意扩大和缩小对不可抗力事故范围的解释，或在不可抗力事故发生后在履约方面提出不合理要求。

不可抗力条款的内容比较广泛，一般在货物买卖合同中大致包括以下几个方面的内容：不可抗力事故的范围；不可抗力事故的后果；出具事故证明的机构；事故发生后通知对方的期限和方式；不可抗力条款的规定方法。

（一）不可抗力事故的范围

对于这个问题，一般容易引起当事人的争议，所以在一般情况下，应当规定得具体一些，不能笼统或含糊不清。防止一旦发生不可抗力事故，容易产生不同的解释，出现纠纷。

（二）不可抗力事故的后果

不可抗力事故所引起的后果，主要有两个：一种是解除合同，另一种是延期履行合同。在什么情况下可以解除合同，在什么情况下不能解除合同，只能延期合同的履行，则应视事故的原因以及事故的性质、规模和对履行合同的影响程度规定。一般的解释是：如不可抗力事故使合同履行成为不可能则可解除合同；如不可抗力事故只是暂时阻碍了合同的履行，则只能延期履行合同。

案例 12-2

国内某公司与某外商签订了一份农产品出口合同，签约的日期为某年 9 月 1 日，合同规定装船日期为 10～12 月。但 9 月中旬以后，国内市场该产品价格上涨，该公司因亏损过高不能出口，经查发现国内市场产品涨价的原因是 7 月中旬产地曾发生过严重水灾，货源受损所致。

问题： 在此情况下我方是否可以利用不可抗力条款来免除责任？本案中我方应吸取什么教训？

（三）不可抗力事故出具证明的机构

在进出口业务中，当一方援引不可抗力条款要求免除责任时，都必须向对方提交一定机构出具的证明文件，作为发生不可抗力的证据。在国外，一般是由当地的商会或合法公证机构出具。在我国，是由中国国际商会或其设在口岸的分会出证。进出口合同都应明确规定出证机构。

（四）发生事故后通知对方的时期和方式

按照国际惯例，当发生不可抗力事故影响合同履行时，当事人必须及时通知对方，对方亦应于接到通知后及时答复，如有异议也应及时提出。尽管如此，细心的当事人一般都要求在合同中明确规定一方发生事故后通知对方的时期和方式。如："一方遭受不可抗力事故以后，应以电报通知对方，并应在 15 天内以航空挂号信提供事故的详情及影响合同履行程度的证明文件。"

（五）不可抗力条款的规定方法

目前，我国进出口合同中的不可抗力条款，基本上有下述三种规定方法。

1. 概括式规定

即在合同中不订明哪些现象是不可抗力事故，只是笼统、含糊、概括式地加以叙述。如：“由于公认的不可抗力的原因，致使卖方不能交货或延迟交货，卖方不承担责任，但卖方应立即电报通知买方，并须向买方提交证明发生此类事的有效证明书，以资证明。”或“由于人力不可抗拒事故影响而不能履行本合同的一方，在与前一方协商同意后，可根据实际所受影响的时间，延长履行合同的期限，对方对此而产生的损失不得提出赔偿要求。”

这种规定过于笼统、含糊，漏洞较大，尤其是所谓“公认的不可抗力”，在国际上并没有一定的准绳可循，一旦发生问题，很容易被曲解利用。若发生争议，只能由法院对当事人的意思进行解释，有时甚至被法院置之不理，从而影响到整个合同的效力。

2. 列举式规定

为了防止笼统写上“不可抗力”这样含糊的词句，而在合同履行中发生违约或其他事故时双方认识不明确而使本方遭受损失，要在合同中明确规定哪些是不可抗力事故，如发生合同中所列事故，致使当事人无法履约时可予免责。凡是在不可抗力条款中没有订明的，都不能作为不可抗力事故。如：“如由于战争、洪水、地震、雷灾、暴风的原因使买卖双方不能按时履行各自的义务时，可以推迟这些义务的履行时间，或者撤销部分或全部合同。”

上述规定方法，如果发生履约事故，那么只有上述列举的内容才是“不可抗力”，没有订明的就不能认为是不可抗力，对方就要负赔偿责任。

3. 综合式规定

即在合同中采用概括和列举综合并用的方式。如：“由于战争、地震、严重的风灾、雪灾、火灾、水灾以及双方同意的其他人力不可抗拒的事故，致使任何一方不能履行合同时，遇有上述不可抗力事故的一方，应立即将影响履行合同的不可抗力事故的情况以电报通知对方，并应在 15 天内，以航空挂号信提供事故的详细情况以及影响合同履行的程度的证明文件。此项文件如由卖方提出时，应由发生不可抗力事故地区的商会或登记的公证人出具，如由买方提出时，应由中国国际商会出具。”这种规定方法既明确具体，又具有一定灵活性，比较科学实用。在我国进出口合同中，大多数采用这种规定方法。

四、援引不可抗力条款应注意的问题

当交易的一方援引不可抗力条款要求免责时，另一方应按照合同规定严格进行审查，以便确定其所援引的内容是否属于不可抗力条款规定的范围。凡不属于该范围又无“双方同意的其他人力不可抗拒事故”规定时，不能按不可抗力事故处理，即使有此规定，也应由双方协商。一方不同意时，不能算作不可抗力事故，援引不可抗力条款的后果时，如果合同中无该项条款规定，则应本着实事求是的精神，弄清情况，确定影响履约的程度，以此来断定是解除履约责任，还是延期履行合同。

第四节 仲裁

在国际贸易活动中，买卖双方分别处于两国（地区），贸易合同的履行在很大程度上受有关国家政治、经济和自然条件等因素的影响，情况复杂多变，买卖双方在执行合同过程中发生这样或那样的争议是难以完全避免的。因此，如何正确处理国际贸易过程中发生的各种争议，乃是关系到买卖双方切身利益的重大问题。在国际贸易中，解决交易双方所发生的争议的方式很多，主要有友好的协商、调节、仲裁和司法诉讼四种。本节主要介绍仲裁的内容。

一、仲裁的含义和特点

仲裁（Arbitration）又称公断，它是指买卖双方在争议发生以前或发生之后，双方达成一个书面协议，自愿把他们之间的争议交由双方同意的第三者予以裁决的解决争议的一种方式。由于仲裁是依照法律所允许的仲裁程序裁定争端，因而仲裁裁决具有法律约束力，并且裁决是终局的，当事人双方必须遵照执行。

在国际贸易活动中，有些争议虽然经过友好协商和调解，但由于双方各执己见，相持不下，或是一方故意毁约，没有协商解决问题的诚意，使和解协议无法达成。在这种情况下，就需要依靠仲裁或司法诉讼来解决。仲裁既不同于友好协商和调解，也不同于司法诉讼。与友好协商或调解相比较，仲裁的特点在于，它有仲裁员参加，由仲裁员组成的仲裁庭作为裁判，对双方的争议做出裁决，仲裁的裁决是有约束力的，如败诉方不予执行，胜诉方有权要求法院强制执行。仲裁比诉讼的程序简单，具有较大的灵活性和较多的选择自由，而且费用也比较低廉（指定仲裁员及其他费用，比进行诉讼时聘请律师和其他诉讼方面的开支要低得多），处理问题一般也比较迅速及时。因此，在当前的国际经济交往中，当买卖双方发生争议，通过友好协商得不到解决时，往往倾向于采取仲裁的方式，使争端得到妥善的处理。

二、仲裁协议

（一）仲裁协议及种类

仲裁协议是指双方当事人自愿将争议交付仲裁机构解决的书面表示，是申请仲裁的必备材料。

仲裁协议有两种形式：一种是由双方当事人在争议发生之前订立的，表示同意把将来可能发生的争议提交仲裁解决的协议，这种协议一般都包含在买卖合同之内，即我们所说的仲裁条款（Arbitration Clause）；另一种是由双方当事人在争议发生后订立的，表示同意将已经发生的争议提交仲裁解决的协议，这种协议称为“提交仲裁的协议”（Submission）。

目前，世界上大多数国家认为，这两种仲裁协议的作用和效力是一样的。如果合同已订有仲裁条款，则在争议发生后需要提交仲裁时，无须再订立提交仲裁的协议。但也有个别国家认为，即使有仲裁条款，双方当事人在将争议提交仲裁之前，还需签订提交仲裁的协议。我国国际经济贸易仲裁委员会的仲裁程序规则中规定，合同中的仲裁条款和以其他形式订立的仲裁协议，其作用和效力是完全相同的，在法律上没有任何差别。

（二）仲裁协议的作用

仲裁协议是仲裁机构和仲裁员受理争议案件的依据，其具体作用表现在如下三个方面：

（1）约束双方当事人只能以仲裁方式解决可能发生的争议，不得向法院起诉。

（2）排除法院对有关争议案件的管辖权。如果任何一方违反仲裁协议自行向法院起诉，另一方可根据仲裁协议要求法院不予受理，将有关争议案件发还仲裁庭审理。

（3）使仲裁员和仲裁庭取得对有关争议案件的管辖权。

上述三个作用的核心是排除法院的司法管辖权。因此，双方当事人在签订合同时如果愿意把日后可能发生的争议提交仲裁，不愿诉诸司法程序，就应在合同中订立仲裁协议。以免一旦发生争议，双方因不能达成提交仲裁协议而不得不诉诸司法程序。

在实践中，买卖双方如没有事先在合同中订立仲裁条款，待争议发生后，由于双方处于对立地位，往往无法就提交仲裁协议取得一致性意见，原告就有可能径自向有管辖权的法院提出起诉。在这种情况下，任何一方都无法强使对方接受仲裁。正是由于这个原因，在货物买卖合同中有必要订立仲裁条款。

案例 12 - 3

我国 A 公司与英国 B 公司于某年 9 月 8 日签订了一份大理石板材出口合同，合同规定采用诉讼方式解决合同争议。合同签订后，双方就有关问题再行函电磋商，并将争议解决方式改为仲裁方式。后来双方因质量问题发生争议，A 公司按 9 月 8 日签订的合同向法院提起诉讼，而与此同时 B 公司也向仲裁机构提起仲裁。

问题： A、B 两公司所发生的争议应该用什么方式解决？为什么？

三、合同中的仲裁条款

国际货物买卖合同中的仲裁条款一般明确规定仲裁地点、仲裁机构、仲裁规则、仲裁裁决的效力和仲裁费用等。

（一）仲裁地点

按照国际惯例，仲裁地点的规定有三种方法：第一，规定在本国仲裁；第二，规定在对方国家仲裁；第三，规定在双方同意的第三国仲裁。一般而言，仲裁地点的选择与所适用的法律、仲裁规则和程序密切相关。因此，仲裁地点的选择很重要，在我国对外签订出口贸易合同中，应争取规定在我国仲裁。

（二）仲裁机构

国际贸易中的仲裁，可由双方当事人在仲裁协议中规定在常设的仲裁机构进行，也可由当事人双方共同指定仲裁员组成临时仲裁机构进行仲裁。

1. 常设仲裁机构

目前，世界上有许多国家和一些国际组织都设有专门从事处理商事纠纷、进行有关仲裁的管理与组织工作的常设仲裁机构。我国的常设仲裁机构是中国国际经济贸易仲裁委员会和海事仲裁委员会，我国各外贸公司在订立进出口合同中的仲裁条款时，如双方同意在中国仲裁，都订明在中国国际经济贸易仲裁委员会仲裁。

国际上常设商事仲裁机构有三类：

第一类是国际性的或区域性的仲裁机构，如国际商会仲裁院（Arbitration Court of International Chamber of Commerce）等；

第二类是全国性的仲裁机构，如英国伦敦仲裁院（The London Court of Arbitration）、美国仲裁协会（American Arbitration Association）、瑞典斯德哥尔摩商会仲裁院、瑞士苏黎世商会仲裁院、日本国际商事仲裁协会等；

第三类是专业性的仲裁机构，如伦敦油籽协会（The Incorporate Oil Seed Association）、伦敦谷物商业协会（London Corn Trade Association）等工商行业组织内设立的仲裁机构。

2. 临时仲裁机构

临时仲裁机构是专门审理指定的争议案件而由双方当事人指定的仲裁员组织起来的，案件处理完毕后自动解散。因此，在采取临时仲裁员解决争议时，双方当事人需要在仲裁条款中就双方指定仲裁员的办法、人数、组成仲裁庭的成员以及是否需要首席仲裁员等问题做出明确规定。

（三）仲裁规则

仲裁规则主要是规定进行仲裁的手续、步骤和做法，其中包括仲裁申请、指定仲裁员、仲裁审理、仲裁裁决的效力以及仲裁费用等。仲裁规则的作用主要是为当事人和仲裁员提供进行仲裁的准则，以便进行仲裁时有所遵循。

我国的对外贸易仲裁规则是《中国国际经济贸易仲裁委员会仲裁规则》。其他国家的仲裁机构也都有自己的仲裁程序规则。此外，还有一些国际性和地区性的仲裁程序规则，如联合国国际贸易法律委员会制定的仲裁示范法与仲裁规则、欧洲经济委员会仲裁规则、远东及亚洲经济委员会仲裁规则等。为了便于仲裁的进行，必须在仲裁条款中明确规定采用哪一个国家和哪一个仲裁机构的仲裁规则进行仲裁。一般是采用所约定的仲裁机构的仲裁规则办理。但是，仲裁程序规则与仲裁地点并不是绝对一致的。按照国际仲裁的一般做法，有关仲裁规则方面的问题，原则上适用仲裁所在地的仲裁程序规则，但如果双方另有约定，法律上容许双方当事人自由选择他们认为合适的仲裁规则。例如，在瑞典进行仲裁，可以采用其他国家的仲裁机构的规则，但以不违反瑞典仲裁法中的强制性规定为限。

（四）仲裁裁决的效力

仲裁裁决的效力主要是指由仲裁庭做出的裁决，对双方当事人的约束力，即是否具有终局性问题，能否向法院起诉要求变更裁决。

在我国，凡由中国国际经济贸易仲裁委员会做出的裁决，都是终局性的，对双方当事人都有约束力，双方都必须执行，任何一方都不得向法院起诉要求变更。

在西方国家，对仲裁裁决一般也不允许再向法院上诉，即使上诉，法院一般也只审查程序，不审查实体，只审查仲裁裁决的法律手续，而不审查裁决本身。法院只有在发现程序有问题时，才有权宣布裁决无效。由于仲裁是在双方当事人自愿基础上进行的，由双方当事人自行指定的仲裁机构和仲裁员做出的裁决，理应得到双方当事人的执行。因此，对仲裁裁决上诉在实践中只能是一种例外。从目前国际仲裁的趋势看，这种上诉一般也只限于有关程序和形式方面的问题。至于裁决的实质性问题，是不得上诉的。

（五）仲裁费用

按照一般规定，仲裁所支出的费用要由败诉方负担，这是无可争议的，但也有的规定由仲裁员酌情决定。

四、仲裁程序

仲裁程序（Arbitration Procedure）是指双方当事人将所发生的争议根据仲裁协议的规定提交仲裁时应办理的各项手续。程序的各个环节都要受有关国家的仲裁法与仲裁规则所制约。仲裁程序大致包括如下几个方面的内容。

（一）提出仲裁申请（Arbitration Application）

这是仲裁程序的首要环节。各国的法律关于申请书的内容的规定并不一致。我国国际经济贸易仲裁委员会仲裁程序规则规定，当事人一方申请仲裁时，应向该委员会提交以下内容的申请书：

(1) 申请人和被申诉人的名称和地址。

(2) 申请人的要求、所根据的事实和证据。

(3) 提交申请书时应附有关证件如合同、仲裁协议、来往函件等的原本或副本、抄本，并交纳补偿仲裁手续费的预付金。

仲裁机构接受仲裁申请后事先审查仲裁协议是否合法，争议是否属于仲裁协议范围，该争议是否被处理过，以及时效是否过期等。然后，将仲裁申请书通知被诉人，令其在限期内指定仲裁员，以便仲裁工作得以依序进行。

（二）指定仲裁员和组织仲裁庭

根据我国仲裁规则规定，申请人于提交仲裁申请书的同时指定仲裁员，被诉人也应选出一名仲裁员，并根据规定再指定一人为首席仲裁员，组成合议仲裁庭共同审理争议案件。

（三）仲裁审理

仲裁庭审理争议案件的程序主要有以下几项。

1. 开庭

开庭的地点，一般是规定在仲裁委员会所在地，必要时，经仲裁委员会主席批准，也可以在仲裁委员会所在国的其他地方进行。开庭日期，一般由仲裁庭仲裁委员会秘书处决定，并于开庭前 30 天通知双方当事人。当事人有正当理由，可以请求延期。

案件的审理公开进行，如果当事人双方或一方不同意，也可以不公开。审理前，仲裁庭可要求当事人提出书面说明，被诉人可提出反诉。开庭时，如果一方当事人不出庭，仲裁庭可按照另一方当事人的申请，进行审理或裁决。

2. 调解

在我国国际经济贸易仲裁委员会的仲裁程序规则中，并未规定“调解”这项内容。但在审理案件时，却随时注意进行调解，以友好协商方式解决争议的可能性。在争议裁决前，只要双方当事人取得和解，该案即可撤销。采用调解和仲裁相结合的办法解决争议，是我国对外经济贸易仲裁工作的一个重要特点。

3. 收集证据和询问证人

审理案件时，为进一步判断案情，当事人需要提供证据，必要时还要请证人出庭作证。西方国家的仲裁法规规定，仲裁庭对于自愿出庭作证的证人，可传唤其到庭作证，而对于不愿出庭作证的证人是否有权强制其出庭却没有统一的规定。我国的仲裁规则也未予以规定。

4. 保全措施

保全措施又称临时性保护措施，它是指在仲裁开始后到做出裁决前的这个期间，对有关当事人的财产所做的一种临时性的强制措施。有些国家的仲裁规则认为保全措施是一种强制措施，仲裁机构不具有实施该项措施的权利，只能通过申请由法院做出保全的决定。但也有一些国家和地区的仲裁规则认为仲裁庭可以这样做。

（四）仲裁裁决

裁决是仲裁程序的最后一个环节。仲裁庭根据调查的结果和双方当事人的申诉做了裁决，这样审理程序即告终结。根据各国仲裁规定，仲裁裁决必须以书面的形式做出。裁决是终局的，双方当事人必须执行，不可以向法院起诉要求变更。

五、仲裁裁决的承认和执行

仲裁裁决的承认与执行（Recognition and Enforcement of Arbitral Award）涉及一个国家的仲裁机构所做出的裁决要由另一个国家的当事人去执行的问题。由于有的仲裁机构未被赋予强制执行的权利，在这种情况下，国外的当事人一方如拒不执行仲裁裁决，仲裁机构则无能为力。为了解决各国在承认和执行外国仲裁裁决问题上所存在的分歧，国际间曾订有双边的和多边的国际公约。

一个是1927年缔结的《关于执行外国仲裁裁决的公约》，这个公约肯定了1923年《仲裁条款协定书》中有关仲裁的条款效力的内容，同时对承认和执行外国仲裁裁决的条件以及拒绝执行外国裁决的条件做出了详细规定。另一个是1958年6月10日在纽约召开的联合国国际商事仲裁会议上签订的《承认与执行外国仲裁裁决公约》(Convention on the Recognition and Enforcement of Foreign Arbitral Award)，简称《纽约公约》。《纽约公约》不仅吸收了前两项公约的基本内容，而且根据具体情况做出了新的规定。前两项公约是以互惠为基础的，两国之间必须首先缔结一项双边协议，然后才能在各自管辖范围内实施这两项公约。《纽约公约》放弃了互惠的要求，原则上它可以适用于任何一个外国的仲裁裁决。但一个国家在参加这个公约时，可以声明它只愿意对该公约的缔约国所做出的仲裁裁决适用该公约。目前，《纽约公约》已经成为有关承认和执行外国仲裁裁决的一个主要的国际公约。但对于那些未参加《纽约公约》而参加了1927年公约的国家，仍然可以适用上述公约。

《纽约公约》对以下内容作了具体规定：

第一，缔约国应该相互承认和执行对方国家所做出的仲裁裁决，并规定在承认和执行对方国家的裁决时，不应该比承认和执行本国的仲裁裁决时，规定实质上较为麻烦的条件或征收较高的费用。

第二，凡声明请求承认和执行裁决的一方当事人，应提供经过适当证明的裁决的正本或副本，以及仲裁协议的正本或经过适当证明的副本，必要时还应附具译本文本。

第三，关于拒绝承认和执行外国仲裁裁决的条件。该公约规定，凡有下列情况之一者，被请求执行的机关可依被诉人的请求，拒绝承认和执行裁决：

(1) 缺乏有效的仲裁协议；

(2) 被诉人没有得到关于指定仲裁员或进行仲裁程序的适当通知，或由于其他情况而不能对案件提出问题；

(3) 裁决的事项超出仲裁协议所规定的范围；

(4) 仲裁员的组成或仲裁程序与双方当事人的协议不相符，或者在双方当事人无协议时，与仲裁地国家的法律不相符合；

(5) 仲裁裁决对当事人尚未发生约束力，或者裁决已被仲裁地国家的有关当局撤销或停止执行。

第四，公约规定，如果被请求承认和执行裁决的国家的有关当局认为，按照该国的法律，裁决中的争议事项不适于以仲裁方式解决，或者认为裁决的内容违反该国的公共秩序，也可以拒绝予以执行。

此外，公约还允许各缔约国在参加该公约时可以发表声明，提出若干条件。如声明在承认和执行外国仲裁裁决时，须以互惠为条件。也就是说，只承认和执行缔约国做出的裁决，对非缔约国做出的裁决可不按公约的规定办理。

我国在与有关国家签订的双边协定中，曾就执行裁决问题做出规定，指明订约双方应设法保证由被申请执行仲裁裁决国家的有关机构，根据适用法律和规章，承认并执行仲裁裁决。1986年12月第六届全国人民代表大会常务委员会第十八次会议决定我国加入《承认与执行外国仲裁裁决公约》，并同时声明：

（1）中华人民共和国只在互惠的基础上对在另一缔约国领土内做出的仲裁裁决的承认和执行适用该公约。

（2）中华人民共和国只对根据中华人民共和国法律认定为属于契约性和非契约性商事法律关系所引起的争议适用该公约。

我国政府对上述公约的加入和所作的声明，为我国承认和执行外国仲裁裁决提供了法律依据。对于与我国未签订互相执行仲裁裁决协议的外国，或对方国未加入上述公约，而需要请求强制执行仲裁裁决时，只有到对方国的法院去申请执行，或通过外交途径或由当事人直接要求对方国家政府有关部门协助执行，或通过对方国家的有关社会团体如商会、同业工会等机构协助执行。

本章小结

商品检验条款是买卖合同中的一个重要条款，它的内容主要包括检验时间、检验地点、检验机构、检验证书、检验标准与检验方法等。

买卖合同中的索赔条款有两种规定方法：一是异议和索赔条款；二是罚金条款。在一般的商品买卖合同中，多数只订明异议和索赔条款，只有在大宗商品和机械设备一类商品的合同中，除订明异议与索赔条款外，还要另订罚金条款。异议和索赔条款一般是针对卖方交货不符合同规定订立的，内容主要有索赔依据、索赔期限、赔偿损失的办法和赔付金额等项。

合同中的不可抗力条款又称免责条款。不可抗力既是合同的一项条款，又是一项法律原则。

仲裁协议有两种形式：一种是在争议之前订立的，它通常作为合同中的一项仲裁条款；另一种是在争议发生之后订立的，它是把已经发生的争议提交仲裁的协议。

关键概念

商品检验　　索赔　　理赔　　争议　　仲裁协议　　不可抗力

思考题

1. 简述国际贸易中商品检验的意义。
2. 国际货物买卖合同中，对检验时间和地点主要有哪些规定？
3. 贸易合同中如何订立索赔条款？
4. 何谓不可抗力？一旦发生不可抗力事件应如何处理？
5. 评述采用仲裁方式解决商事纠纷的特点。

第十三章
国际货物贸易合同的商订与履行

本章要点提示

- 交易磋商的内容及一般程序
- 书面合同的概念以及签订书面合同时应注意的问题
- 进出口合同的履行程序
- 办理进口索赔时应注意的问题

引导案例

某年 6 月 27 日，中国甲公司应荷兰乙商号的请求，报出 C514 某产品 200 吨，每吨 CIF 鹿特丹人民币 1 950 元，即期装运的实盘，但对方接到中方报盘，未作还盘，而是一再请求中国增加数量，降低价格，并延长还盘有效期。中方曾将数量增至 300 吨，价格每吨 CIF 鹿特丹减至人民币 1 900 元，有效期经两次延长，最后期限为 7 月 25 日，荷兰乙商号于 7 月 22 日来电，接受该盘，并提出“不可撤销，即期信用证付款，即期装船，按装船量计算。除提供通常装船单据外，需供卫生检疫证书、产地证、磅码单及良好合适海洋运输的袋装”。但中方接到该电报时，已发现该产品的国际市场价格猛涨，于是中方甲公司拒绝成交，并于 7 月 24 日复电称：“由于世界市场的变化，货物在收到电报前已售出。”可是荷兰乙商号不同意中方的说法，认为其是在发盘有效期内接受发盘，坚持要按发盘的条件执行合同，否则要中方赔偿差价损失人民币 23 万元，接受仲裁裁决。

问题：

1. 中方甲公司 6 月 27 日的发盘是实盘是虚盘？
2. 荷方于 7 月 22 日来电内容，是否可以作为承诺的意思来表示认可？为什么？
3. 中方在接到荷方 7 月 22 日来电后，于 7 月 24 日发出拒绝成交的复电，是否符合国际贸易规则和惯例？为什么？

4. 本案应如何解决？

第一节 国际贸易交易磋商

交易磋商（Business Negotiation）又称贸易谈判，是指在国际贸易中，买卖双方就交易条件进行协商，协调双方的经济利益，求得一致，达成交易。交易磋商有明确的内容和规范的程序。交易磋商的过程，是双方通过要约和承诺，确立契约关系的过程。双方在交易磋商的过程中，即在达成交易之前，就对自己的行为承担一定的法律责任。程序的合法性，保证了所达成的合同法律上的有效性。

一、交易前的准备

磋商交易前的准备工作是一项细致而又复杂的工作。这项工作做得不好，就会失去交易机会或降低应有的市场占有率，甚至会造成亏损。对各进出口公司来说，交易前的准备工作主要包括选配经贸洽谈人员、进行国际市场调研、制定进出口商品经营方案。

（一）选配经贸洽谈人员

为了保证洽谈工作的顺利进行，提高交易的成功率和质量，事先选配头脑敏锐、业务能力强的洽谈人员是非常重要的，尤其是对某些大宗交易或内容复杂的交易，更需要组织一个精明强干的谈判工作组。在该组中的有关业务人员应各有专长，具有多方面的知识，应熟知商贸、技术、法律、财务、商品学等方面的知识，熟练掌握谈判技巧，应变能力强，并善于谋求一致。

（二）进行国际市场调研

在洽谈交易之前，必须认真对国际市场进行调查研究。国际市场调研是对国际市场的有关信息资料进行系统的收集、记录、分析和说明的过程。其目的有两个：一是发现有利的国际市场机会；二是预测国际市场营销中的问题，以设法避免和解决这些问题。国际市场调研是开展进出口业务活动的基础，因为不论是目标市场的选择，还是市场营销组合的制定；不论是企业的长期规划，还是短期规划，都必须基于国际市场调研所提供的有关信息和分析。

国际市场调研的内容主要有如下几个方面：国际市场环境调研；市场供求关系的调研；进出口商品调研；价格调研；客户调研；等等。

（三）制定进出口商品经营方案

为了更有效地做好交易前的准备工作，使磋商交易有所依据，一般都需事先制定好出口或进口经营方案，保证经营意图的贯彻和实施。

1. 出口商品经营方案

出口商品经营方案是指一个企业或部门对某一重点商品或某一系列商品在一定时期内的出口营销进行总体规划。出口商品经营方案一般应包括如下内容：前期经营方案执行情况的分析和总结；世界经济贸易的发展动向和所经营的商品国际供求预测；出口计划指标；主要外销市场的安排；重点客户的销售安排；组织出口货源的措施；营销的主要策略；市场价格趋势预测和出口价格掌握方案；出口商品中长期战略的阶段规划；等等。

2. 进口商品经营方案

进口商品经营方案是指一个企业或部门对一定时期内欲进口的商品的总体规划。它是对外洽商交易、采购商品和安排进口业务的依据，主要包括对进口商品的品种、数量、时间、国别、交易对象及交易价格的安排等。

二、交易的磋商程序

国际货物买卖合同的磋商一般有两种形式：一种是书面方式，这是指买卖双方通过电报、电传、传真、信函、电子邮件等方式进行交易洽商；另一种是口头形式，它主要是指面对面的桌上谈判，还可以通过参加各进出口总公司举办的专业性交易会、中国出口商品交易会、国际博览会以及贸易小组出访、邀请客户来华访问等方式进行。有时也可以采用书面和口头相结合的方式交叉来进行。

买卖商品的各项交易条件是双方交易磋商的主要内容。这些内容一般包括：商品的品名、品质、规格、数量、包装、价格、装运、保险、支付、商检、异议索赔、仲裁、不可抗力等各项交易条件。只有双方就各项交易条件取得共识，达成一致意见后，交易才可达成，合同才能签订。

在进出口业务中，交易磋商的程序一般包括询盘、发盘、还盘、接受四个环节。其中，发盘和接受是达成交易不可缺少的两个基本环节或法律步骤。当一项有效的发盘被对方有效地接受，交易即告达成，就可签订书面合同。

（一）询盘（Inquiry）

询盘又称询价，是交易的一方欲购买或出售某种商品，向另一方询问买卖该项商品的各种交易条件。询盘可通过口头或书面两种形式来表示。询盘可以由卖方发出，也可以由买方发出，卖方询盘又称邀请递价（Invitation to Make A Bid），买方询盘又称邀请发盘（Invitation to Make An Offer）。询盘可只询问商品价格，也可询问其他一项或几项交易条件，如商品品质、规格、数量、包装、交货期以及索取样品、商品目录等。询盘是交易磋商的第一步，在法律上对买卖双方均无约束力，而且并非每笔交易都必经此步骤，有时可未经对方询盘而直接向对方发盘，但它往往是合同磋商的起点，不应忽视。有时，一方向另一方询问买卖商品的交易条件时，提出了某些带有保留条件的建议，这仍不能算作是一项有效发盘，而应属于询盘。例如这样一些说明：“以我方最后确认为准”(Subject to Our Final Confirmation);“有权先售”(Subject to Prior Sale)。

(二)发盘(Offer)

发盘又称发价，是卖方或买方向对方提出一定的交易条件，并愿意按照这些条件与对方达成交易、订立合同的一种表示。发盘方式有书面和口头两种形式。书面发盘可以用书信、电报、电传、传真、电子邮件、报价单、价目单和发票等形式进行。一项发盘有两个关系人，一个是发盘人或称发价人(Offeror)，另一个是受盘人或称被发价人(Offeree)。发盘可以是应对方的询盘做出的答复，也可以是在没有询盘的情况下直接发出。按照发盘人的不同，发盘可以分为递盘和报盘两种。递盘(Bid)又称购货发盘或买方发盘(Buying Offer)，它是指由买方主动向卖方提出的发盘。报盘又称售货发盘或卖方发盘(Selling Offer)，它是指卖方主动向买方提出的发盘。通常情况下，发盘是由卖方发出。发盘既是商业行为，又是法律行为，在合同法中称之为要约。发盘一经受盘人接受，合同即告成立。

1. 构成有效发盘的条件

按照《联合国国际货物销售合同公约》第14条，对发盘的解释为：向一个或一个以上特定的人提出的订立合同的建议，如果十分确定，并且表明发盘人在得到接受时承受约束的意旨，即构成发盘。一个建议如果写明货物并且明示或默示地规定数量和价格，或者规定如何确定数量和价格，即为十分确定。从上述发盘定义中可以看出，凡是发盘对发盘人即有约束力。同时也可看出，构成一项有效发盘应具备如下几个条件：

(1)发盘必须是向一个或一个以上特定的人(Specific Persons)提出。

(2)清楚地表明愿按发盘内容订立合同的意旨(Contractual Intent)。

(3)主要交易条件是十分肯定的。

(4)送达受盘人。

2. 发盘的有效期 (Validity of Offer)

一项发盘只要经受盘人有效接受，发盘人就有按照发盘条件同受盘人达成交易、订立合同的义务。发盘的这种法律约束力是对发盘人而言的，不构成对受盘人的约束，是发盘人的单方面的自我约束。但是，发盘人不能对一项发盘无限期的承担义务。所以，发盘应有一个发盘人受法律约束的期限，这个期限就是发盘的有效期。超过发盘的有效期，发盘人就不再受法律的约束了。有的发盘明确地规定了发盘的有效期，受盘人必须在此规定的期限内接受才有效；有的发盘则没有明确具体规定发盘的有效期，而是根据惯例，在合理的时间(Reasonable Time)内有效。

3. 发盘的撤销和撤回 (Revocation and Withdrawal)

由于各国法律对发盘的撤销解释不一，《联合国国际货物销售合同公约》作了如下规定：(1)在未订立合同之前，如果撤销通知于受盘人发出接受通知之前送达受盘人，发盘得予撤销。(2)但在下列情况下，发盘不得撤销：发盘中注明了有效期，或以其他方式表明发盘是不可撤销的；受盘人有理由信赖该发盘是不可撤销的，并且已本着对该发盘的信赖行事。

在法律上，发盘的撤销和撤回属于两个不同的概念。撤销是指在发盘生效之后，发盘人以一定方式解除发盘的效力。而撤回则是指发盘未生效，发盘人采取行动，阻止它的生效。对此，《联合国国际货物销售合同公约》也作了如下规定：发盘于送达受盘人时生效；一项发盘，即使是不可撤销的，但如果撤回的通知在发盘到达受盘人之前或同时到达受盘人，发盘得予撤回。按照上述规定，一项发盘是在传达到受盘人时才发生效力。因此，在受盘人接到该项发盘之前，发盘人可以用更为迅速的传递方式，声明撤回发盘。只要该项声明是早于或于发盘同时送达受盘人，撤回即可生效，如果发盘人没有做到这一点，发盘即可生效，就对发盘人产生了约束力。这时，发盘人再想改变主意，就不是撤回的问题了，而是撤销的问题。

案例 13－1

A 在某年 2 月 17 日上午用航空信件寄出一份实盘给 B，A 在发盘通知中注有“不可撤销”的字样，规定受盘人 B 在 2 月 25 日前答复有效。但 A 又于 2 月 17 日下午用电报发出撤回通知，该通知于 2 月 18 日上午送到 B 处，B 于 2 月 19 日才收到 A 寄来的实盘，由于 B 考虑到发盘的价格对他十分有利，于是立即用电报发出接受通知，事后双方对合同是否成立的问题发生纠纷。

问题： A 与 B 之间的合同能否成立？

---

4. 发盘的终止 (Termination of Offer)

发盘的终止又称发盘的失效。按照《联合国国际货物销售合同公约》的规定，“一项发盘，即使是不可撤销的，于拒绝通知送达发盘人时终止”，发盘人不再受其约束。此外，一项发盘如遇下列情况之一也即告失效。

（1）发盘中规定的有效期已过，如发盘中未规定有效期限，则过了合理时间未被接受。

（2）被受盘人拒绝或还盘。发盘一经受盘人拒绝或还盘，即使发盘原定有效期尚未届满，发盘也立即失效。

（3）发盘在被接受前，发盘人对发盘进行了有效的撤回或撤销。

（4）其他方面的原因造成发盘失效。例如，发盘可由于发盘人或受盘人在发盘被接受前变成丧失行为能力（如死亡、法人破产等）而失效。又如，在发盘人发盘后，政府宣布发盘中的商品禁止进口或禁止出口，该发盘即失效。

（三）还盘（Counter Offer）

还盘是指受盘人收到发盘之后，对其内容不完全同意，为了进一步磋商交易，向发盘人提出修改建议或一定限制性的意见，这种口头或书面的表示就是还盘，又称之为还价。还盘可以是针对价格，也可以是针对品质、数量、交货时间及地点、支付方式等。

还盘是对发盘的拒绝，还盘一经做出，原来的发盘即行失效，原来的发盘人可不再受发盘的约束，受盘人也不得在日后再要求接受原来的发盘。还盘中还须注明对方发盘的日期或文号，以表明该发盘的针对性和完整性。

（四）接受（Acceptance）

接受是指受盘人在发盘的有效期内，无条件地同意发盘的全部内容，并愿意按此条件同对方达成交易、订立合同的一种口头或书面的表示，有时也可以行为表示出来。在法律上，接受被称为承诺。它同发盘一样，既属于法律行为，也属于商业行为。接受可以由卖方做出，也可由买方做出。发盘一经受盘人接受，交易即告达成，买卖双方之间的合同即告成立。

1. 构成有效接受的必备条件

根据《联合国国际货物销售合同公约》的规定，构成一项有效的接受，必须具备以下四个条件：

（1）接受必须由特定的受盘人做出，不能是第三者做出。

（2）接受的内容必须与发盘的内容相符。

（3）接受必须以一定的方式表达出来。

（4）接受必须在发盘的有效期内到达发盘人，过期无效。

我们应当把有条件的接受与在肯定接受的前提下提出的某种希望或建议（Mere Suggestions or Requests or Expression of Hope）区别开来，前者是对发盘的拒绝，构成还盘，后者只是在表示接受的前提下提出的某种希望，不构成对发盘实质性的修改，应看作是一项有效接受，而不是还盘。

2. 接受必须在发盘有效期内表示

这是一项有效接受必须遵循的原则。发盘中所规定的有效期，有双重意义，一方面约束发盘人在有效期间内，只要受盘人同意，就必须承担同对方订立合同的义务；另一方面，也约束受盘人，只有在此期间做出表示接受的答复，才具有法律效力。如果一项发盘未规定有效期，根据国际贸易习惯，应在合理时间内表示接受才有效。

案例 13-2

我方甲公司拟进口一批货物，请乙公司发盘，5 月 1 日乙公司发盘：“5 月 31 日前答复，报价为 CIF NEW YORK 价，每箱 2 美元，共 200 箱罐装沙鱼，7 月份纽约港装运。”甲公司则发出以下还盘：“对你 5 月 1 日报价还盘为 5 月 20 日前签复，CIF NEW YORK 价每箱 1.8 美元，共 200 箱罐装沙鱼，7 月份纽约港装运。”到 5 月 20 日甲公司尚未收到回电。鉴于该货价看涨，甲公司于 5 月 22 日去电：“你 5 月 1 日电…… 我们接受。”

问题： 乙公司原报价是否继续约束乙公司至 5 月 31 日？乙公司能否因货价看涨而不理会甲公司？

---

3. 逾期接受 (Late Acceptance)

在实际业务中，由于种种原因，致使受盘人的接受通知有时晚于发盘的有效期送达发盘人，这被称为“迟到的接受”或“逾期接受”。逾期接受不能算是有效的接受，发盘人不受其约束，不具有法律效力。但也有例外的情况。《联合国国际货物销售合同公约》对逾期接受仍具有效力作了以下几点说明：

（1）一项逾期接受，如果发盘人认为该项逾期接受可以同意，这项逾期接受仍可有效，但发盘人必须毫不迟延地用口头或书面方式将此种意思通知受盘人。如果发盘人不及时通知，该项接受就失去效力。

（2）如遇到发盘有效期限的最后一天是发盘人所在地的正式假日（Official Holidays）或非营业日（Non-business Days），使对方的接受不能送到受盘人，只要事后证明上述情况属实，该项接受的最后期限应顺延至下一个营业日继续有效。需要指出的是，在计算接受期限时，接受期间的正式假日或非营业日应计算在内。

（3）如果逾期接受并非受盘人的过失，而是传递方面的原因造成的失误，也就是说，受盘人已按期发出了接受，如果传递正常的话，本可以及时送达发盘人，那么，属于这种情况而造成的逾期接受仍可以有效，除非发盘人毫不迟延地用口头或书面方式通知受盘人，他认为发盘已经失效。也就是说，如果发盘人没有及时表态，那么该接受即为有效。

总之，在逾期接受的情况下，不管受盘人有无责任，决定该接受是否有效的主动权始终掌握在发盘人的手里。

4. 接受的生效和撤回

根据法律的一般要求，接受必须在发盘的有效期内被传达到发盘人方能生效。《联合国国际货物销售合同公约》采用的是“到达生效的原则”，在《公约》第 18 条中明确规定：接受发盘于表示同意的通知送达发盘人时生效。如果接受在发盘的有效期内，或者如发盘未规定有效期，在合理的时间内未送达发盘人，接受即为无效。至于以行为表示接受的生效时间，《公约》也明确规定：接受于该项行为做出时生效，但该项行为必须在上一款规定的期限内做出。

接受的撤回是指接受通知尚未送达发盘人之前，受盘人采取取消原接受通知的行为。如上所述，接受生效的时间通常是以接受送达发盘人的时间为准。因为，在它生效之前，一项接受与发盘一样，也是可以撤回的。但是此项撤回的通知，必须于接受原应生效之前或同时送达发盘人，否则接受不予撤回。《联合国国际货物销售合同公约》第 22 条规定，“如果撤回的通知于接受原应生效之前或同时送达发盘人，接受得予撤回”。这也就是说，接受通知一经到达发盘人即不能撤销。因为接受一经生效，合同即告成立，如果要撤销接受，实质上已属毁约行为。

第二节　国际贸易合同的商订

一、国际贸易合同及其形式

国际贸易合同是指位于不同国家的买卖双方之间，根据买卖双方都接受的国际贸易惯例或国际法律的规定，通过友好协商，按照一定的交易条件，买卖某种商品所签订的协议，也称国际货物买卖合同，又称国际货物销售合同（Contract for the International Sale of Goods）。

国际贸易是以合同为中心进行的。合同不仅规定了买卖的商品，也规定了双方的权利和义务，对双方均有约束力。按照国际贸易有关法律的解释，一项发盘被受盘人有效地接受后，买卖双方都受合同的约束，并按规定履行合同。

按照《联合国国际货物销售合同公约》的解释，销售合同可以采用书面订立的形式或以双方在磋商过程中往返的函电作为合同的书面证明，也可以采取口头合同的形式。《中华人民共和国民法典》（2021 年 1 月 1 日起施行）第三编“合同”规定：当事人订立合同，可以采用书面形式、口头形式或者其他形式。书面形式是合同书、信件、电报、电传、传真等可以有形地表现所载内容的形式。以电子数据交换、电子邮件等方式能够有形地表现所载内容，并可以随时调取查用的数据电文，视为书面形式。

二、国际贸易合同的成立

构成一项有效的国际贸易合同的必要条件，主要有如下几个方面。

（一）合同中的标的和内容必须是合法的

所有国家的法律都要求当事人所订立的合同必须合法，凡是违反法律、违反善良风俗与公共秩序的合同，一律无效。合同的订立、履行作为民事活动应遵守《中华人民共和国民法典》总则规定：民事主体从事民事活动，不得违反法律，不得违背公序良俗。

（二）当事人双方应具有法律行为的资格和能力

当事人如果是“自然人”，必须是公民。未成年人对达成的合同可不负合同的法律责任，精神病患者和醉汉，在发病期间和神志不清时达成的合同，也可免去合同的法律责任。如果是“法人”，则行为人应该是企业的代表。非企业负责人代表企业达成合同时，一般应有授权证明书或类似文件。

（三）必须是当事人双方在自愿基础上一致同意的

国际贸易合同是买卖双方的法律行为，不是单方面的行为，所以，必须双方当事人的一致同意，方能成立。而这种一致必须建立在双方自愿的基础之上。所以，通常要通过一方的发盘和另一方对这个发盘表示接受的程序。而这种表示又必须以合法为前提。如一方采用诈骗、威胁或暴力等行为而签订的合同，在法律上是无效的。《中华人民共和国民法典》总则规定，以欺诈手段、胁迫手段，使对方在违背真实意思的情况下实施的民事法律行为，受欺诈方、受胁迫方有权请求人民法院或者仲裁机构予以撤销。

（四）合同必须有对价或合法的约因

对价和约因属于法律范畴的概念。对价（Consideration）是英美法系的一种制度，是指合同当事人之间所提供的相互给付（Counterpart），即双方互为有偿。国际货物买卖合同是双方合同，有偿的交换是国际货物买卖合同的性质所决定的，双方都拥有权利，又都承担义务，卖方交货是为了取得买方支付的货款，买方支付货款是为了得到卖方提交的货物。买方付款和卖方交货就是双方的相互给付，即买卖合同中的对价。

约因（Cause）是法国法所强调的，它是指当事人签订合同所追求的直接目的。买卖合同只有在有对价或约因的情况下，才是有效的合同。否则，这是得不到法律保护的。

（五）合同的形式必须符合法律规定的要求

国际贸易合同是重要的合同，有的国家法律规定必须采用书面形式，或超过一定金额的合同必须采用书面形式，而不承认口头合同的有效。而有的国家则允许使用口头合同这种形式。此外，有些国家的法律规定，有些买卖合同还必须经过一定的审批手续方能成立。世界各国一般都有不同程序的对外贸易管制措施，因此，大都也有类似的规定。

以上是有效合同成立的条件。一项合同只有符合上述条件，才具有法律效力，才能得到法律的承认和受到法律的保护，在合同履行过程中，如发生争议，合同是解决争议的法律依据。

三、合同的分类和内容

（一）签订书面合同的意义

在国际贸易中，买卖双方签订书面合同具有下列重要的意义和作用。

（1）作为合同成立的依据。签订书面合同是证明买卖双方之间存在合同关系的最有效方法，可以为解决将来双方履行合同时产生争议提供一种法律依据。

（2）作为合同履行的依据。交易双方以书面形式签订合同，既可以明确双方的权利和义务，又为合同的顺利履行提供了依据和保证。

（3）作为合同生效的条件。在进出口业务中，一般约定以书面合同的最终签署作为合同生效的条件。

（二）合同的分类

国际货物买卖合同按照不同标准和角度可以分为不同类别。

（1）按照合同的形式不同，可分为书面合同（Written Contract）和口头合同（Cargo-received Contract）。

（2）按照合同的制作人不同，可分为销售合同（Sales Contract）和购货合同（Purchase Contract），这两种合同又分别被称为出口合同（Export Contract）和进口合同（Import Contract）。

（3）按照合同的内容繁简程序不同，出口合同可分为销售合同和销售确认书（Sales Confirmation），进口合同则可分为购货合同和购货确认书（Purchase Confirmation）。

（4）按照合同中使用的价格术语不同，可分为装运合同（Shipping Contract）和到货合同（Oral Contract）。

（三）合同的内容

合同的内容一般包括三个部分。

1. 合同的首部

具体包括开头语或序言、合同的名称、合同号、缔约日期、缔约地点、缔约双方的名称和地址等。在这一部分中常常写明双方订立合同的意愿和执行合同的保证。

2. 合同的条款部分

这一部分是合同的主体部分，它是缔约双方达成协议的全部内容，具体规定买卖双方的权利和义务，包括合同的各项条款，如商品品名、品质、规格、数量、包装、单价和总值、装运、支付、保险、商品检验、索赔、不可抗力和仲裁条款等。此外，根据不同商品和不同的交易情况，还可加列其他条款，如溢短装条款等。

3. 合同的尾部

这部分一般包括合同的使用文字和效力、合同份数以及双方的签字等。有的合同还规定了生效日期，规定合同附件的效力。有的合同还将订约时间和地点在合同的尾部予以规定。

买卖双方经过交易磋商签订合同以后，就进入了合同的履行阶段。履行合同是交易双方必须遵守的法律行为，是双方当事人的共同责任。如果一方当事人不履行合同或者履行合同义务不符合约定条件，就构成违约，应根据不同情况和后果，承担相应的法律责任。

履行合同是交易双方经济目的得以实现的前提条件。合同的订立，只是表达了双方当事人各自的经济目的，只有履行了所订立的合同，才能使这种目的得以实现。

履行合同也是检验企业资信状况的一个重要方面。“重合同，守信用”是我国对外贸易的一项重要原则。各进出口公司按时、按质、按量履行合同的规定，不仅关系到买卖双方行使和取得各自的权利和义务，而且关系到企业和国家的对外信誉。因此，买卖双方必须严格履行合同。

第三节 出口合同的履行

我国的货物出口合同，大都属于涉及运输的 CIF 或 CFR 条件成交，并采用即期信用证付款的合同。履行这类合同所涉及的环节较多，牵涉的面较广，手续也较复杂。一般包括：备货、催证、审证、改证、租船订舱、报关、报验、保险、装船、制单结汇等诸多环节。在这些环节中，又以货（备货）、证（催证、审证、改证）、船（租船订舱、装运）、款（制单结汇）四个环节最为重要。这四大环节的工作之间有着密不可分的内在联系。因此，在进行每个环节的工作时，都必须同其他环节的工作相互配合，协调一致，防止“有货无证”、“有证无货”或“有货无船”、“有船无货”或“单证不符”及制单结汇的时间超过信用证的有效期等现象的发生，影响合同的履行和安全收汇。

一、备货

在合同签订以后，卖方必须根据合同的规定，按时、按质、按量准备好应交付的货物，并做好申请报验和领证工作。

（一）货物的准备

备货工作主要包括出口部门及时与生产部门或供货部门安排货物的生产、加工、收购和催交，核实应交货物的品质、规格、数量和交运时间并进行必要的包装、刷唛等工作。在备货工作中，应着重注意如下几方面的问题：

（1）货物的品质、规格必须与出口合同的规定一致。

（2）货物的数量必须符合出口合同的规定。

（3）货物的包装必须符合合同规定和运输要求。

（4）货物备妥的时间应严格按照出口合同以及信用证上规定的装运期限，同时结合船期进行安排，以利于船货衔接。

（5）凡合同规定收到买方信用证后若干天内装运货物的，为保证按时履约，防止被动，应督促买方按照合同规定期开到信用证；同时，出口方收到信用证后必须毫无迟延地核对，确认后及时安排生产。

货物备齐以后，还应视需要和合同或信用证规定刷写包装和运输标志。

（二）报验

在备货的同时，还应做好报验工作。凡属国家规定或合同规定必须经商检机构检验出证的出口商品，在货物备齐以后，应向商检机构申请检验，只有取得商检机构发给合格的检验证书，海关才予以放行，否则不得出口。

申请报验的手续是，凡需要规定检验出口的货物，应填制“出口报验申请单”，向商检机构申请报验手续。“出口报验申请单”的内容一般包括品名、规格、数量（或重量）、包装、产地等项目。申请单还应附上合同和信用证副本等有关单据，供商检机构作发证参考。

申请报验后，卖方如发现“出口报验申请单”内容填写有误，或因国外客户修改信用证以致货物规格、数量有变化时，应向商检机构提出更改申请，并填写“更改申请单”，说明更改事项和更改原因。

货物经检验合格，即由商检机构发给“商品检验证明书”，卖方要在该证书有效期内将货物装运出口，如超过有效期装运出口，应向商检机构申请展期，并进行再次检验，检验合格后才能出口。

二、催证、审证、改证

催证、审证、改证这三项工作主要适用买卖双方约定以信用证为支付方式的交易中。

（一）催证

催证就是催促买方按照合同规定及时地开立信用证，并送达卖方，以使卖方按时将出口货物装船出运。为保证合同的按时履行，提高履约率，卖方有必要在适当的时候，提醒和催促买方依约开立信用证。特别是大宗商品交易或专门为买方特制的商品交易，更应结合备货情况及时进行催证。催证的办法，除直接向对方发出函电外，必要时还可取得银行或我驻外机构或其他有关机构的配合和协助。

（二）审证

当买方开出信用证后，卖方应根据买卖合同规定的内容审查信用证，在业务上称之为“审证”。

审核信用证的工作，是银行与进出口公司的共同责任。银行着重负责审查开证行的资信能力、付款责任、索汇路线和鉴别信用证的真伪等方面的内容，而进出口公司则着重审查信用证的内容与合同是否一致。

（三）改证

在审证过程中，如发现问题，应区别问题的性质，分别同银行、运输、保险、商检等有关部门研究，做出恰当妥善的处理。凡属开证行的资信能力与来证金额不相称，或开证行所承担的付款责任不明确，或来证条款含糊不清等问题，均由银行对外交涉，要求予以澄清或修改；凡属与贸易合同不符，无法接受或照办的条款以及无法办到的特殊条款，应由进出口公司对外联系，要求改证。

三、租船订舱和装运

各进出口公司在备货的同时，还必须做好租船订舱工作，办理报关、投保等手续。

（一）租船订舱

按照 CIF 或 CFR 条件成交的出口合同，租船、订舱工作该由我方负责。我出口单位把出口货物的租船、订舱和装船工作，一般委托给中国对外贸易运输公司办理。如出口货物数量较大，需要整船载运的，可由外运公司对外办理租船手续；如出口货物数量不大，不需整船装运的，可由外运公司代为洽订班轮或租订部分舱位运输。

（二）报关

报关是指货物装运前向海关申报出口或进口。按照我国海关法规定，凡是进出口国境的货物，必须经由设有海关的港口、车站、国际航空站进出，并由货物所有人向海关申报，经过海关放行后，货物才可提取或者装船出口。为了使海关对出口货物进行有效的监督管理，各进出口公司在货物装船出运前，应根据国家批准的出口计划和对外鉴定的合同填写出口货物报关单，必要时还需提供出口合同副本、发票、装箱单或重量单、商品检验证书（如不属法定检验也不属合同规定检验的货物可免去商检证）以及其他有关证件，向海关申报出口。海关核对查验凭证无误并收取出口税后在装货单上盖章放行，即交港口理货员准备装船。

（三）投保

凡是按 CIF 价格条件成交的出口合同，外贸公司在装船前，须及时向保险公司办理投保手续。办理投保手续的程序是：投保人填写投保单一式两份，由保险公司盖章后，各执一份，然后投保人携带合同和信用证正本到保险公司办理正式保险单，交付保险费。由于外贸公司同中国人民保险公司的业务量较大，有时为简化手续，一般不填写投保单，而是利用出口货物明细单或货物出运分析单等替代投保单，保险公司接受投保，签发保险单或保险凭证。

（四）发出装船通知

货物装船以后，按照国际贸易惯例的规定，卖方应该及时向买方发出装船通知。如果是按 FOB 或 CFR 价格成交的，卖方向买方发出装船通知，以便于买方及时办理进口投保手续、办理进口手续以及做接货的各项准备。否则，由于卖方未及时向买方发出装船通知，使买方未能及时办理投保手续，如货物遭受损失，卖方将承担责任。如果是按 CIF 价格成交的卖方在装船完毕并取得提单之后，也就及时向买方发出装船通知，以便买方了解装运情况和进行接货前的准备，有时还可以作为邀请“再次订货”（Repeat Order）的一种手段。

四、制单结汇

货物装运后，外贸公司应该立即按照信用证规定的内容，缮制各种单据，主要是发票、汇票、提单、保险单、装箱单等，并在信用证有效期和交单期内，送交银行办理议付和结汇。所谓议付，在国际上一般是指出口地银行购买出口人出具的汇票和装运单据或办理出口押汇业务；所谓结汇是指出口人所得外汇货款，按照结汇日的外汇牌价的银行买价卖给国家指定的银行。

目前，我国出口结汇的办法有三种，即收妥结汇、定期结汇和议付结汇。

（一）收妥结汇

收妥结汇又称先收后结，是指议付银行经审查外贸公司交来的单据，认定单、证一致后，将单据寄往国外付款行索取货款，待收到国外付款行将货款拨入议付行账户的货证通知书（Credit Note）时，才按当日外汇牌价，折成人民币交付给外贸公司。

（二）定期结汇

定期结汇是指议付行根据向国外付款行索偿的邮程远近，预先确定一个固定的结汇期限，到期不管是否收妥票款，主动将票款全额折成人民币拨交外贸公司。

（三）议付结汇

议付结汇又称出口押汇、买单结汇，是指议付行在审查无误的情况下，按信用证的条款买入信用证项下受益人（外贸公司）的汇票和装运单据，按照汇票面额扣除从议付日到估计收到票款之日的利息，将余额按议付日的外汇牌价折成人民币，拨给外贸公司。银行买入账单汇票后，就成为汇票持有人，即可凭汇票向付款行索取票款。出口押汇是出口地议付银行给予外贸公司的资金融通，有利于外贸公司的资金周转。

对于结汇的单据，要求做到“正确、完整、及时、简明、整洁”。

结汇中常用的单据主要有：汇票、发票、提单、保险单、产地证书、普惠制单据、装箱单和重量单、检验证件等。

五、索赔与理赔

在出口合同的履行中，如因买方未按合同规定开证或不按时付款赎单或无理拒收货物，或因卖方交货品质、数量、包装等不符合同规定或发生错发、错运等违反合同规定的事件，致使对方遭受损失，均可提出索赔。

在索赔或理赔之前，首先要分清责任，然后向有关责任方，如向买方、卖方、船公司或保险公司提出索赔，在处理索赔时应注意以下几个问题：

（1）要按照平等互利和重合同、守信用的原则，做好调查研究工作，弄清事实，分清责任，实事求是地予以解决。

（2）索赔与理赔都必须严格按买卖合同有关条款的规定办理，这是对外提出索赔和受理国外索赔的重要依据。

（3）向国外商人提出索赔时，理由要充分，证据要确凿，做到有理有据。

（4）在理赔时，要认真细致地审核国外买方提出的单证和出证机构的合法性，对其检验标准和方法也都要逐一核对，以防买方串通检验机构弄虚作假或国外的检验机构检验有误。对外商提出的不合理要求，应据理拒绝，对于对方的恶意挑衅和无理取闹，应进行必要的斗争。如确属我方责任造成的损失，要合理地确定损失程度、金额和赔付办法，应如实给予适当的赔偿。

第四节　进口合同的履行

进口合同签订以后，要坚持“重合同、守信用”的原则，一方面要即时履行合同规定的义务，另一方面还要随时督促对方履行合同规定的交货义务，以便顺利完成进口任务。进口合司的履行是指买方按照合同规定办理对外付款保证手续、催装、审单、付款和接货等一系列手续的过程。

以我国进口业务为例，履行进口合同的一般程序是：开立信用证、租船订舱、办理保险、审单付汇、报关接货、检验、拨交、进口索赔等各项工作。

一、开立信用证

（一）信用证的开立

在信用证支付方式下，进口合同签订之后，由外贸公司按照合同规定向银行办理申请开证手续。信用证内容应与合同条款一致。银行接受开证申请书，以合同为依据即可对外开证。我方开出的信用证都是不可撤销信用证。

信用证的开证时间应按合同规定办理。如合同规定在卖方确定交货期后开证，我方应在接到卖方上述通知后开证；如合同规定在卖方领到出口许可证或支付履约保证金后开证，我方应在收到卖方已领到许可证通知后开证。

（二）信用证的修改

受益人收到信用证后，根据信用证条款与合同进行核对，如发现不符或因信用证提出特殊要求以及因情况变化而无法履行信用证条款时，可要求开证人对信用证进行修改。相反，开证人开出信用证后也常常因各种原因而需要对信用证的内容加以修改。

通常修改的内容为：变更装卸口岸；修改运输条款；信用证有效期的延展；数量、价格或金额的变更；更改有关单据；变更包装；等等。

信用证的修改，不仅会增加双方电讯及修改费用，还会直接影响进口合同的按期履行。因此，必须严肃对待开证工作，尽量避免修改。对于无理要求，应予以拒绝。

二、租船订舱

FOB 价格条件下的进口合同，租船订舱应由买方负责。目前，我国外贸公司进口货物的租船订舱工作统一委托外运公司办理。其具体程序是，在接到卖方货物备妥通知后（如合同未要求卖方发出货物备妥通知，则在交货期前 45 天），填写进口订舱联系单，连同合同副本递交外运公司，委托其安排船只或舱位。订舱联系单是外运公司据以办理订舱、组织运输的依据，所以在填制时要准确无误。其主要内容包括：货物名称、重量、尺码、合同号、包装、装卸港口名称、交货期、买卖条款、发货人名称、地址和电报挂号、船舶预计到达期、委托单位等。外贸公司在接到外运公司船位已安排妥当的通知后，应及时向发货人（卖方）发出派船通知，将船名、预计到达日期、拟装载的重量（数量）、到达港口、船舶的国籍、吃水深度等以电报通知卖方，以便对方备货装船。同时，还要随时了解卖方备货和装运情况，力争船货衔接，以免耽误船期或造成空舱损失，如万一发生，应及时向对方提出。对数量大或重要物资的进口，必要时可请我驻外机构就地了解，督促卖方履约，或派员前往出口地点检验监督。

卖方装船后，按照国际贸易惯例，应用电报向我方发出装船通知，以便我方办理保险和接货等项手续。

三、办理保险

凡按 FOB 或 CFR 价格条件成交的进口合同，保险由我方办理。海运进口货物的投保一般由外贸公司委托外运公司统一办理，并由外运公司与保险公司签订进口预约保险合同，其中对各种货物应保的险别、保险费率、适用条款以及赔偿的支付办法等都作了具体规定。

根据预约保险合同，所有按 FOB 及 CFR 价格条件成交的进口货物的保险，都由中国人民保险公司承保。按照预约保险合同规定，被保险人在知悉每批货物起运时，应以书面形式定期通知保险人有关船名、提单号、开船日期及航线、货物名称及数量、装运港、目的港、保险金额和其他必要的情况，作为向中国人民保险公司办理投保的手续。

保险公司对预约保险的责任起讫，一般是从货物在国外装运港装上海轮起生效，到卸货装运单据载明的国内目的地收货人仓库终止。保险公司根据外贸公司送交的海运进口装船通知书或结算凭证汇总后，按季度或月份向外贸公司收取保险费。如果被保险人未按预约合同规定办理，货物发生损失，保险人不负责赔偿。

四、审单付汇

在信用证支付方式下，卖方将货物装运后，将汇票与全套货运单据经国外银行寄交中国银行。中国银行收到国外寄来的单据后，根据“单、证一致”和“单、单一致”的原则，对照信用证的条款，核对单据的种类、份数和内容，如属相符，中国银行不必征得外贸公司（开证申请人）的同意，就可直接对外办理付款手续。同时，外贸公司用人民币按照国家规定的有关折算的牌价向银行买汇赎单。作为信用证中的付款行，中国银行经审查后付款即无追索权，这是进口审单的正常做法。

在实际业务中，为了简化进口程序，中国银行在收到国外寄来的单据后，只根据国外议付的寄单索偿通知书，对单据种类、份数、汇票、发票及索偿通知书所列金额是否正确，是否超证索偿等进行审核。如审核无误，即凭议付寄单索偿通知，填制进口单据，发送清单附全部单据，送交外贸公司签收。外贸公司则自收到银行转来的单据之日起，在两个工作日内全面地逐项地审核单据与信用证之间、单据与单据之间是否相符，如核验无误，即向银行办理付款。银行根据信用证的规定以及国外议付行索偿通知书的要求，对外办理付款。付款时间应掌握在银行接到单据后三个工作日之内，如发现单证不符或单单不一，不论议付行在议付索偿通知书中已注明“不符点”，还是经中国银行审单发现的不符点，银行均必须在进口单据送发单上列明具体的不符点细节，以便外贸公司根据不符点的具体情况采取适当的措施，如要求国外修改、停止对外付款、部分付款、货到经检验后付款、凭卖方或议付行出具的担保付款，或付款后中国银行保留追索权等。如果外贸公司发现银行未审出的不符点，则应以书面通知书形式通知中国银行，说明单据所存在的问题和拟采取的处理意见，连同全部单据退交中国银行复核，如果确实存在单证不一或单单不符，则可根据具体情况采取上述有关措施。

五、报关接货

进口报关是指进口商品按照国家海关法令规定向海关办理进口手续和纳税。报关时报关人必须按照海关规定，认真填写“进口货物报关单”，并随附提单、发票、包装清单，必要时，还应交验订货合同、厂家发票、产地购运证明文件及其他文件。目前，对来料加工、来件装配、补偿贸易和承包工程项目下的进口货物，报关时还须交验国家有关部门的正式批件。对经国家批准进口的某些商品和经国家批准的中外合资企业进口的货物以及其他特殊贸易方式项目下的进口货物，还必须向海关交验进口许可证。

进口货物如经海关查验符合进口规定，则由海关在提单上盖章，连同有关单证退还外贸公司，货物即行正式放行。海关如认为有必要，也可查验实货后才予放行。如属法定检验的进口商品，海关还需要查验动植物检疫和药检的检查合格证明后才能放行。

进口的货物，除另有规定外，进口方应在收到海关税款缴纳书后及时履行纳税义务。根据我国《海关法》和《海关进出口税则》中进出口关税条例的规定，纳税义务人应自海关填发税款缴纳书之日起十五日内向指定的银行缴纳税款。纳税义务人未按期缴纳税款的，从滞纳税款之日起，按日加收滞纳税款万分之五的滞纳金。

进口货物抵达港口卸货时，港务局要进行卸货核对，报关人必须到达现场，并有责任根据海关要求搬移、开拆货物包装。经检查如发现货物短缺，应及时填写“短卸报告”交由船方签字，并根据短缺情况向船方提出保留索偿权的书面说明。卸货时如发现货物残损，应将货物存放于海关指定仓库，由保险公司会同商检机构等有关单位检验，明确残损程度和原因，以便向责任方索赔。

六、报验和拨交

（一）报验

进口报验是指有些进口货物要向商检机构申请检验，以判明进口商品的规格、质量、数量、技术性能等是否符合国家规定或订货合同的规定。

（二）拨交

在办完上述有关手续后，外贸公司就要办理货物拨交手续。一般情况都是外贸公司委托外运公司提取货物并拨交给订货单位，外运公司以“进口物资代运发货通知书”通知订货单位在目的地办理收货手续，同时通知外贸公司代运手续已办理完毕。如订货单位在内地，所有关税及运往内地的费用均由外运公司向外贸公司结算，然后外贸公司再向订货单位结算。

七、进口索赔

在进口业务中，有时会发生由于卖方不履行合同或不完全履行合同引起我方提出索赔，或由于在转运过程中货物的品质、数量、包装受到损害向有关方面提出索赔的情况。

（一）向卖方索赔

凡属下列情况者，均可向卖方索赔：原装数量不足；货物品质、规格与合同规定不符；包装不良致使货物受损；未按期交货或根本不交货；等等。

（二）向保险公司索赔

凡属下列情况者，均应向保险公司索赔：由于自然灾害或意外事故或运输中其他事故的发生使货物遭受损失，并且属于投保险别承保责任以内的凡承运人不予赔偿或赔偿金额不足抵补损失的部分，并且属于承保范围之内的。

（三）向承运人索赔

凡属下列情况者，均可向承运人索赔：货物数量少于提单所载数量；使用清洁提单而货物短缺或残损；货物所受的损失，根据租船合同的有关条款应由船方负责；等等。

（四）在办理进口索赔时应注意的问题

1. 索赔证据

对外提出索赔需要提供证据，首先应制备索赔清单，随附商检机构签发的检验证书、发票、装箱单、提单副本。此外，对不同的索赔对象还要另附其他有关证件。向卖方索赔时，如果是属于 FOB 或 CFR 价格成交的合同，还要随附保险单一份；向承运人索赔时，还须另附由船长及港务理货员签证的理货报告及船长签证的短缺或残损证明；向保险公司索赔时，还须另附保险公司与买方的联合检验报告等。

2. 索赔金额

除向承运人和保险公司索赔的金额，须按特定方法计算外，关于买卖合同双方当事人之间确立索赔金额，根据国际贸易惯例，应与因卖方违约所造成的实际损失相等，即应根据商品的价值和损失程度计算，其中包括支出的有关费用，如商品检验费、装卸费、银行手续费、仓租、利息等，合理的预期利润也应计入索赔金额。

3. 索赔期限

货物买卖规定的索赔期限是索赔工作必须掌握的主要问题。逾期索赔，对方有权不受理。如因商检工作确有困难，可能需要较长时间，可在合同规定的索赔有效期内向对方提出保留索赔权。向承运人索赔期限为货物到达目的港交货后一年之内。向保险公司索赔的期限则为被保险货物在卸载港全部卸离海轮后两年内。

4. 卖方的理赔和补救

进口货物发生了损失，除属于承运人和保险公司的索赔责任外，如属于卖方必须承担的责任，应直接向卖方要求索赔。除此之外，买卖双方还可以根据具体情况采取一些其他补救办法：由我方给予卖方一段合理时间，让卖方继续履行其义务；减低价格；交付替代货物；进行修理。

目前，在我们的进口索赔工作中，属于承运人和保险公司责任的，由外运公司代办；

属于卖方责任的，由外贸公司直接办理。

进口索赔是一项十分复杂而又艰巨的工作，涉及的部门、环节也较多，需要进出口公司、外运公司、订货部门、商检部门等各有关单位密切合作。在索赔工作中，一定要做到责任明确、证据确凿、单证齐全、要求合理。这样才能较好地解决损失问题，又利于今后贸易工作的发展。

本章小结

交易磋商又称贸易谈判，是指在国际贸易中，买卖双方就交易条件进行协商，协调双方的经济利益，求得一致，达成交易。在进出口业务中，交易磋商的程序一般包括询盘、发盘、还盘、接受四个环节。合同的内容一般包括三个部分：合同的首部；合同的条款部分；合同的尾部。

我国的货物出口合同，大都属于涉及运输的 CIF 或 CFR 条件成交，并采用即期信用证付款的合同。履行这类合同所涉及的环节较多，牵涉的面较广，手续也较复杂。一般包括备货、催证、审证、改证、租船订舱、报关、报验、保险、装船、制单结汇等诸多环节。在这些环节中，又以货（备货）、证（催证、审证、改证）、船（租船订舱、装运）、款（制单结汇）四个环节最为重要。

我国进口业务履行进口合同的一般程序是：开立信用证、租船订舱、办理保险、审单付汇、报关接货、检验、拨交、索赔等各项工作。

关键概念

交易磋商　　国际贸易合同　　发盘　　还盘　　接受　　审证　　改证　　出口押汇　　收妥结汇

思考题

1. 磋商一般要经过哪些环节？一项有效合同的成立必须经过哪几个环节？
2. 构成发盘的条件是什么？发盘在哪些情况下失效？
3. 简述 FOB 条件下进口方履行合同的具体程序。
4. 我国出口结汇方式有哪几种？
5. 进口索赔中应注意哪些问题？

第十四章

国际贸易方式

本章要点提示

- 各种国际贸易方式的基本含义和特征
- 期货交易的特征和分类
- 电子商务在国际贸易中的作用

引导案例

加工贸易是全球制造业产业转移的主要实现方式。它把企业的生产要素配置和产品销售放在了国际市场，将企业置于国际产业链上的一个节点，使企业在更大范围、更深层次上参与国际分工。发展加工贸易既能扩大利用外资，又能较快转化为扩大出口，并可迅速提升一个地区的工业化水平。亚洲“四小龙”中的韩国、新加坡和中国台湾地区都是发展加工贸易、承接产业转移而实现工业化的成功典型。我国珠三角、长三角等东部沿海地区的飞速发展也是依靠承接加工贸易产业转移起步的。它们都经历了由劳动密集型加工贸易逐渐发展到资本密集型、技术密集型加工贸易并最终实现技术进步和自主创新三个阶段。加工贸易是我国改革开放四十多年经济持续增长的强力助推器。但是我国的加工贸易仍处于传统发展阶段，发展水平较低，技术含量不高，出口产品仍以劳动密集型为主，且主要集中在东南沿海地区。外商投资企业完全掌握市场和销售渠道，严格控制关键技术，把技术产品的开发能力大多留在境外，而中方只参与简单的加工装配环节。还有些外商投资企业甚至将技术水平低、环境污染严重的工业转移到我国生产，给我国的环境带来灾难性的后果。这些因素将影响我国加工贸易的可持续发展。

问题：我国的加工贸易如何实现战略转型？

第一节 一般传统的贸易方式

一、经销和代理

（一）经销

1. 经销的含义

经销（Distribution）是指出口企业与国外进口商达成书面协议，规定进口商在特定地区和一定期限内，至少达到一定销售额的经营、销售出口企业某些商品的贸易方式。经销商与出口企业之间的关系是买卖关系。在经销商和出口企业之间有货物所有权的转移。经销商要垫付资金向出口商购进货物，自行销售，购进价和销售价之间的差额是经销商的利润。因此，经销商应自负盈亏、自担风险。

按照经销商权限的不同，可将经销方式分为两种：

一种是独家经销（Sole Distribution），也称包销（Exclusive Sales），是指出口企业授予国外进口商在规定的期限和地域内的独家专营权。出口企业与国外进口商签订包销书面协议后，就不得再与该地区的其他进口商签订经销协议。同通常的进出口相比，包销方式具有显著的优点。首先，在包销方式下，出口商给予包销人包销商品的专营权，有效地调动了包销人的积极性，使出口商得以利用对方的销售渠道扩大自己产品的出口；其次，在包销地区只有一个包销人对包销商品集中经营，避免了分散经营带来的商品自相竞争的问题，稳定了包销商品的价格；最后，对于出口商而言，包销方式意味着包销商品长期、定量的销售，有利于有计划地安排生产、组织货源、安排出运。当然，包销方式也存在缺陷。其中最显著的一点就是包销方式对出口方的约束比较大，包销商品经营的成败取决于包销人的经营能力与经营作风。如果包销人选择不当，一方面可能出现包销人包而不销的现象，使出口商不能打入包销地区市场，无法扩大出口量；另一方面包销人也能够倚仗自己的专营地位与较强的经营能力来控制市场，对出口商压低价格，从而使出口商遭受损失。

案例 14-1

我国A公司与美国B公司签订一份独家经销协议，A公司把该公司经营的草制品在美国的独家经营权授予B公司，期限为一年。一年来，由于B公司销售不力，致使A公司蒙受很大损失。

问题：分析A公司蒙受损失的原因。

另一种是一般经销，也称定销，是指出口商不授予国外进口商独家专营权的经销方式。出口商与国外进口商签订经销协议后，还可与该地区的其他进口商签订经销协议。

2. 经销协议的内容

经销协议是确定出口企业和国外经销商之间权利和义务关系的契约。其内容主要有以下几个方面：

（1）经销协议的名称，双方当事人的名称，签约日期和地点。

（2）是否有包销权。对包销权的规定包括专卖权和专买权两方面。前者是指出口企业必须将指定商品在规定的期限和地区内给予包销商销售。后者是指规定包销商只能购买该出口企业的商品，不得购买其他企业出口的同类产品。应注意的是，规定包销可能会触犯某些国家有关法律。经销协议是规定出口商与其所授权的经销商双方的权利和义务，并从法律上确立双方独占的法律，因此，在签订包销协议前应做好调查了解工作。

（3）经销商品种类。为了避免经销商品的争议，最好在协议中对经销商品停止生产或有新品种产生时协议是否适用等予以明确规定。

（4）经销地区。这是指经销的地理范围。一旦确定，出口方负有不得向经销地区内的其他商人直接售货的义务。

（5）经销期限。一般规定为一年。在协议里也可规定期满后续约或终止的办法。

（6）经销数量或金额。此项数量或金额既是买方应承购的数量或金额，也是卖方应供应的数量或金额，对双方具有同等的约束力。协议中一般还规定超额承购奖励条款和不能履约的罚金条款。

（7）作价办法。商品可以一次作价，也可分批作价，具体可根据商品的特点和市场情况而定。

（8）个别销售合同与一般交易条件协议的关系。

（9）广告宣传、市场情况报道和商标保护。

3. **采用经销方式应注重的问题**

（1）对经销方式的选用。包销比一般经销更能调动经销商的积极性，促使经销商专心销售约定的商品，并向用户提供必要的售后服务。

（2）对经销商的选用。要注重经销商的资信情况、经营能力及其在经销地区的商业地位。

（3）对经销商品的种类、经销地区和数量或金额的确定。商品种类的多少、地区的大小，要同资信能力和自己的经营意图相适应。

（4）对中止或索赔的规定。为了防止包销商垄断市场或经营不力等现象的发生，最好在协议中有中止或索赔条款的规定关系的契约。

（二）代理

1. **代理的含义**

代理（Agency）是指出口方通过签订代理协议，将商品委托给国外客户（代理人），委托其在一定地区和一定时间内为出口方代售商品、招揽生意或处理有关事宜的一种贸易方式。

2. **代理的性质与特点**

（1）代理人和委托人之间是委托代理关系，而不是买卖关系。代理人只能在委托人的授权范围内，代表委托人从事商业活动，而不以自己的名义与第三者签订合同。

（2）代理人通常是运用委托人的资金从事业务活动，他不承担经营风险，不负责盈亏，只根据销售商品的总金额获取佣金。

（3）委托人能根据市场变化情况，主动掌握成交价格、销售数量等其他交易条件。但是，代理人如果没有经营能力或不尽责任，就会影响销售，价格风险也较大。另外，在付佣代销的情况下，委托人的资金往往被代理人长期占用，周转较慢。

3. 代理的种类

根据委托人授权的大小，可将代理分为以下几种：总代理、一般代理、独家代理。

（1）总代理（General Agent）是指委托人授予代理人很大权限，使其不仅有权代表委托人对外签约、独家代销指定商品、处理有关商务事宜，还有权代表委托人进行其他业务活动，甚至包括某些非商业性活动，由委托人对其行为后果承担责任。由于总代理的权限很大，因此对他的选择要特别谨慎。我国出口企业一般不委托外商充当我方的总代理。

（2）一般代理（Agent）是指委托人不授予代理人专营权，他可以在同一代理地区与代理期限内委托多个代理人代销其指定商品，自己也保留越过代理人同买主直接成交的权利，而代理人只按代理协议的有关规定，根据自己实际推销的商品数额向委托人收取佣金。

（3）独家代理（Exclusive Agent ）是指委托人授予代理人在规定期限和规定地区内代销指定商品的专营权。委托人在该期限、该地区只能委托该代理人推销指定商品，而不能委托其他客商。即使委托人在这一期限与地区内直接同客户进行了交易，也要向独家代理人支付一定的佣金。

案例 14-2

美国A公司与中国B公司签订了一份独家代理协议，指定B公司为A公司在中国的独家代理。不久，A公司推出指定产品的改进产品，并指定中国C公司为该改进产品的独家代理。

问题：A公司有无这种权利？

---

4. 代理协议的内容

代理协议是明确代理人和委托人之间权利与义务的法律文件。其主要内容有以下几项：

（1）协议名称及双方的基本关系。签订代理协议时应明确显示是独家代理、总代理还是一般代理。代理协议的双方当事人即出口方与代理商之间的关系是委托代理关系，代理人应在委托人授权范围内行事，并应对委托人诚信忠实。委托人对代理人在上述范围内的代理行为，承担民事责任。

（2）代理的商品、地区和期限。委托人对代理人的授权中，应明确说明代理销售商品的类别和型号，独家代理则必须明确其业务的地理范围，并约定代理协议有效期限，或者规定终止条款。

（3）代理的权限。根据不同性质的代理，此条款的具体内容有所不同。在一般代理协议中，一般规定保留委托人在代理人的代理地区直接同买主进行谈判和成交的权利。

在独家代理协议中，一般规定独家代理权即独家代理指定商品的专营权；一般规定独家代理商的权限仅限于替委托人寻找买主、招揽订单、中介交易等。

（4）最低成交额。在代理中应规定最低成交数量或金额，以此保障委托人的利益。

（5）佣金条款。佣金条款是代理协议中最重要的条款之一，代理协议中必须规定佣金率、支付佣金的时间和方法。佣金率可与成交金额或数量相联系。

（6）对代理人责任的规定。一般规定代理人对商品的宣传与商标保护负有责任，并要向委托人提供各种有关资料，因此而发生的费用一般由委托人负担，或经双方协商，由委托人和代理人分摊。

（7）协议有效期及终止条款。代理协议如果是定期的，一般规定为1～5年；如果是不定期的，一般在协议中约定，其中一方不履行协议，另一方有权终止协议。

二、寄售和展卖

（一）寄售

1. 寄售的含义

寄售（Consignment）是一种委托代售的贸易方式，指寄售人先将货物运往寄售地，委托国外约定的代销人，按照寄售协议的条件代为出售商品，货款由代销人在货物出售后扣除佣金和其他费用，然后向寄售人结算的一种做法。

2. 寄售的特点

（1）寄售人与代销人是委托代售关系。代销人只为寄售人提供服务并收取佣金，其责任只限于在货物抵达后照管货物，尽力推销，并依照寄售人的指示处置货物，他不承担寄售货物的任何风险与费用。

（2）寄售是凭实物进行的现货交易。一般是在货物到目的地后由买主看货成交，并可以立即提货，很受买方的欢迎。

（3）代售人不承担任何风险和费用，货物售出前的一切风险和费用均由寄售人承担。

3. 采用寄售方式时应注意的问题

由于出口人在寄售方式方面要承担较大的风险与费用，因此，采用寄售方式时应注意以下问题：

（1）对国外销售市场进行充分的调查研究，以此作为选择寄售地点的依据。应尽量将寄售地点选在商品与外汇进出比较方便、税收与费用也比较低的地方，还要考虑当地的商品供求与消费习惯等问题。

（2）寄售方式除可以用来推销一些滞销商品外，主要适用于农副土特产品、轻工产品等规格复杂、不易划分等级的产品、工艺品、首饰等难以凭样成交的商品，需要收集用户意见的新小商品，要进入新市场的名优商品等。另外，寄售商品的数量一般不宜太大，以免超过当地市场的容量，长期不能销售。

（3）应选择可靠的、有良好资信和推销能力的客户作为代销人，以便在货物到达目的地后能迅速售出，货物售出后寄售人能迅速收回货款。

（4）应认真确定寄售协议各条款的内容，特别要对寄售商品的作价方法、双方当事人的权利与义务做出明确、合理的规定，以此作为确认寄售人与代销人之间法律关系的依据。

案例 14-3

我国A公司以寄售方式向沙特阿拉伯出口一批积压商品。货到目的地后，虽经代售人努力推销，货物还是无法售出，最后只得再装运回国。

问题：A公司有何不当之处？

（二）展卖

1. 展卖的含义

展卖（Fairs and Sales）是利用展览会和博览会及其他交易会的形式对商品实行展销结合的一种贸易方式。目前，世界各国利用展览会和博览会展出商品，同时进行商品交易是很普遍的。所以，凡是通过举办国际展览会、商品展览会，既展出商品，又进行交易时，都可称为展卖。

2. 展卖的方式和做法

（1）国际博览会。国际博览会又称国际集市，是指在一定地点定期举办的由一国或多国联合组办，邀请各国商人参加的贸易方式。这种方式可以为买卖双方提供交易方便，而且越来越多地作为产品介绍和推广的有效渠道，为各国商人展示自己的商品提供一个广阔的舞台。国际博览会分为综合性和专业性博览会两种，前者又称水平型博览会，后者又称垂直型博览会。

（2）出口商品交易会。中国出口商品交易会又称广州交易会，是中国各进出口公司联合举办的，邀请国外客户参加的一种展览会与交易会相结合的商品展销会。中国于1957年春举办了第一届广交会，以后每年春、秋季各举办一次。六十多年来，中国利用广交会这个窗口，以出口为主，进出口相结合，有效地促进了中国对外贸易的发展，加强了中国同世界各地的经济贸易联系与合作。

三、招标、投标与拍卖

（一）招标、投标

1. 招标、投标的含义和特点

招标与投标（Invitation to Tender；Submission of Tender）是一种贸易方式的两个方面。招标是指招标人（买方或发包方）通过招标机构发出招标公告，提出拟采购的商品名称、规格、数量和有关买卖条件，或提出发包工程的具体要求，邀请投标人（卖方或承包商）报出愿意成交的交易条件的行为。投标是指投标人应招标人的邀请，根据招标公告的规定条件，在规定的时间内向招标人报出愿意成交的交易条件的行为。

与其他贸易方式相比，招标与投标具有明显的特点，这表现在：其一，招标方式下，投标人是按照招标人规定的时间、地点和条件进行的报盘。这种报盘是对投标人有约束力的法律行为，一旦投标人违约，招标人可要求得到补偿。其二，招标投标属于竞卖方式，即一个买方对多个卖方。卖方之间的竞争使买方在价格及其他条件上有较多的比较和选择，从而在一定程度上保证了采购商品的最佳质量。

2. 招标、投标的程序

世界各国进行招标、投标的程序和条件基本相同，但是，由于各国关于招标、投标的法律或传统习惯不同，因此，招标、投标也有些差异。招标、投标通常要经历以下几个环节：

（1）招标。通行的招标方式有国际竞争性招标、谈判招标和两段招标。国际竞争性招标主要包括公开招标和非公开招标两种。

公开招标是指招标人在国内外报纸杂志上发布招标通告，将招标的意图公布于众，邀请有关企业和组织参加投标，招标通知一般只简要地介绍招标机构、所采购物资的名称和数量、投标期限、索取招标文件的地点和方式等。

非公开招标又称选择性招标，招标人不公开发布招标通告，只是根据以往的业务关系和情报资料，向少数客户发出招标通告。非公开招标多用于购买技术要求高的专业性设备或成套设备，参加投标的企业通常是经验丰富、技术装备优良、在该行业中享有一定声誉的企业。

（2）投标。投标人首先要取得文件，认真分析研究之后，编制投标书，投标书实质上是一项有效期至规定开标日期为止的发盘，内容必须十分明确，中标后与招标人签订合同所要包含的重要内容应全部列入，并在有效期内不得撤回标书、变更标书报价或对标书内容作实质性修改，因此投标人必须综合各种因素慎重考虑。投标书一般采用密封挂号邮寄，也可派专人送达。

（3）开标。开标有公开开标和不公开开标两种方式。公开开标是指招标人在规定的时间和地点当众启封投标书，宣读内容，投标人都可参加，监视开标。不公开开标则是由开标人自行开标和评标，选定中标人，投标人不参加。开标后，招标人进行权衡比较，选择最为有利行为者为中标人，如果招标人认为所有的投标均不理想，宣布招标失败。一般来讲，招标失败的可能性主要是因为报价与国际市场平均价格差距过大，或者投标的内容与招标要求不符，也有可能是投标人太少，缺乏竞争。

（4）签约。招标人选定中标人之后，要向其发出中标通知书，约定双方签约的时间和地点。中标人签约时要提交履约保证金，用以保证履行合同。

案例 14-4

某招标机构接受委托，以国际公开招标形式采购一批机电产品。招标文件要求投标人制作规格和价格两份投标文件，开标时，先开规格标，对符合条件者，再定期开价格标，确定中标者。共有 12 家企业投标。到了开标期先开规格标，经慎重筛选，初步选定 7 家，通知它们对规格标进行澄清，并要求将投标有效期延长两个月。7 家中，有 4 家送来澄清函并同意延长有效期。另 3 家提出，若延长有效期，将提高报价 10%或更多，否则将撤销投标。招标机构拒绝了后 3 家的要求。到了价格标的开标日期，对仅有的 4 家开标后，却发现 4 家报价均过高，超过招标机构预定标底 30%以上。无奈，招标机构只得依法宣布此次招标作废，重新招标。

问题： 分析此次招标失败的原因以及应吸取的教训。

（二）拍卖

1. 拍卖的含义

拍卖（Auction）是由专营拍卖业务的拍卖行接受货主的委托，在一定时间和地点，按照一定的章程和规则，以公开叫价的方法进行竞买，最后由拍卖人把货物卖给出价最高的买主的一种现货交易方式。

国际货物的拍卖是在一定的机构内有组织的进行的，拍卖具有自己独特的法律和规章。它是一种公开竞买的现货交易。拍卖按出价方法的不同，可以分为以下三种：一是增价拍卖，也称买方叫价拍卖。这是一种最常见的拍卖方式，首先宣布预定的最低价格，然后由竞买者相继叫价，竞相加价，最后将这批货物卖给最后出价最高的人。二是减价拍卖，又称荷兰式拍卖。首先由拍卖人喊出最高价格，然后逐渐减低价格，最后直到某一竞买者接受，达成交易。这种方式成交迅速，适合鲜活商品。三是密封式拍卖，又称招标式拍卖。首先由拍卖人公布每批商品的具体情况和拍卖条件，然后各竞买者将自己的出价密封交给拍卖人，最后由拍卖人决定把这批货物卖给哪一位竞买者。这种方式一般用于处理库存物资和没收货物。

2. 拍卖的程序

（1）准备阶段。参加拍卖的货主先把货物运到拍卖地点，存入仓库，然后委托拍卖行挑选、分类、分级，并按货物的种类和品级分成若干批次。货主要和拍卖行签订委托合同。拍卖行在拍卖前一段时间发布拍卖公告，允许参加拍卖的竞买者查看货物，抽取样品。

（2）正式拍卖。在拍卖会上，买主一般按照事先登记的座位对号入座，拍卖一般采用由低到高的增价式拍卖，增价式方法可以由竞买者喊价，也可以由拍卖者喊价，竞买者举牌应价。如果是减价式拍卖，一般在荷兰只需拍卖人由高到低的报价过程中，选择自己接受的价格及时报价，应价以前采用打手势表示，现在用按电钮的方式。

（3）成交与交货。拍卖结束后，拍卖行的工作人员立即会交给买方一份确认书，由买方填写并签字，表明交易正式达成。拍卖商品的货款，通常以现汇支付。在成交时，就须支付一定的保证金，其余的会很快交齐，买方可以到存货仓库凭提货单提取货物，拍卖行同时也要收取一定的佣金，一般不超过成交额5%，也可以另行商定。

四、对销贸易

（一）对销贸易的含义及特点

对销贸易（Counter Trade）是指在互惠的前提下，由两个或两个以上的贸易方达成协议，规定一方的进口产品可以部分或者全部以相对的出口产品来支付。

对销贸易在20世纪60—70年代发展起来并日益得到各国的普遍接受。这种贸易方式在不动用或少动用外汇的条件下进行进出口贸易，有利于吸引国外的资金和技术，带动一些国家尤其是发展中国家的产品出口，促使各国之间建立更有效的合作，但对销贸易中商品定价具有相当大的灵活性。

对销贸易实际上是进口与出口结合起来做，一国商品或劳务的出口必须以进口为条件，体现互惠的特点，即相互提供出口机会，而且从国外进口货物，不是用现汇支付，而是用相对的出口产品支付，这对外汇较为紧张的发展中国家是非常有利的。

（二）对销贸易的主要形式

对销贸易有多种形式，我国经贸活动中采用较多的是易货贸易（Barter Trade）和补偿贸易（Compensation Trade）。

1. 易货贸易

狭义的易货贸易是纯粹的以货换货方式，不用货币支付的一次性交易。

广义的易货贸易主要有两种做法：

（1）记账易货贸易。一国用一种出口货物交换对方出口的另一种货物，双方都将货值记账，互相冲抵，货款逐笔平衡，无须使用现汇支付。

（2）对开信用证方式。即进口和出口同时成交，金额大致相等，双方都采用信用证方式支付货款，也就是双方都开立以对方为受益人的信用证，并在信用证中规定一方开出的信用证，要在收到对方开出的信用证时才生效。

易货贸易能够促成外汇支付能力相对匮乏的国家和企业进行贸易，调剂余缺，有利于国际贸易的发展，尤其是以进口带动本国出口的做法，使贸易双方都获利。但易货贸易的商品必须是双方都能接受的商品，在国际贸易中，商品种类繁多，规格复杂，能做到这一点是非常不容易的，而且贸易的双方国家经济的互补性要比较强，否则很难寻找到双方都需要的商品。

2. 补偿贸易

（1）补偿贸易的含义。

补偿贸易是指在信贷基础上进行的、进口与出口相结合的贸易方式，即进口设备后以回销产品和劳务所得价款分期偿还进口设备的价款和利息。

（2）补偿贸易的种类。

第一，直接产品补偿。双方在协议中约定，由设备供应方向设备进口方承诺购买一定数量或金额的由该设备直接生产出的产品。

第二，间接产品补偿。当设备所生产的直接产品非对方所需或在国际市场上销路不好，可由双方根据需要用其他商品来代替。

第三，劳务补偿。即双方根据协议由对方代我方购进所需技术、设备，货款垫付，我方按照对方要求加工生产后，从应收的工缴费中分期扣还所欠款项。

（3）补偿贸易的作用。

第一，对设备进口方而言，补偿贸易一方面可以利用外资，弥补国内建设资金的不足；另一方面通过引进技术、设备，可以加快本国企业技术改造，促进产品更新，增强出口竞争力。此外，对方回购又保证了较稳定的销售市场和销售渠道。

第二，对设备供应方而言，补偿贸易有助于解决因进口方支付能力不足而出口不旺的问题，而且承诺回购有利于获得较稳定的原材料来源及转售产品利润。

案例 14-5

我国某公司和外商洽谈一笔补偿贸易，外商提出以信贷方式向我方提供一套设备，并表示愿意为我方代销产品。

问题：根据补偿贸易的要求，你认为这些条件我们能接受吗？为什么？

五、加工贸易

加工贸易是国际上普遍采用的一种贸易方式，在我国自20世纪80年代以来发展迅速。我国海关统计中的加工贸易包括来料加工和进料加工两种方式。

（一）来料加工

1. 来料加工的含义

来料加工在我国又称为外加工装配，是指由外商提供一定的原材料、零部件、元器件，由我方按对方要求进行加工或装配，成品交由对方处置，我方按约定收取工缴费作为报酬的贸易方式。

来料加工与一般进出口贸易不同，不属于货物买卖。虽有原材料、零部件及元器件的进口与成品的出口，但其所有权并未发生转移，始终属于委托方，我方只提供劳务并收取约定的工缴费。因此，这种委托加工的方式属于劳务贸易范畴，是以商品为载体的劳务出口。

2. 来料加工合同的主要内容

来料加工合同包括三部分：约首部分、本文部分和约尾部分。约首和约尾主要说明订约人的名称、订约宗旨、订约时间、合同效力、有效期限、终止及变更办法等问题。本文部分是合同的核心，规定双方的权利义务。

3. 来料加工业务的作用

来料加工业务对我国的积极作用表现在以下几方面：

（1）可以充分利用国内生产潜力，补充国内原材料的不足，为国家增加外汇收入。

（2）引进国外先进的技术和管理经验，有利于提高生产技术水平。

（3）有利于发挥我国劳动力众多的优势，增加就业机会，繁荣地方经济。

（二）进料加工

1. 进料加工的含义

所谓进料加工是指从国外购进原料，加工生产出成品再销往国外。由于进口原料的目的是扶植出口，进料加工又可称为“以进养出”。

进料加工与来料加工都是两头在外的加工贸易方式，但二者有明显的区别：

第一，来料加工在加工过程中未发生所有权转移，原料供应者即是成品接受者；而在进料加工中，原料进口和成品出口是两笔不同的交易，均发生了所有权的转移，并且原料供应者与成品购买者之间没有必然的联系。

第二，来料加工中，我方只收取工缴费，不考虑原料的来源和成品销路，不承担风险；而在进料加工中我方赚取的是从原材料到成品的附加值，要自筹资金、自寻销路、自负盈亏、自担风险。

2. 进料加工对我国的意义

(1) 解决我国国内原材料紧张的矛盾，利用国外的货源发展我国的出口贸易。

(2) 为国家创造更多的外汇来源。

(3) 适应市场经济的需要，由市场来配置资源，节省资源，避免盲目生产。

(4) 有利于我国参与国际分工。

第二节　期货交易

期货交易（Futures Trading）又称期货合同交易，是在商品交易所早期的实物交易的基础上发展起来的。期货合同交易只是期货合同本身的买卖，交易结果是交付或取得买进或卖出同等数量的期货合同的价格差额。现代期货交易起源于19世纪后期的美国，目前已在世界范围内得到普遍发展。改革开放以来，我国的外贸企业开始涉足国际期货市场来配合现货交易，同时，我国也创建了自己的期货市场，利用它的风险转移机制和价格发现机制来促进国内外贸易的发展。

一、期货交易的含义与特点

（一）期货交易的含义

期货交易（Futures Trading）是在期货交易所内，按照严格的程序和规则，通过公开喊价的方式，买进或卖出期货标准化合约的一种贸易方式。

现代期货交易在期货交易所内进行。目前期货交易所已经遍布世界各地，特别是美国、英国、日本、中国香港、新加坡等地的期货交易所在国际期货市场上占有非常重要的地位。其中交易量比较大的著名交易所有：美国的芝加哥商品交易所、芝加哥商业交易所、纽约商品交易所、纽约商业交易所，英国的伦敦金属交易所，日本的东京工业品交易所、谷物交易所，中国香港的期货交易所，以及新加坡的国际金融交易所等。

商品期货交易的品种多数属于供求量较大、价格波动频繁的初级产品，如谷物、棉花、食糖、咖啡、可可、油料、活牲畜、木材、有色金属、原油，此外还有贵金属，如金、银等。

（二）期货交易的特点

（1）期货交易不规定双方提供或者接受实际货物，而是以标准合同作为交易的标的。

（2）交易的结果不是转移实际货物，而是支付或者取得签订合同之日与履行合同之日的价格差额。

（3）在期货交易所参加交易的只能是交易所的会员单位，非会员单位只能通过作为经纪人的会员单位来进行交易。

（4）期货合同是由交易所制定的标准合同，并且只能按照交易所规定的商品标准和种类进行交易。

（5）期货交易的交货期是按照交易所规定的交货期确定的，不同商品的交货期不同。

（6）期货合同必须在每个交易所设立的清算所进行登记及结算。

二、期货市场的构成

期货市场由期货交易所、期货清算所、期货经纪行以及期货交易者等构成。

（一）期货交易所

期货交易必须在期货交易所内进行，各国的期货交易所一般都是由会员联合组成的非营利性的团体。交易所本身不参加期货交易，也不拥有任何商品，它只为期货交易提供场地、设备，并制定、公布交易规则，以维护交易平等化、公开化。其运营资金主要靠创立之初的投资、会员费和收取的手续费。只有取得期货交易所会员资格才能进入交易场所进行期货交易，非会员则只能通过会员代理才能进行期货交易。

期货交易所一般都是由全体会员组成的会员大会作为其最高权力决策机构。会员大会选举产生理事会，理事会作为其常设机构。下属委员会有会员资格审查委员会、交易行为管理委员会、仲裁委员会等。

（二）期货清算所

期货清算所负责期货合约的结算，包括期货合约的交割和未到期合约的平仓，并承担保证每笔交易的清算和保证期货合约购入者能最终拥有其所需商品的担保责任。

清算所是期货市场运行机制的核心，它一般采用会员制。其会员必须是有关期货交易所的会员，并且只有资本雄厚、财政信誉可靠的期货交易所会员经过严格审查后，经申请批准，才能成为清算所会员。清算所服务的对象仅限于其会员，非会员的结算则必须通过清算所会员的代理来进行。期货经纪人和期货经纪行专门从事代理业务，接受委托、代理客户进行期货交易，并收取一定佣金。

（三）期货经纪行

经纪行的主要职责是：代理客户买卖期货的各项手续；向客户介绍和解释期货合约的内容和交易规则；向客户提供期货交易的决策以及提供咨询；报告合约的执行情况和

盈亏结果。

（四）期货交易者

根据交易目的和动机的不同，期货交易参与者可分为套期保值者和投机者。

三、期货交易的形式

期货交易的形式有多种，但按照交易目的的不同，可分为以下两种基本形式。

（一）套期保值交易

套期保值又称对冲交易，是指将期货交易与现货交易结合起来，在买进（或卖出）现货的同时或前后，在期货交易所卖出（或买进）相等数量的期货合同，以转移价格波动的风险，保持原有值不变的交易方式。一般来说，由于期货市场和现货市场的价格趋势是一致的，因此，现货市场的亏（或盈），可以从期货市场的盈（或亏）得到弥补或抵消。因此，现货交易和反向的期货交易相结合，可以达到保值的目的。套期保值按照卖出期货还是买进期货，可以分为卖期保值和买期保值两种。

1. 卖期保值

卖期保值是指套期保值者在买进现货时，先在期货市场上卖出同等数量的期货合同，以后再买进期货合同加以对冲。通常，生产商在预售商品时，或加工商在采购原料时，或经销商拥有大量库存时，担心自己拥有的商品价格下跌，因而采取这种做法。

2. 买期保值

买期保值是指套期保值者在卖出现货时，先在期货市场上买进同等数量的期货合同，以后再卖出期货合同加以对冲。通常，加工商在采购远期交货的货源时，为了避免价格波动、固定其成本，经常采用这种做法。

（二）期货投机交易

期货投机交易是指投机者在期货市场上以盈利为目的而买卖期货合同的行为。当投机者认为期货价格看涨时，便买进期货合同，等价格真的上涨后，就卖出期货合同，从中获利，这种交易行为叫买空，又称多头（Bull，Long）；当投机者认为期货价格看跌时，便卖出期货合同，等价格真的下跌后，就买进期货合同，同样可以从中获利，这种交易行为叫卖空，又称空头（Bear，Short）。投机交易是期货市场上最活跃的因素，也是期货市场存在的基础。

从期货交易的操作上来看，投机交易与套期保值似乎没有区别。两者都有对期货合同的买进和卖出，都是在认为期货价格看涨时买进，在认为期货价格看跌时卖出；两者对期货买卖一般都不进行实货的交割，即都在买空和卖空。但是，两者在本质上是有根本区别的。套期保值的目的是避免其生产经营的商品发生价格波动的风险，其对期货的买卖是与其对现货的买卖紧密联系在一起的。在期货市场上买卖的商品，也就是在现货市场上经营的商品。套期保值获得的结果是期货买卖的盈或亏与现货买卖的盈或亏相抵消，投入在现货市场上的成本价格不变，使现货的生产经营活动正常地开展。投机交易的目的不是避免其现货面临价格波动的风险，实际上，投机者没有现货。其对期货的买卖与现货的买卖是无关的。投机交易的结果是要么盈利，要么亏损。

第三节　国际电子商务

电子商务是国际贸易的大势所趋，是国际贸易发展的必然，我国要想成为贸易大国、贸易强国，缺此不可。国际贸易跨越不同的国家、不同的时区，因此国际贸易系统特别需要能不受空间限制以及能连续工作的系统。国际贸易中大量的跨越国界的通信是一笔巨大的费用，国际贸易的发展迫切要求廉价的通信手段。国际贸易中大量的单据处理，要求单据处理能够自动化、高质量。建立在互联网基础上的电子商务系统，能够满足国际贸易这几方面的要求。所以电子商务必将在国际贸易中发挥关键的作用，同时促进国际贸易的进一步发展。

一、国际电子商务的含义和特点

（一）国际电子商务的含义

国际电子商务是指企业利用电子商务运作的各种手段所从事的国际贸易活动。它所反映的是现代信息技术所带来的国际贸易过程的电子化。

（二）国际电子商务的特点

国际电子商务由于是一般电子商务在国际贸易领域内的具体应用，因此，国际电子商务与一般电子商务相比有其特殊性。它们主要表现在如下几个方面：

（1）一般电子商务泛指所有商务活动的电子化过程，既包括国内商务活动，也应包括国际商务活动；而国际电子商务只是针对一般电子商务中国际商务活动的电子化、国际标准化与表述格式化的这个部分。

（2）一般电子商务包含所有类型的电子商务活动，如商业机构对消费者、商业机构对商业机构、商业机构对行政机构以及消费者对行政机构等的电子商务活动。而在国际贸易活动中，交易行为一般涉及政府的行政管理部门、贸易伙伴，以及相关的结算、运输、商检等商业部门，国际贸易的交易行为和过程本身并不直接针对市场上的消费者。因此，国际电子商务只是包括了商业机构对商业机构和商业机构对行政机构的电子商务活动。

（3）一般电子商务虽然使企业直接面对全球市场，可以采取网上成交模式在国际互联网上直接达成交易，但是企业所从事的国际商务活动行为不仅是成交活动本身，它往往涉及交易从前期准备到合同履行的方方面面。这些活动与一般贸易活动毕竟不同，要受到不同国家的对外贸易政策与措施的制约，同时又要纳入国际规范。国际电子商务的具体运作涉及的部门和范围要远远多于或大于一般的电子商务的情况，其相关的协调工作和法律惯例规范都是国际性的，因此国际电子商务活动仍然有它的特殊性。国际电子商务与传统国际贸易的比较如表 14－1 所示。

表 14－1　国际电子商务与传统国际贸易的比较

比较项目	传统国际贸易	国际电子商务
运行场所	不同的场所	网上进行
主体	买方、卖方加中间商	买方和卖方可以直接交易
运行机制	受时间地域的限制	信息网络成为世界市场的联系纽带
营销手段	传统营销方式	网络营销
管理效率	传统监管手段	用网络监督

二、国际电子商务在国际贸易中的作用

（一）寻找贸易伙伴

在传统的国际贸易方式下，买卖双方要寻找到合适的贸易伙伴往往要付出很大的代价。而利用电子商务寻找贸易伙伴，既可以节省大量的人力、物力的投入，又不受时间、地点的限制。企业一方面可以通过建立自己的网站或借助于相关电子商平台向全球范围内的潜在客户提供产品和服务的供求信息；另一方面也可以上网搜索有关经贸信息，寻找到理想的贸易伙伴。

（二）进行交易洽商

在传统的国际贸易方式下，买卖双方一般共同选择某个确定的时间和地点，当面进行协商、谈判等活动。这种口头洽商形式容易受时间和空间的限制，过程漫长又不经济，特别是因为受时差的影响，给双方的交往带来很大的不便，即使是采用书面的形式或利用电话、传真等通信手段来协助洽商，也会由于高额的通信费用和信息的不完整性而难以适应业务活动的需要。国际电子商务利用互联网，具有便捷、低成本的通信功能和高效强大的信息处理能力，能极大地促进买卖双方的交易磋商活动。同时交易双方还可借助电子邮件等方式适时地讨论、了解市场信息，洽商交易事务。如有进一步的需求，还可在网上通过白板会议来交流即时的图形信息。因此，国际电子商务方式下的交易洽商，是一种方便的异地交流方式。

（三）电子签约及网上支付

在传统的国际贸易方式下，交易的各个环节都需要人工的参与，交易效率相对较低，错误发生率高。而利用电子商务开展国际贸易，双方可采用标准化、电子化的格式合同，然后借助电子邮件实现瞬间的交互传递，及时完成交易合同的签订。此外，还可通过银行和信用卡公司的参与实现网上支付。国际贸易中的网上支付，对于可以直接通过互联网传递交付的软件、影音、咨询服务等无形产品交易来说极为便利，不但可节省很多人

员的开销，而且随着网络安全技术的不断发展，网上支付对国际贸易的作用将会更加突出。

（四）简化交易管理

国际贸易业务涉及政府的多个职能部门，如税务、金融、保险、运输等部门。因此，对国际贸易的管理包括了有关市场法规、税务征管、报关、交易纠纷仲裁等多个环节。在传统的国际贸易方式下，企业必须单独与上述相关单位打交道，要花费大量的人力、物力，也要占用大量的时间。而电子商务使国际贸易的交易管理无纸化、网络化，企业可直接通过互联网办理与银行、保险、税务、运输等各方有关的电子票据和电子单证，完成部分或全部的结算以及索赔等工作，从而大大节省了交易过程的时间和费用。

三、国际电子商务的交易过程

（一）交易前的准备

主要指买卖双方在交易合同签订之前的准备活动。这些活动包括：交易双方在电子商务网上广泛寻找交易机会和交易伙伴；进行价格等成交条件的比较；了解国家或地区的贸易政策、政治和文化背景等。买卖双方可以借助电子技术发布自己的需求信息，并选择有信誉的网络提供者和交易伙伴。

（二）交易磋商和签订合同

主要指买卖双方对所有交易细节进行谈判，将双方磋商的结果以书面形式确定下来，即以书面文件形式和电子文件形式签订合同。电子商务是可以签订电子贸易合同的。交易双方可以利用现代电子通信手段进行签约，也可以通过数字签字等方式签订合同。

（三）办理交易前的手续

主要指买卖双方签订合同后到合同开始履行之前办理各种手续的过程。其他参加交易的各方，如中介方、银行、海关等也都为进行电子商务交易做好准备工作。买卖双方可以利用国际互联网与有关各方进行各种电子单证的交换，直至办理完可以将所购商品从卖方按合同规定开始向买方发货的一切手续为止。

（四）交易合同的履行和索赔

交易合同的履行是指从买卖双方办完所有各种手续之后开始，卖方办理备货，进行货物报关、投保、取得信用证，将合同项下的商品交付运输公司起运、发货。买卖双方可以通过电子商务服务器跟踪发运的货物；银行和金融机构按照合同以电子方式处理双方收付款、进行结算、出具相应的银行单据等，直到买方收到所购商品，完成整个交易。索赔是买卖双方在交易过程中发生违约时，需要进行违约处理工作，受损方向违约方索赔。

本章小结

国际贸易方式是国际贸易中所采用的各种具体交易方法的总称。在国际贸易实践中，通常采用的贸易方式除逐笔售定外，还包括经销、代理、招标、拍卖、寄售、期货交易、加工贸易、对销贸易等较灵活的贸易方式。

本章阐述了各种国际贸易方式的含义、内容、基本做法和注意事项。能够正确地选择贸易方式，对于开拓国际市场、稳定贸易合作关系以及扩大国际间的经济技术合作具有积极的意义。

关键概念

包销　独家代理　投标　招标　寄售　补偿贸易　加工贸易　国际电子商务　期货交易　套期保值

思考题

1. 比较包销与独家代理的区别。
2. 什么是招标与投标？国际上采用的招标方式有哪些？
3. 进料加工与来料加工有何区别？
4. 寄售方式对寄售人有何利弊？
5. 与其他贸易方式相比，商品期货交易有何特点？
6. 简述电子商务在国际贸易中的作用。

参考文献

［1］薛荣久．国际贸易．6 版．北京：对外经济贸易大学出版社，2016.

［2］盛洪昌．国际贸易实务．5 版．北京：中国人民大学出版社，2020.

［3］陈岩．国际贸易理论与实务．3 版．北京：清华大学出版社，2014.

［4］李左东．国际贸易理论、政策与实务．4 版．北京：高等教育出版社，2017.

［5］黎孝先．国际贸易实务．6 版．北京：对外经济贸易大学出版社，2016.

［6］闫国庆．国际贸易理论与政策．北京：高等教育出版社，2012.

［7］中国国际商会/国际商会中国国家委员会．国际贸易术语解释通则 2020．北京：对外经济贸易大学出版社，2019.

［8］薛荣久．世界贸易组织（WTO）教程．3 版．北京：对外经济贸易大学出版社，2018.

［9］傅龙海．信用证与 UCP600．2 版．北京：对外经济贸易大学出版社，2014.

［10］傅龙海．进出口操作实务．3 版．北京：对外经济贸易大学出版社，2014.

［11］黄晓玲．中国对外贸易概论．3 版．北京：对外经济贸易大学出版社，2016.

［12］逯宇铎，杜红梅，孙秀英．国际贸易理论与实务．2 版．北京：对外经济贸易大学出版社，2016.

［13］黄建忠，刘莉．国际服务贸易教程．2 版．北京：对外经济贸易大学出版社，2016.

［14］李大雁，李春英．WTO 知识学习教程．2 版．北京：经济科学出版社，2008.